写作就是他的生命

陈忠实纪念文集

文艺报 编

作家出版社

上左：1959 年，陈忠实（前排左一）初中毕业照。

上右：1963 年的陈忠实。

下：二十世纪九十年代中期，在西安街头小摊上吃午餐。

上：二十世纪九十年代中期，伏案写作。

下：二十世纪九十年代，在榆林红碱淖。

上：2010 年，在白鹿原。

下：2010 年，在蓝田县档案馆查看《蓝田县志》。

2010 年，学老腔艺人表演。

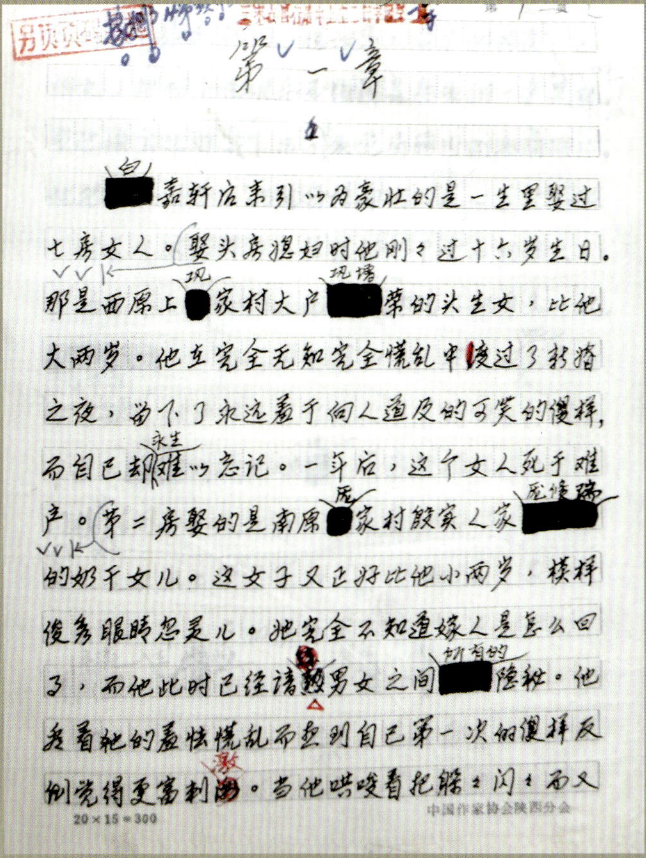

第一章

1

[redacted]嘉轩后来引以为豪壮的是一生里娶过七房女人。娶头房媳妇时他刚刚过十六岁生日。那是西原上[redacted]家村大户[redacted]家的头生女，比他大两岁。他在完全无知完全慌乱中度过了新婚之夜，留下了永远羞于向人道及的可笑的傻样，而自己却永生难以忘记。一年后，这个女人死于难产。第二房娶的是南原[redacted]家村殷实人家[redacted]的奶干女儿。这女子又正好比他小两岁，模样俊秀眼睛忽灵儿。她完全不知道嫁人是怎么回事，而他此时已经谙熟男女之间[redacted]隐秘。他看着她的羞怯慌乱而想到自己第一次的傻样反倒觉得更富刺激。当他哄唆着把臊臊闪闪而又

20×15＝300　　中国作家协会陕西分会

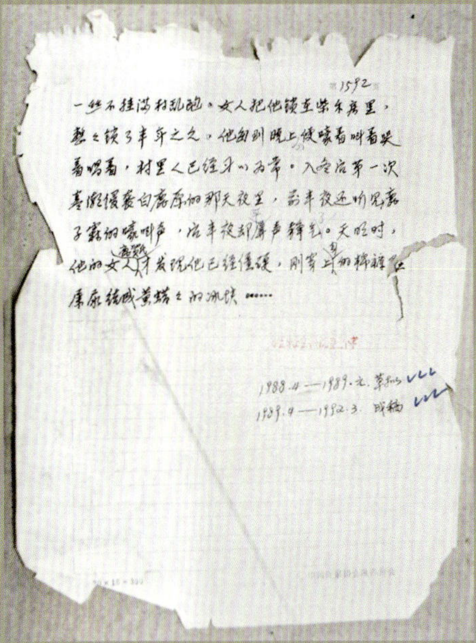

1592

一丝不挂满村乱跑。女人把他锁在紫禾房里，整整锁了十年之久。他每到晚上便嚎着叫着哭着唱着，村里人已经习以为常。入冬后第一次寒潮侵袭白鹿原的那天夜里，前半夜还听见疯子粗哑的嚎叫声，后半夜却屏声静气。天明时，他的女人才发现他已经僵硬，脚上的棉裤已经成黄蜡蜡的冰块……

1988.4—1989.元 草稿

1989.4—1992.3 成稿

上：《白鹿原》手稿之一。

下：《白鹿原》手稿之二。

上：《白鹿原》初版本书影。

下左：《白鹿原》日文本书影。

下右：《白鹿原》法文本书影。

目 录

在陈忠实的创作道路研讨会上的讲话

铁　凝

各位嘉宾、同志们、朋友们：

大家上午好！

2016 年 4 月 29 日，一颗为文学跃动了七十四年的心脏在黄土高原上安息了，中国作家协会副主席、茅盾文学奖获得者陈忠实先生永远离开了我们。今天，中国作家协会在这里举行陈忠实的创作道路研讨会，既是为了表达对这位卓越作家的深切怀念，也是希望通过深入的学术研讨，从陈忠实的创作道路中总结经验，获得启迪，推动中国文学的繁荣发展。我谨代表中国作家协会，对各位作家、评论家、文学界同仁和媒体朋友们出席今天的会议表示衷心感谢！

陈忠实先生去世到今天一个月零八天，我至今还不能接受老陈已经走了。我想，很多朋友和我一样，想起老陈，我们就如同想起黄土高原上一棵挺拔的老白杨树，立在那里，饱经风霜，是那么的刚毅、忠厚、热情、苍劲，在我的印象里，老陈似乎从没有年轻过，但老陈也永远不会老去。此时此刻，我不由得想起 1992 年 11 月 21 日在路遥追悼会上陈忠实评价路遥的一句话，“我们不得不接受这样的事实，无论这个事实多么残酷以至于至今仍不能被理智所接纳，这就是：一颗璀璨的星从中国文学的天宇陨落了。一颗智慧的头颅终止了异常活跃异常深刻也异常痛苦的思维。”我想，这句话也完全可以用来表达我们在这一个多月里的心情。

陈忠实离去了，但是，他留下了《白鹿原》，留下了包括中短篇小说、散文随笔、报告文学、文学评论等多方面的丰硕成果。陈忠实是为文学而生的，他从初中二年级开始尝试写作，1965 年初，他二十三岁时第一次发表作品，那是一篇散文。此后在漫长的岁月里，他从来没有放下他的笔，直到生命垂危，他依然用笔在纸上写着，字迹已难以辨认，但那支笔却不甘就这么停下来。卡夫卡说，笔不是作家的工具，而是作家的器官。这对陈忠实来说尤其贴切，写作就是他的生命，他把一切献给了他所挚爱、他所信仰的文学。

在陈忠实的遗体告别仪式上，我看到老陈的颈下枕着的是他的《白鹿原》。这时，我想到他生前最后一本散文集的名字，这本书叫做《生命对我足够深情》。陈忠实一生自奉甚俭，他对这个世界的生活需求人们所能记得的可能只是一碗面、一根烟、一曲秦腔，但是，他获得了生命对一个作家最丰厚的馈赠：在他生前，在他写完那部名为《白鹿原》的书的时候，他就已经确信，这是一部“死后可以放在自己棺材里当枕头用”的大书。而今天，我们所有的人对此同样确信不疑，《白鹿原》作为中国当代文学的经典将长久地被阅读、被记住。

陈忠实是人民的作家。他来自人民，属于人民。在他去世后，前往灵堂吊唁的人络绎不绝，他们中不仅有文学界和文化界的朋友，更多的，是普通的读者，是远道而来的乡亲们。在最后送别的那天，大厅外的广场上聚集着那么多的人，一种发自内心的热爱和悲伤把人们召唤在一起。这样的情景让我们深刻地理解了陈忠实的根本力量。他是一个从未离开他的乡亲、他的人民的作家。对陈忠实来说，人民不是一个抽象的概念，人民是活生生的有血有肉的具体的人，是那些和他谈笑、向他倾诉生活中的苦恼的农民朋友，是素昧平生但一见如故的读者，陈忠实从来不会用居高临下的眼光去看待他们，因为他知道自己和他们一样，自己就在他们中间，他和人民血脉相通、心心相印。

这样一个作家，毕生执著地热爱着他的土地和村庄。这些天，我们看到了陈忠实的很多照片，其中有一张给我很深的印象，那应该是在他的晚年，明显看得出他的身体瘦弱，老陈站在田地里，扬起锄头，脸上是阳光灿烂的笑容。给人的感觉，就是一个老农站在自家的田里，站在他一辈子劳作和收获的地方，顶着他的天，踩着他的地，他是那么的自信、踏实、敞亮。这就是陈忠实，他的根深深地扎在乡土中，扎在中国的乡村生活中。也正因为如此，他才会见人所未见，对乡土中国的现代命运做出了振聋发聩、别开生面的表现，他的《白鹿原》才成为来自民族生活深处、凝聚着文化和历史的丰厚经验的“中国故事”。

这样一位忠于人民、忠于生活的作家，他的创作道路始终贯彻着强烈的责任感。《白鹿原》的扉页上写着巴尔扎克的一句话：“小说是一个民族的秘史。”我想，对陈忠实来说，这不仅是一种文学观，更是一种责任，一种信念。从 1985 年创作中篇小说《蓝袍先生》时起，陈忠实便开始了对民族命运的深入思考。他花费两三年的时间作了周密的准备。1988 年清明，开始写作《白鹿原》，六年后，也就是 1993 年，《白鹿原》出版。在写完《白鹿原》的那一刻，陈忠实失声痛哭，我想，这一哭不仅是艰难跋涉后抵达峰顶的激动，更包含着一个自觉承担着书写民族秘史的责任的作家面对民族的苍茫历史和壮阔灵魂的百感交集。

经过艰难的探索与蜕变，陈忠实“寻找到了属于自己的句子”。《白鹿原》是恢弘的史志和史诗，它带领我们进入想象中国的新的思想和艺术境界，同时也把中国新文学以来的现实主义传统带到了一个新的高度。面对传统，陈忠实满怀虔诚和礼敬，是一个忠实的学生；但同时，他又是一个坚决的、大胆的、一往无前的创新者，他曾经说过：“柳青是我最崇拜的作家之一。在我小说创作的初始阶段，许多读者认为我的创作有柳青味儿，我那时以此为荣耀。因为柳青在当代文学上是一个公认的高峰。到八十年代中期我的艺术思维十分活跃，这种活跃思维的直接结果，就是必须摆脱老师柳青，摆脱得越早越能取得主动，摆脱得越彻底越能完全自立。”正是一代又一代作家这种“完全自立”的雄心和意志延续着中国文学与时俱进、生生不息的生命活力。

陈忠实一生忠厚为本、质朴为人、真诚待人、坦诚做人。他从未失去做人的“初心”，也从未失去为文的“初心”，他是一个好人，是一个好作家，一个沉静、高洁的作家。他的一生有力地证明了，一个作家的精神境界、思想高度和人格力量决定着他的作品的境界、高度和力量。陈忠实无愧于自己的人生，无愧于哺育他的三秦大地，无愧于时代、历史和人民。

今天，我们回顾陈忠实的创作道路，也是在回顾一个作家迈向高峰的历程。习近平总书记在文艺工作座谈会上的重要讲话，为中国文学在新的时代条件下的繁荣发展指明了方向。在前进的道路上，陈忠实为我们提供了丰富的、多方面的经验和启迪。斯人已逝，风范长存，中国广大作家一定会从前辈的探索和创造中汲取力量，书写中国故事，弘扬中国精神，不断迈向新的艺术高峰！

谢谢大家！

原载 2016 年 6 月 8 日《文艺报》

回忆陈忠实同志

金炳华

虽然一直听说陈忠实同志身体不好，但真的得到他去世的消息，还是感到非常突然，十分难过。他生于1942年，长我一岁。作为一位作家，七十多岁，依然是创作的黄金时期，无数的读者都在期待他继续寻找属于自己的句子，把深厚的文化积淀、丰富的生活体验、崇高的人生情怀、娴熟的表现能力，化作一篇篇、一部部属于陈忠实的精品力作。然而，这一切的期盼与祝愿，都被无情的噩耗所阻断。

当得知忠实同志去世的消息后，我怀着十分悲痛的心情，立即委托中国作家协会办公厅送了花圈，对忠实同志不幸逝世表示深切哀悼，并向他的家属表示慰问。5月2日，忠实同志的告别仪式在西安举行。看到新闻报道中，无数普通的读者从四面八方自发赶来，手里举着印有忠实同志照片的报纸，汇成了肃穆的人海。这动人的情景，让我十分感动。一位当代作家，为何能受到读者和人民如此的怀念和爱戴？我认为，答案只有一个，就是习近平总书记强调指出的，坚持以人民为中心的创作导向，创作出无愧于时代与人民的精品力作。作家心中装着人民，人民心中敬着作家。

早在上海工作时，我就对忠实同志闻名已久，记得1993年他的《白鹿原》一书刚出版，我就买来阅读，至今还一直珍藏着。可惜到中国作家协会工作之前，无缘一见。及至见面，才发现真是名如其人。后来接触得多了，对他更加了解，友谊也在加深。一次，我开玩笑说："忠实忠实，忠厚老实。"他抽着一支雪茄呵呵地乐了。

我在中国作家协会党组书记、副主席的岗位上工作的八年多时间里，组织召开过许多次中国作协主席团会和全委会，忠实同志是到会率最高的人之一。平时开会他言语不多，即使发言也是朴实、简洁、明了。中国作协开主席团会或全委会，副主席会轮流主持会议，轮到他时总会笑着推辞说："我的普通话讲不好，还是让其他同志主持吧。"但当向他说明理由后，他也乐意地接受了，并且事先会把主持词念几遍，非常认真。忠实同志用又浓又纯的关中话发言，刚开始，我不是完全能听懂，次数多了，感觉他就应该说那样的话，应该那样说话，如果突然讲起一口标准的普通话，反倒不像他了。斯人虽已殁，千载有余情，此时回想忠实同志，我觉得，他的品格可以概括为五个词：忠厚、善良、正直、谦逊、大度。孟子云：知人论世。作家创造作品，自己本身也是一部作品，而且是立体的、丰富的、多侧面的、有表有里的作品。创作《白鹿原》时，忠实同志立誓，死了垫枕头也要有一部作品。如今，忠实同志枕着《白鹿原》走了，我觉得，他枕着的，不仅有优秀的作品，还有崇高的人格！

2005 年 5 月 23 日，是毛泽东同志。在延安文艺座谈会上讲话六十三周年，中国作家"重访长征路，讴歌新时代"纪念红军长征七十周年采风团从江西出发，时任江西省委书记的孟建柱同志会见了采风团全体成员。作为中国作协副主席的陈忠实当时已六十三岁，也欣然担任一个团的团长。在出发仪式上，忠实同志动情地说："我心中有两座最崇高的山、最神圣的山，一座是井冈山，一座是宝塔山。但我六十多岁还没到过井冈山这个神圣的地方。井冈山在我心中有着割不断的情缘，井冈山是长征的出发地，延安是长征完成的地方。我是陕西人，延安宝塔山去了许多回，但我总有一个心愿，就是到长征出发的地方看看。这样，长征在我心里也就完整了，也就实现了我的一个心愿。”听到他这朴实的陕西口音，我十分感动。一个老党员的精神境界，一个党员作家的自觉追求，跃然而出。《白鹿原》以深厚的传统文化内涵而为人称道，但触动忠实同志最初创作灵感的，却是他发现自己的家乡是西北最早响应革命的地方之一，有着光荣的红色基因。《白鹿原》中，以大量篇幅描写鹿兆鹏、白灵、黑娃等革命者。忠实同志工作的一生、创作的一生，何尝不是一次伟大的长征呢？当时刘云山同志看了《文艺报》有关中国作家“重访长征路，讴歌新时代”采风活动的系列报道后，专门批示要我转达他对重走长征路各位作家的敬意和问候，并对中国作协组织“重访长征路，讴歌新时代”采风活动给予了充分肯定和鼓励。十一年后的今天，中国作家又开始重走长征路，忠实同志的发言犹在耳畔，充分体现了一位作家肩负的责任和使命。

这段时间，我看了许多怀念忠实同志的文章，不少人亲切地称他为“老汉”。我在北京工作多年，知道在北方话里，“老汉”指年纪大、受人尊敬的普通男子，要得到这个看似平凡的称呼，其实是不太容易的。忠实同志是中国作协副主席、陕西省作协名誉主席，是茅盾文学奖获得者，曾任陕西省作协主席，应该说是有身份、有地位的人，但他给读者、给大家的印象，不止是主席、也不止是个著名作家，而是一个“老汉”。不错，忠实同志忠厚大度、平易近人，但更本质的，是他终其一生，都把根牢牢地扎在陕西关中的平原上。不少人请忠实同志写字，他总是谦虚地说“我不会写字”，但又总是认真写好，尽快寄出，他每张字的落款都是“原下陈忠实”。他一生甘做白鹿原下人，愿永远向群众学习，向生活致敬！

忠实同志说：“我的写作是生活的附属物。生活对我来说是决定性的。生活与作家创作的关系是一个根本的关系，这是个很简单的道理。”“生活是创作的源泉这个真理永远不会过时。”忠实同志是这样说的，也是这样做的。在成为专业作家之前，他的大半生都在自己老家度过。从儿时上学，到后来当民办教师，在公社工作，又调到区文化局，从未离开过那一方土地。在公社工作时，三十多个自然村，他不知跑了多少回，有好几个村子一住就是大半年。忠实同志非常感激农村的生活经历，他说“这些经历让我对农村和农民世界有了理解，对我后来的创作非常珍贵。当老师、做乡镇干部让我对中国乡村有了体验、理解以及生活积累，成为后来重要的创作基础”。他 1979 年荣获全国优秀短篇小说奖的《信任》，就正面表现了当时历史条件下的乡村矛盾。他的短篇小说集名叫《乡村》《到老白杨树背后去》，散文集是《原下的日子》，一笔一画描绘的，是真实的中国农村。正是有这样深厚扎实的基础，才能诞生《白鹿原》这样代表新时期文学高峰的杰作。而创作《白鹿原》时，忠实同志住在乡下亲戚家的小屋里，一张小饭桌，一个板凳，绘就了中国现代风云际会的大历史。

陈忠实同志不仅是一位有着杰出成就的作家，而且是非常优秀的文学组织工作者和领导者。我觉得，陕西当代文学之所以在全国有重大影响，新人新作不断涌现，文坛长者的引领示范带动作用不可忽视。柳青、杜鹏程、王汶石、路遥、陈忠实、贾平凹、肖云儒等，作为陕西文坛的中坚，挺起“陕军”的旗帜。1993 年，忠实同志担任陕西省作协主席，2001 年当选中国作协副主席，为陕西省作协和中国作协的工作，付出了很多的心血。忠实同志把很多时间和精力放在关心基层文学爱好者、发现和培养中青年作家上，为他们的成长给予积极帮助和支持，得到了陕西省中青年作家和文学爱好者的广泛好评。2006 年 11 月，中国作家协会召开第七次全国代表大会。这是巴金主席逝世后召开的一次全国作家代表大会，会上还要选举产生中国作协新的领导班子。对主席人选，广大作家和社会各方尤为关注。中央高度重视，有关领导部门在充分发扬民主、广泛听取意见的基础上，又在中国作协召开主席团扩大会议的时候，再次个别听取中国作协副主席、主席团委员、各省区市作协负责人和作家代表的意见。主席团扩大会议期间的一次中午饭后，忠实同志和我从餐厅出来，边走边聊，在快到房间时，他停住了脚步，郑重其事地对我说："金书记，听说也有人推荐了我，我觉得铁凝更合适。"忠实同志没有多说什么，还是一贯朴实的关中话，但他的真诚态度和思想境界让我感动，令人敬佩。

2008年4月，北京十月文艺出版社和中国现代文学馆联合召开《白鹿原》创作二十周年暨荣获茅盾文学奖十周年座谈会，忠实同志专门来电话请我参加。因我当时在云南西双版纳主持召开全国少数民族文学翻译工作会议，未能到会，写了一封贺信，在信的末尾是"祝忠实同志取得更大的创作成就"！忠实同志逝世后，我把这封信从电脑里找出来，看了许多遍。一边看，他的音容笑貌，像过电影一样从我的脑海里闪过。忽然想起，2008年"5・12"汶川特大地震全国哀悼时，忠实同志"一个人在书房里，起立默哀"，今天也是5月12日，我在书房里写下上面的字，深切缅怀作为作家、同志、朋友的陈忠实。

原载2016年5月23日《文艺报》

那飘香的雪茄送他远行……

何建明

我们的好友，陈忠实先生走了，带着我们许多人的挂念走了，走得很突然。我在广州讲课的时候有人把这个消息告诉我时，神情一下有些发愣：因为他是个不该这么早就走的人。

那飘香的雪茄送他远行……

他走的这一天，我在广东一大学讲课，是因为在广州青年作家协会的朋友们倡导下，在广东高校里发动了一次“阅读经典”的征文活动——有幸十八年前写的《落泪是金》成为今年的“主宾”，所以我也成了颁奖主宾而参加此活动并为大学生讲课。

《落泪是金》里讲的第一个贫困大学生的故事就是在白鹿原，也是当年我采访的一个地方。那时我第一次真正知道原来陕西真有一个叫“白鹿原”的地方，后来我问陈忠实先生，他写的《白鹿原》是不是就是蓝田的那个我所看到的白鹿原。他说“就是的”。那一次是我与陈忠实先生第一次真正的接触与深谈。后来机会就多了，每年的主席团会、各种作协会议等，经常坐在一起。我发现他烟瘾很大，而且是抽雪茄烟。“香得很，来劲！”他在我这个“烟友”面前很得意地谈论他的“烟道”，于是我们也多了一份情谊。

那飘香的雪茄送他远行……

曾经有一段时间我试着抽雪茄，但烟味实在太凶，终不能成为每天必需的“枪杆子”。一些朋友知我抽烟，所以也有人送雪茄给我，自己抽不了，我就想起了忠实先生，于是我们之间又多了一份情谊——每次只要他到北京开会，我就悄悄送他一盒雪茄。有一次送他一盒古巴雪茄，他竟然笑笑，说：我只抽中国雪茄。哎，他还挺“爱国”啊！

我乐了！

日常中的陈忠实先生是很安静的，一般不跟人多说话，即使是文友。但他的那张瘦削的脸给人印象太深刻：纯粹的“西北风脸”，如刀刻一般！他太瘦了，瘦得连我这样不胖的人都感觉他过瘦了……然而我们以前并不知道他其实是有病在身。而我潜意识里有些害怕他抽的烟太狠、太凶，早晚……果不其然！

我不知舌癌与抽烟有没有什么必然的联系，但抽烟太凶太多总不是什么好事。

去年开始，因为一次出国，我竟然断然停止了三十几年的“烟史”。家里的所有香烟，全部出清。但还有两盒雪茄则不忍“清扫”，原因是我想到了老朋友陈忠实。

什么时候忠实先生再到北京，好让我把这雪茄送给他呢？只有雪茄，没有了其他烟，于是我有时会拿出一支雪茄放在鼻子底子闻一下：啊，真香……那雪茄是飘着香的，难怪忠实先生特别钟情于它。

而今忠实突然走了。我那几盒雪茄再也送不到他手上，这让我好不惋惜，好不惆怅！

那飘香的雪茄送他远行……

但忠实先生，我想对你说：我会好好地将这些你喜欢的雪茄放置好，只要有一天我特别想你的时候，会给你点燃一支，然后希望那飘香的烟味带着我的友情去送送远行的你……

啊，忠实先生，你要走好！我和你的所有朋友都想念你……

原发作者博客（2016年5月1日 08：30：30）

忠实的胸怀

阿　莹

我是在中央党校学习班的结业式上听闻陈忠实去世噩耗的。那天与我同班的铁凝主席告诉我陈忠实早晨走了，我一听不禁“啊”了一声，昨天才听她说先生病危了，作协的钱书记已赶赴西安探望，怎么刚刚过去一夜就撒手人寰了。我原本还想着回到西安就赶去医院看望先生的，却在瞬间破碎了。

从悼念先生的大厅出来，我的脑子呆木木的，使劲在想跟先生交往的过程，却怎么也想不起当初是怎么跟先生认识的了，只记得他的《信任》当年荣获了短篇小说奖，我们一帮文学票友围上他一声声道贺，但他的反应并不热烈，额头的皱纹并没有得意的迹象；待他的《白鹿原》出版后好评如潮，我每每捧读都感到沉甸甸的，有评论这部书是新中国成立以来最伟大的文学收获，我把这些重复讲给他，他却只给你露出一点淡淡的笑容，额头的皱纹依旧深深地不愿舒展，他似乎喜欢保持那么一副矜持的表情，好像谁的评价都难以触动他心扉的欢愉。

其实，陈忠实最让我感动的还是他的人格魅力。那年我在西安东郊一家军工厂做事，有一天我们在城里相遇，先生吞吞吐吐说他有个侄子找了个对象，已到了谈婚论嫁的程度，但女方提出必须调到西安才能成婚。那时候从县城调进省城还是挺麻烦的，我费了点周折才把孩子调进厂来。然而，没隔多久他侄子忽然急切地找到我说两人谈吹了，无论如何让我想法把人调回去。我感到为难就去找先生商量怎么处理，想不到先生早已知晓此事，但他轻描淡写地说：谈不成就不成了，人咋能调回去，成不了亲人也不能成仇人。我听罢此言，感慨良多，先生宽宏的胸怀和为人的品行便深深地印到我脑海了，以后每每见到先生都会感觉他就是从《白鹿原》里款款走来的那位孤傲高洁的朱先生。

由于公务所累，我有好多年没再从事业余创作，彼此便自然少了交往。后来，我被军工人为研制一九九九年国庆阅兵装备所表现的精神所感动，组织作家们采写了一批反映这个艰难过程的报告文学，后来已经准备付梓了，部队首长建议应请名家为书作个序。我马上想到了先生，可我们已许久没有谋面了，想不到他依旧那么坦诚热情，那天接过书稿简单翻了翻，就说军工人可是咱国家的脊梁，为他们出书立传值得。随后他还真把那厚厚一摞文稿通读了一遍，写了一篇激情洋溢的序言。当我接到那一笔一画饱蘸着先生心血的文字，刚读过几行就激动起来，他对军工事业和军工人的理解是那么深刻，已不是几句感谢的话能够概括了。

后来也是公务所趋，我写了部陕北歌剧《米脂婆姨绥德汉》，正巧省上在丈八沟宾馆召开艺术家座谈会，我以前从没写过这类文学作品，心里便忐忑地把剧本拿给他，请先生拿回家看了提点意见。可是第二天一大早先生就把我叫到他房间，详细地谈了他的整体印象和对主人公的认识，告诫我要一定注意找个好导演，好好把这部戏做下去。这当然增添了我莫大的信心，从此每每排演遇到困难我就用先生的话鼓励大家也鼓励自己。后来先生去看了首场演出写了评论，字字句句都饱含着对文学人的呵护和期许。

前年，我牵头邀请专家们梳理陕西的文化资源，策划了三十个重大文化项目，其中就有一个以先生创作的《白鹿原》为背景的文化园区。为了把这个项目做出精彩，我又把省内外文学、历史、旅游界的学者邀来反复论证，大家异口同声陕西早该打这张名片了。这个文化园区实质上就是在白鹿原上再现滋水老县城，再现先生魂牵梦绕的白鹿两家的老宅子，还要为先生开辟一院“陈忠实书屋”，还将建造二三个小剧场，长年上映有关《白鹿原》的故事和戏剧。可想那里当然是一处浓缩着关中风情的文化景区，可使天南地北的人来到关中就能够享受到白鹿原的魅力，也享受到这片黄土地带来的厚重滋润。我以为这样一个指向性明确的规划，先生一定会十分惦念的，这在一定意义上讲就是先生艺术成就和创作生涯集大成的展现，却没想到在以后的日子里，也不知是他怀疑这个规划的可行性，还是担心将来的景区会破坏人们对他倾心营造的白鹿原的憧憬，始终没有向我问过一个字。我后来听闻先生病了，还侧面向参加白鹿原文化园区论证会的邢小利打听先生对这个规划的见解，只是听说先生要等建造得差不多了再抽暇去看看。

去年，我突然听说先生病重住院了，便约了刚到省作协上任的黄道峻去医院探视。我以为这时候先生应该对这项工程询问两句的，得了这种病谁都会想自己身后事的，可想不到先生依然抿着嘴唇什么也没问，只是听我在那里与大夫乱扯。待我从病房出来反复思量，依然不得其解。后来我回到办公室看到书架上的《白鹿原》，忽然醒悟先生这般默语，一定是想他身后的名声绝不是靠一个文化园区就能奠定的！

我昨天见到专程前来西安吊唁的铁凝主席便说，原来曾想白鹿原文化园区今年 10 月就会开园，届时一定要请先生来揭幕的，而今那个历经波折的工程正在收尾，而白鹿原上的主角却随风飘去了，使得这个盼望已久的文化项目平添了永远的遗憾。我想，只能在将要举行的开园仪式上为先生祭上三杯酒了，愿先生的在天之灵能够佑护白鹿原上的万千人家康泰幸福，也愿他额头上深深的皱纹能够从此舒展……

2016 年 5 月 5 日于新城

原载 2016 年 5 月 6 日《陕西日报》14 版

水流原在海　月落不离天

——怀念陈忠实

贾平凹

面对陈忠实的离去，作为同辈人，作为几十年的文友，到了这个年纪和这一时刻，我真切地感受到什么叫黯然神伤，什么叫无声哭泣。

他是关中的正大人物，文坛的扛鼎角色，在思念着他作为一个作家的丰功伟绩，我就想到一句诗：水流原在海，月落不离天。

正如有哲人说过，在这个宇宙里，生命是不息的，当每一个人的一世进入其中，它就活在了整体，活在了无限，而不仅仅是一个家庭，一份工作，一份情思里。当任何一个人的去世，如果就是这个整体的一部分失去，是我们的一部分失去，但那仅仅是带走了一部分病菌、疼痛和恐惧，生命依然不息。

更何况陈忠实有他的《白鹿原》。

他依然在世间。

原载 2016 年 5 月 2 日《陕西日报》

陈忠实生命的最后三天

陈　彦

都知道他要走了，但没想到会这么快，因为工作原因，我与这件事情保持着密切联系。在最后三天，我见证了先生的痛苦；见证了先生的从容；见证了先生的安详；也见证了先生的顽强，不，可以说是钢铁一般的意志；更见证了先生对美好生命的留恋。

先生是去年这个时候查出舌癌的，整整一年时间，开始先生有些大意，一直当是口腔溃疡，只吃些维生素或消炎片之类的东西，家里人看没效果，才催着他去检查的。没想到，一查出来，就是这样的结果，并且已到晚期。但先生始终很淡定，也很配合医生的治疗。什么手段都用了，从我接触西京医院的医护人员看，他们对先生也是怀着十分崇敬的心情的。成立医疗小组，想着法子治，中途也有转机，但后来，还是出现扩散，甚至肺部都有转移，一步步，就把一个善良老人逼向了绝境。春节时，我还陪同省委常委、宣传部长梁桂同志去看望他，虽然脸部下方有些浮肿，头发也基本全白，但整个精神还算硬朗，说话多有不清晰的字句，可内容表述依然完整坚定。甚至比我前几次去医院探望，更显出一种挺过来的生命晴朗。谁知几个月后的今天，他到底还是走了，竟然走得那样匆忙。

4 月 27 日，我听说先生昨晚突然吐血，病情出现危机，我和省作协书记黄道峻同志早上就去看望，得知当天早晨又吐了一次血，并且量很大。我们见先生时，他已经暂时平稳下来，我坐在床边，拉着先生的手，虽然已经瘦得皮包骨了，但还依然有些力量，我拉着他，他也拉着我，还说了一会儿话，他只用表情回答着一切，有几次似乎想说，但一提气，发现发不出声，就那样慈祥地看着我。那里边有一种生命的淡定，但也有一种深深的无助，无奈。死神已紧紧攫住了他的咽喉，我吻了吻他的手背，害怕眼泪掉下来，就低着头离开了。我们到医务室，开了个简短的会议，主治医生宁晓瑄介绍了病情，她一再讲，先生随时都有生命危险，吐血是因为扩散的癌细胞破裂造成的，先生的左肺已停止工作，剩下半边肺叶，随时都有被血淹呛窒息的可能。我一再问生命可能的限期，宁大夫也一再肯定地说：随时。

我立即就向梁桂同志打了电话，报告了先生病情恶化的情况，道峻也立即向中国作协做了汇报。下午 5 点多，省委书记娄勤俭、省长胡和平在省委常委刘小燕、梁桂的陪同下，从省人代会现场直接赶到医院，看望了先生，听取了医疗小组的汇报，并作出具体安排要求。此前，他们都为先生的治疗，多次作过指示，并解决了具体问题。这天晚上，医院再次为先生做了气管切开术。我跟道峻离开时给家属交代说，一旦有紧急情况，立即给我们打电话，不管什么时候。凌晨 3 点 45 分，手机突然响了，我浑身一怔，立即抓过来一看，是先生的二女儿陈勉力打来的，说先生又吐血，正在抢救。我立即爬起来赶到医院，道峻也到了，这时先生已暂时平稳下来，不停地在一个本子上写着什么，后来我拿着一看，许多句子和字迹都不太清晰，有的句子压着句子，字压着字，能看清的，大意是对家里人的一种交代，还有几个字给我的印象特别深刻："……生命活跃期（前边的实在辨认不清）。"先生此时在思考什么呢？"生命""活跃期”，这个“活跃期”是什么意思呢？他心底到底“活跃”着一种什么意识与思维呢？我感觉他既是糊涂的，也是清醒的，大脑深处，甚至有一种特别的清醒，只可惜已经表达不出来了，瘦弱的双手，勉强在家人的帮助下，不停地写着，写着……这个动作，这种状态甚至持续了很久。后来，是在先生夫人和儿女的一再劝告下，才把写作停止下来，有一阵，甚至还暂时进入了休眠状态。

28日中午11点钟，中国作协党组书记钱小芊也专程从北京赶来看望先生，先生大脑神智依然清醒，钱小芊书记与他交流时，他不断用可能表达出来的手势、表情，表示着感谢的意思。贾平凹悄声跟我说：“看见老陈这个样子，我心里突然感到一阵锥痛，瘦干了！”这天下午，医疗小组做了最后的努力，进行了支气管动脉栓塞手术，西京医院院长熊利泽给钱小芊、梁桂同志介绍说，如果能够把破裂的血管栓塞住，陈忠实先生的生命还有可能存活一段时间。省保健局的领导以及四医大校长、政委、西京医院院长、政委都参与了陈忠实同志的抢救工作。

实在不幸的是，4月29日早晨7点45分，先生还是在再一次癌细胞破裂后，痛苦地离开了人世。我跟道峻8点零几分赶到医院，抢救已经结束。医生说：很快，几乎没有多少预兆，突然一咯血，造成逆血，人就走了。昨晚10点钟，我还给家属打了电话，家属说，手术后还算平稳，因为手术是微创，病人几乎没有多少痛苦。我们想着先生是应该有个生命的缓冲期了，没想到来得这么快。简直快得让人难以置信。

在先生病重期间，陕西以及北京的很多宣传、文艺界领导、作家、评论家、艺术家，都多次过问先生的病情，先生始终不让探视，充分显示了先生素来低调、质朴、平和的做人风格，他永远都是只愿帮助别人，而不愿麻烦别人。他的这种作风也影响了家人。在他患病的这一年时间里，无论我们问有什么困难，更多领导问有什么要求，家人的回答永远都只是两个字：没有。我要求他们随时把先生的病情告诉我们，不到万不得已，他们也从来不会打电话。他们的眼神，他们一切的一切，都只集中在亲人病痛的痊愈上。连医生护士都说，陈老师非常好，普通得就跟任何一个普通病人一样，非常配合我们，也非常顽强。

多少人想看望病中的先生，一来先生不愿麻烦别人，二来身体也的确撑持不住。如果让探视，那就一定是车水马龙的场面，医院医疗秩序会打破，病人也受不了，因此，很多人就只能深深遗憾着，无缘见先生最后一面。

因为工作关系，受梁桂同志委托，我们非常荣幸地伴随先生度过了最后三天，我跟道峻陪着家属，从病房给先生穿衣服，到最后扶灵送上殡仪车，手脚不住地颤抖，内心充满了无尽的悲怆。但我觉得自己是有幸的，有幸伴随一个伟大的灵魂走完生命的最后几步，这是我一生从公、从事文学艺术事业中，最荣光的一件事。

一个民族最伟大的书记员走了，我突然感到一种大地的空寂，尽管西京医院人山人海，甚至半夜3点多，排队挂号的人流还络绎不绝。在先生推车通过的电梯、路道、厅堂，我们行走甚至要贴身收腹，但还是感到一种巨大的空旷与寂寥。

在等待殡仪车的那一个小时里，我始终在回想与先生接触的这几十年，先生对文学晚辈的提携呵护，我想我跟每个文学晚辈的感受是一样的。他对文学的贡献，不仅仅是一本堪称“高峰”的《白鹿原》，更有对陕西文学艺术繁荣发展整体推进的呕心沥血。他是在以自身的创作高度和人格、人品高度，有形无形地雕塑着这个文化大省的具体形象，以及它的宽度、厚度与高度，有他在，我们会感到自信、骄傲、踏实、有底气，先生忽然在一个清晨，一个近千万人口的城市刚刚醒来的时候撒手而去，我们顿时感到一种生命与事业的虚空与轻飘。他是上天不可能再创造出来的那个人，他的离去，是一座高峰的崩塌，是一颗星辰的坠落，是一个时代永远也无法医治的巨痛。

在先生推车缓缓通过医院大厅、医院走廊、医院车库、医院大门时，所有忙碌的人，大概都已经从微信、短信上，知道了先生在这个医院病逝的消息，但他们不知道，一个时代的巨人，像一个普通老人一样，在走过了他七十四岁的生命旅程后（再有两个月，先生就满七十四周岁），正平和、安详地从他们身边悄无声息地经过，先生静静地躺着，一切病痛都在最后时刻全然冰释，脸上留下的，是十分慈祥、周正的样貌。无论身边怎么喧嚣，先生的安静，都让我想起海明威墓志铭上的那句著名的话："恕我不起来了！"

先生走了，但这只思想火炬、这只文学火炬、这只生命人格火炬、这只民族精神火炬，将永远不熄！

2016 年 4 月 29 日晚草就

原载 2016 年 4 月 30 日《陕西日报》

陈忠实的最后日子

邢小利

A 病起于口腔溃疡

陈忠实的病，是2015年4月确诊的。2015年春节前后，他就说他的口腔不舒服，溃疡，一直不见好；进食有碍，所以也就不大接受朋友的外请吃饭。

听他说是口腔溃疡，我让白鹿书院的工作人员买了一些维生素B送他，打电话给他说，吃这个对口腔溃疡有很好的疗效。过了一个星期，问效果，他心情显得愉快，说好了一些。过了两个星期，再问，他语气里有些烦躁，说还是那样。再后来，听说一直不见好，病情还有些加重。经常开车接送他的杨毅说他吃了不少的药，中药和西药都有，不见效。不少人劝他去医院做个检查，他不愿意去，说口腔溃疡有什么看的。时间长了，大家都有些担心。有一天，我在《西安晚报》看到一则医学宣传文章，说口腔溃疡本可以自愈，若过了半个月还不见好，有可能发生其他病变，要及时去医院检查。看了这个，我的心情有些沉重起来。有一天和杨毅闲谈，说到陈忠实的身体情况，杨毅说省里每年都安排陈忠实这样的专家到省人民医院体检。2013年体检结束后，医院打电话让陈忠实去复查，说他的肺部有个阴影，需要确诊，陈忠实不去，说抽烟的人肺都有问题。我听了心里一咯噔，感觉不妙。

B　错过最佳手术时机

2015 年 4 月下旬的样子，陈忠实终于决定去医院检查了。

记得有一天，在北京工作的李建军回到家乡，我和仵埂拉着李建军去终南山看一个新建的寺庙。傍晚下山，我给陈忠实打电话，问他晚上能否抽出时间与李建军一起坐坐吃个饭。陈忠实说要准备检查，等检查完了再坐，还和李建军通了电话，说这次情况特殊，让我好好接待李建军。

检查颇费周折，主要是陈忠实不太配合。最后还是在陈忠实的西安石油大学工作室做的检查，请的是第四军医大学口腔科的权威专家看的。专家看了，做了活检。结果不好。

开始他家人都瞒着他，让他治疗，他不配合。最后没有办法，告诉了他实情，说这样拖下去不是办法，必须配合医生的治疗，陈忠实才勉强接受，接下来就是各种治疗。

听杨毅说，是王仲生先生的夫人找的四医大的医生。他夫人李老师给我解释说，现在不能手术了，一是部位在舌根部，不能做，二是也错过了最佳的手术时机，只能保守治疗。这个治疗方案也请教了上海的专家，被认为是当时的最佳方案。四医大口腔科是全国最好的口腔科之一，就在这里治疗，各方面都很方便。

陈忠实的家离四医大只有一站路的距离，一般是白天在医院治疗，晚上回家。治疗期间，为了安静养病，不让人看。我也就没有去看，但和杨毅经常联系，随时了解陈忠实的病情。

据说，用过中医，用药很猛，不行。再用西医，放疗，化疗。其他部位也做了检查，腹部右边做了一个皮上小手术，割去一个小疙瘩。肺部说是也有一个阴影，不知性质如何，医生说暂时不管。

C　记忆力急剧下降

这一年的6月28日，白鹿书院成立十周年，请了外地和本省一些专家，在白鹿书院开了一个庆贺会和黄土派文学研讨会。与会全体代表商定，选一个代表去看陈忠实。我在所有与会人员的签名簿上写了一句：“祝陈忠实先生早日康复！”

6月29日上午，山西来的作家葛水平代表会议全体人员去看陈忠实。下午，葛水平看望回来，我和李建军到她房间看她，葛水平说她见了陈忠实，陈忠实已经不认识她了。葛水平报了名字，陈忠实才想起来。陈忠实说的话都写在一张纸上，葛水平拿出来让我们看。上面写着——

记忆失去太多了。

许多多年的熟人朋友，见面竟认不出是谁。

你回吧。

谢谢你和大家关心，代我向他们感谢。

字迹清晰，也有力，像他以前的字。

我和李建军看了，都无语，伤心地哭起来。

D　精神转好惦记友人

9月22日晚，杨毅打来电话，说陈忠实有新书给我。杨毅还高兴地说，陈忠实刚吃过泡馍，他对医生说，想吃泡馍，医生说，这个好，说明味觉有所恢复了。

谈到陈忠实的病情，杨毅说，医生说70%的癌细胞都杀死了，陈忠实看来精神也好多了，过去走路没有劲，现在有劲了，现在有时还去石油大学工作室。

过了一会儿，陈忠实给我打来电话，说他化疗，一是影响记忆，许多字都记不起来了，二是没有了味觉。我说想去看他，他说过一星期，他请我吃泡馍。

接下来说事，他为一个年轻人的某一件事说情，他说我主持此事，不好给别人开口，让我不要管，他会给其他人打电话说情。我听了感动，这个时候了，他还费心办这事。

10 月 9 日晚上，陈忠实给我打电话，说次日晚上请我吃泡馍，在东门外老孙家，他让杨毅订包间，让我看着再请几个朋友。我请了仵埂、方英文、朱鸿、刘炜评、王新建、张艳茜、严琳。

10 月 10 日下午，我在西安财经学院参加一个关于柳青精神的研讨会，我发完言不久就溜会，由于是从长安区往市区走，遇上晚高峰，堵车厉害，我开车赶到东门外的老孙家，陈忠实已到多时。主位空着，陈忠实坐在主位右侧。

我进去，大家都说那个位子是我的，我说这怎么敢。我请陈忠实坐，陈忠实让我坐，说："你坐到这儿，你给咱主事嘛。"我就坐了。

数月未见，陈忠实更瘦了，也显得疲惫，但显得高兴。人到齐后，我举杯说："大家都想陈老师了，陈老师也想大家了，今天在一起吃个饭，高兴高兴！"大家欢声笑语，陈忠实坐在我的旁边，基本上不说话，只听大家说。

大家知道他说话还不是太方便，就不专门和他对话，只是闲说一些高兴的事和外面的事，他虽然显得沉默，但是静静地听着，气氛融洽。

这天早上杨毅专门给我打电话，说晚上吃饭让大家不要抢着买单，陈忠实说他请，就让他掏钱，有次有人硬抢着买，结果惹得他很不高兴。我知道陈忠实的脾气，杨毅一说，我请朋友时就提前嘱咐不要抢着买单，让陈忠实买。

吃饭快结束时，陈忠实让服务员买单，大家都静静地坐在那里，看着他买单，没有人抢也没有人说客气话。

E　患病后第一次公开亮相

治疗告一段落后，陈忠实虽然不出门，但经常去工作室，能看书，写字，包括写毛笔字。

有一个上海的作家，要出书，想请陈忠实题写书名，辗转托人找到西安思源学院董事长、白鹿书院理事长周延波，周延波又当面给我说了，我请陈忠实给题写了书名。陈忠实很认真，写了两幅，一个横版，一个竖版，让根据需要挑着用。

陈忠实还接受了一家报社记者的采访，说他一边养病，一边读书，获最新一届茅盾文学奖的几位作家王蒙、格非、李佩甫、苏童的作品他都读了，有时间还想读金宇澄那部《繁花》。

11 月 22 日上午，西安工业大学举行陈忠实当代文学研究中心成立十周年暨陈忠实文学创作研讨会。其时我随陕西省作家协会组织的采风团在南方采风，未能与会。听说陈忠实参加了开幕式，虽然时间不长，但这是他患病以来第一次公开亮相，朋友们对他的好转都感到高兴。

也差不多是在这时候，陕西人民出版社出版了《陈忠实传》。我还没有顾上把书送给他，就有热心人买了送他了。据杨毅说，陈忠实说有不少熟人和朋友向他要《陈忠实传》，陈忠实就自己买了一些书送人。

2016 年 2 月 16 日，春节过后，正月十五前，我在海南度假，下午正在酒店前边的海滩上散步，陈忠实打来电话，说了两件事。他先谈了他读《陈忠实传》的感受。

他说:“你写的那个我的传，早就看完了。原想春节当面和你谈读后的看法，因为一直在治疗中，没有找到合适的时间，今天电话中简单谈几点看法：一、写得很客观。二、资料很丰富，也都真实。有些资料是我写到过的，提到过的，也有很多资料是你从各处找来的，搜集来的，有些资料我也是头一回见，不容易，很感动。三、分析冷静，也切中我的创作实际。四、没有胡吹，我很赞赏。”

第二件事是让我把他给《当代》杂志最新一期发表的文学作品用毛笔题写的作品名字，以电子版方式发给《当代》杂志的孔令燕。我在海南，就打电话让我女儿把题字拍照后发了过去。

F 病情向不好的方向发展

3 月 23 日，我和周延波去四医大看陈忠实，陈忠实二女儿勉力在陪护他。陈忠实一直躺在病床上，打着营养针，虚弱得厉害。我们不便多打扰，坐了有十分钟左右就告辞了。陈忠实那天也说了一两句话，还能听清说的是什么。

4 月 11 日，陈忠实给我打电话，说一个事，他的话我已经一个字都听不明白了，只能猜。

过了一会儿，他让大女儿黎力打电话给我，才把事情说明白了。是中国艺术研究院马克思主义文艺理论研究所要编一本纪念陈涌的文集，向陈忠实要有关陈涌的稿子，陈老师嘱我找他那篇写陈涌的《释疑者》一文。我第二天就办好了。

4 月 25 日晚上 6 点多，杨毅来电话，说他感觉陈忠实的病情可能向不好的方向发展了。他说：近日他给陈忠实送报纸和信件，发现陈忠实躺在床上起不来了。有一天看见陈忠实从床上起来，非常艰难，让人看着难过。说不成话，每次说事都用笔写。嘴疼，吃不成饭，饭前要吃药，估计是止痛药，听他夫人王翠英说是杜冷丁，吃药以后才能吃一点饭。营养跟不上，一直在四医大打营养针，有一个月了吧，刚出院，在家躺了三天，虚弱得不行，又去打营养针。瘦得厉害，看那手只是皮包骨。王翠英嫂子说他现在只有八十二斤，原来是一百四十多斤。海力（陈忠实的儿子）和有关方面联系，买了些从美国进口的治病针药，是从香港带过来的，海力亲自从深圳取回，十五天打一针，现在已经打了一针，还有两针，看看情况如何。

G　最后一面

4 月 27 日早上，我去西安石油大学参加一个研讨会。

我去得早，被请至贵宾室先喝茶，西安工业大学的冯希哲过来说：“陈老师病情很不好，昨天晚上吐血，吐了一地，能有一盘。”他说他当时在场，用手比画了一下，感觉是不小的一盘。“叫 120 送到四医大急救。看来情况很不妙，不知能不能撑一个星期。”

我吃了一惊。中午，会议刚结束，杨毅又打来电话，说了同样的情况，还说陈忠实今天早上又吐血了。陈家子女都在医院，亲戚能来的都来见一面。

上午 11 点，陈彦（陕西省委宣传部副部长）、黄道峻（省作协党组书记、常务副主席）也到医院看望。杨毅说陈忠实让他交给我两套人民文学出版社新出的十卷本《陈忠实文集》。

中午过后，我准备去探望陈忠实。我先到作协，找到杨毅，他把书给我，一套是陈忠实送我的，一套是给白鹿书院陈忠实文学馆的，都写有赠送对象和他的签名，落款日期是“2016.4.25”。

杨毅说，娄勤俭（陕西省委书记、省人大常委会主任）、胡和平（陕西省省长）下午 4 点要去看陈忠实。我一看时间，3 点半，想着赶在他们之前先去看一下。

我把车停到离四医大不远的一条街上，给陈忠实大女儿陈黎力打电话，问她爸现在哪里，黎力说在四医大，她在那里陪护，我说我想去看一下，她给我说了楼号和病床号。

到了病房，我看到陈忠实躺在病床上，脸色蜡黄，光脚伸在床被外，两只胳膊也光着伸在床被外，输着液，嘴上戴着氧气罩，虽然吸着氧气，但呼吸还是很急促。我握着他骨瘦如柴的手，心里难过，不知说什么好。

他向我说话，但我听不明白他说什么，他招招手让我坐到近前，一招手，他女儿黎力把笔和一个本子拿到跟前，我知道他说不成要给我写。我说，我早上从希哲那里听说了情况，中午又听杨毅讲了，他就不写了。

他女儿翻译：你已经知道了情况，就不写了。陈忠实看着我，说："病没办法。"这句话虽然表达得非常含糊，但我听明白了。

我对陈忠实说："调理调理，会好一些。"陈忠实大口大口吸着氧气，看着我，说着一些什么话，但我听不明白。我问站在床边的黎力，陈老师这两天的休息情况如何，黎力说休息很不好。陈忠实还在向我说着什么，好像是说"你回吧"，我站起来嘱他多保重，握了握手退出。

在病房外，和黎力又说了一会儿话。听到里边有动静，说是陈忠实要穿上衬衣，黎力赶紧进去了。估计省上领导很快就到，我对门外站着的海力安慰了几句，就先告辞了。

H 噩耗传来

4 月 28 日一早，黎力打来电话，说她爸看来情况不好，要我找一张她爸的照片，最好是四五十岁时候的，正面的，彩色的，做成遗像，今天就送她。

我找来找去，照片虽多，但合乎要求的，还是作家王蓬当年在陕北红碱淖给陈忠实照的那张合适。原照是横版的，我在电脑上裁剪了两边，变成竖版，安排白鹿书院工作人员今天做好，送给黎力。

4月29日早上7点多，陕西省作家协会党组书记、常务副主席黄道峻给我打电话，说老陈情况不好，前天省委书记、省长去看，昨天中国作协党组书记、常务副主席钱小芊去看，老陈昨天晚上被抢救一次，早上又在抢救，他要去看，要我赶紧代表组织写一个评价老陈的文字，办公室起草生平简介，两个糅在一起作为老陈后事用。我说我有一个关于陈忠实的很翔实的介绍，一并给你。

放下电话，没过几分钟，黄书记又打来电话，说杨毅哭着给他打来电话，老陈已经不在了，没有抢救过来。我惊呼了一声……

看了一下表，此时是8点零2分；陈忠实去世的时间，是7点45分。

原发作者博客（2016年4月30日　14：46：43）

哭忠实

雷 涛

一个超凡人的突然离世，一定会给自己的亲朋好友和社会造成转瞬间的惊诧失意和精神思维的空白。陈忠实先生离我们而去就是这样的情形。

4 月 29 日一早，接到陈忠实先生去世的消息，我一时呆住了，头晕目眩，好半天缓不过气来，司机小张见状用手扶我，问何故？我说，文学的天塌了！在外出差的我立即驱车返回西安。途中，接受中央和省内三家媒体电话采访时，语塞地说不全话，难以置信和痛苦占据了我全部身心。

今年春节前夕，我和忠实先生，还有好几位文学界的朋友在一起聚会。当时他已经入院治疗。我们约他出来坐坐、散心，他就爽快地答应了。那天是私人请客，就带了白酒。忠实先生说，要在往常，我一定和大家痛饮，可是现在医生有言，绝对不能饮酒。我看，大家还是原谅我吧！当时的气氛是温馨而热烈的。可是我从他的表情和言语中似乎看到了某种不祥，只能暗暗地深埋在心底。春节刚过，我打电话向他问候。躺在病榻上的他用低沉、沙哑甚至是吃力的声音说：谢了。我现在说话很不方便，等我好了咱们好好叙谈。电话这边的我，心情虽然沉重，但还是用快乐的话和他约定，到春暖花开之时，我们到秦岭深处一位朋友办的农家乐去喝茶吃饭，忠实先生高兴地答应了。就在我听闻他病情加重时，我打电话给一位常常在他身边侍候的朋友，问其病情好不好，朋友脱口说了两个字："不好"。我的心咯噔一声预感情况不好，半天接不上话，黯然挂掉了电话。没有料到，噩耗竟然来得这样突然。

忠实先生是我的搭档、仁兄和挚友。我离开西影到省作协工作，前后十三个春秋。前六年和他搭班子，后六年和平凹先生共事，我们三个人的友谊、情谊和故事三天三夜也说不完。

单说他对我和我的家庭关心和帮助，也是难忘的。我在省委宣传部工作时就结识了他。后来在西影工作，接触联系的机会更多。我离开西影时，继《走进阿尔卑斯山》之后，写了《走向王国》纪实文学集，请他作序，没有几天，他就以书信的形式写了《王国并不神秘》的长信，与肖云儒先生撰写的《世纪之交的一份馈赠》一起作为书首。后来我们在一起工作，自然更熟知。就在我将要离开省作协时，我的《困惑与催生》演讲录将要付梓，再次麻烦他说说话，他高兴地接受。第四天就写出题为《独立个性的声音》一文。还有平凹先生所写的《践行与守望》，同时作为书序与读者见面。忠实先生对我的支持、鼓励、理解和促进，我会永远铭记在心，并讲述给我的后代。

他对中国现当代文学的贡献是巨大的，是具有旗手意义的。我曾经在公开场合讲过，如果把新中国成立以来的长篇小说加以疏理精选，十部中肯定会有《白鹿原》，三部中肯定还有《白鹿原》。这部巨著把汉语言文学的叙事成就推向了高峰，把中国人骨子里的精神描写提升到了一种极致。随着时间的推移，《白鹿原》在中国文学史上的地位将会越来越显要。关于这部作品的写作，我曾经和他作过深入的交流，在西安理工大学的一次研讨会上，我也作了一个长篇发言，说明了一些情况。忠实先生说给我的原话是这样的：我们都是前后进省作协的青年文学爱好者，都有文学上的抱负。但当我看到比我小了好几岁的路遥拿到中国最高文学奖的时候，我坐不住了，抱定了在《蓝袍先生》的基础上，创作长篇小说《白鹿原》的决心。他在倾听包括他父亲在内的村上贤达讲述清末民国初年诸多故事的同时，多次翻阅蓝田县志和长安县志，并在周边地区探访乡贤和搜集更多的民间传说。搜集相关的资料后，把自己关在白鹿塬下的故宅里，潜心写作。当时创作热情是空前的，写作状态也是极佳的，许多人物在他的笔下活脱脱地出现，写得酣畅淋漓。有一次，我拿着我读《白鹿原》时在书上写满了阅读感受的话语给他看时，他看着看着会心地笑了起来。他对我说："过了这么多年，我也重新看自己的东西，有许多情景描写和心理描述，都是当时的激情和不吐不快的心情所致，如果现在让我去写，许多东西可能写不出来。有时我也想，那个时候怎么有那么一种顺畅和意想不到的灵感呢！"我也和俄罗斯的作家以及西欧的散文写作者交流过，他们普遍认为：在新中国成立以后的文学创作中，陈忠实和《白鹿原》是里程碑式的作家和作品。

他把属于自己的文学生命的一部分无私地输送给了别人和社会。我和他在一起的时候，先谈的话题自然是工作上的一些大事，三言两语便会说完。接下来的话题，就是陕西文学发展中的问题：比如突破，在原创上有哪些作者和作品出现；文学青年如何增加阅读量，尤其是在读原著、读经典上下功夫。他说过，一个真正意义上的作家，对世界文学宝库中的经典之作不了解，或者了解甚少是不可想象的。他告诉我，他曾在熟读经典的同时，还花时间研究后现实主义和魔幻现实主义的作家及其作品。中国文学没有世界的新信息和新发展照应是不行的。他对初涉文坛的工人农民作者和青年作者的关怀爱护更是倾注了大量心血。在工作中，我的感觉是，他除了自己潜心写作外，投入精力最多的就是关心、爱护、扶持和不断发现文学新人。这里也包括无以计数的文学讲座、演说和课堂辅导，也包括为众多的中青年出书作序、题词、写寄语和题写书名。有一年，他从报纸上看到有母女俩在钟楼地下通道卖书，因为女儿患不治之症，以卖书筹钱治病。他就打听联系既鼓励又资助。残疾人作者连忠照出书有困难，他即托人捎去五千元，还一再叮嘱不要声张。

有一次，我们在一起喝茶，聊得开心。我贸然说了一句：老兄，我很后悔，这辈子搞行政的时间太多，想写点好东西，总是没有宽裕和相对自由的时间。他听了，把头一仰，弹了弹右手指夹着的黑雪茄笑着说：搞政治的人也有风光的时候嘛！你看你的玩伴同学，还有共事过的人中，有几个像你这样风光。他的几句话把我噎住了，半天接不上话茬。还有一次和他交流书法艺术，他很和善地说："你是在搞书法，我是在用毛笔写字，不能一概而论。"后来，我出《心迹墨痕》一书时，他以《独得一笔好字》撰文，这篇文章成了我潜心钻研中国书法艺术的进军号和催生剂。

他是一位"富家"，但却过着十分简约的甚至是寒酸的生活。忠实先生除了写作和为文学做事，个人爱好便是观看足球赛事。其实，这种观看只是一种身心的放松和调节而已。其次就是手中不可脱离的黑雪茄廉价烟。他曾对我亲口说过：原来城固出的烟味好，也便宜，他曾购了好几箱子。现在人家不生产了，我只能有限制地抽。他吃饭穿衣更是不讲究，更谈不上注重营养调配和专家保健。他住在西安石油学院写作室，吃饭就在院里的食堂。有时去晚了，菜的选择自然就少了，饭也凉了，他对这些并不在乎。第一次我去他那里，一进门就闻到一股陈腐的气味。进门一看，整个房间都塞满了各类书籍和杂志，书上桌面上似乎还留着灰尘。他的卧室看上去稍稍整洁些，但被褥都是陈旧的，不知洗了多少遍了，其间几乎看不到现代的时尚的摆件。记得我当时还问过他，你让嫂子住过来不好？他说，你嫂子多年操持家庭，已患高血压病，她来侍候我，我不放心。再说，我写作喜欢清静，这个习惯一时也改不了。我也曾给他推荐过保姆，不等我说完就被他谢绝了。他还笑言：我这辈子没有到那个份上，那是上层人物享受的，咱还是塬下的一个农民，农民就过简单的光景。

忠实先生身上的人文情怀是深切的。陕西是文学大省，这是公认的事实。但忠实先生常怀忧虑之心，他更关心的是文学陕军的后续队伍的发展壮大。我们在一起讨论工作时，他说的最密切最真挚的话都与文学新人的发现和培养有关。我曾戏谑地借助坊间的一句话对他坦言："人家都说大树底下好乘凉，但大树下边难长草。"他听了点点头说："有这个问题，所以我们要把目光放在后边的人身上，如何让这些人超越我们才是课题。"正因为如此，我们经过会议并反复讨论，才成立了十二个专业委员会，并相继召开全省会员大会，成立文学院，并在作家挂职深入生活和争取社会支持方面进行多方面的尝试。回想我的工作历程，忠实先生对我的支持和鼓励是鼎力的，永远不会忘却的。

忠实先生的人文情怀还体现在他对陕西文学队伍的团结，和谐的倾心和具体运作上。作家在一块相处，不免会产生一些歧见，甚至闹出一些小矛盾来。忠实先生认为：这种事不可避免。他形象地举例说：一个家庭再和睦，也会出现一些小别扭，牙齿和舌头还打架呢。大约是 2003 年的秋天，我专程去白鹿原他的旧宅看望他，并进行了一次掏心窝的交谈。从那次交流后，我们彼此完全相通，心情像雨后放晴的朗朗天空，广阔而清亮。也就是从那时起，我们成了真正的合作者和知心朋友。

在忠实先生身上，看不到成功人士的傲慢和种种与众不同，而显示的都是农民身上的亲和、厚实和朴素。这么多年来，机关干部或是临时工，不管是谁家老人去世他都要去吊唁。有谁家儿女婚事，他都和大伙一样亲往道贺，实在去不了，就提前写幅祝福的书法作品，再加一点礼品表示贺忱。有时疏忽了，后来都要想方设法补上。我曾两次去过他的出生地蒋村，和村上的农民兄弟交谈，几乎所有的交谈者都说老陈是个热心人。有一位不知名的老汉对我说："你们都说他是个大作家，名气大。可是他回到村上，谁也不觉得他是名人，只知道他就是吃公家饭的。"

我清晰地记得，2011 年 3 月初，我为儿子儿媳举办婚礼，忠实先生应邀出席并祝词。那天的他似乎一下子变得年轻起来，在酒桌上谈笑风生，还不时以惊语妙言引得大家捧腹大笑。他在为孩子祝词中说道：你爸刚来作协时，我感觉到就是你今天这样的模样。想不到才过了多会儿时间，又一个雷涛要成家了。时间咋会过得这样快，我们怎么能不感到有些老了。也就是这个道理，没有我们的苍老，就没有你们的青春和幸福。在孩子们的心中，陈伯伯就是文学的一面旗帜，也是他们这一代人眼中的英雄。自然，也是他们这一代所敬仰的时代人物。

灵堂前，我向陈忠实这位老大哥、老搭档和挚友深深地鞠躬。在我和陈夫人翠英大姐握手时，我的眼泪潸然而下。一代文学巨匠就和眼前的这位农家妇女一生厮守，难道这不是另一种伟大和不朽嘛！

原载 2016 年 5 月 3 日《陕西日报》

一次终生受益的谋面

尹武平

听到陈忠实老师去世的消息，我的心像被针扎着一样刺痛。

我与陈老师只见过一面。尽管只有一次谋面，却使我没齿难忘，终生受益。

对于陈老师，我是先读其文后识其人的。喜欢文学，纯粹是我生活中的一种爱好，读好的文学作品，已成为我在几十年军旅生涯中愉悦心情、减轻工作压力的一种方式。那一年，我在兰州军区特种大队大队长的职位上时，《白鹿原》荣获第四届茅盾文学奖，我当即买来一本利用周末时间迫不及待地读起来。也许我与作者都是关中人，都是被关中这块黄土地滋养成长起来的缘故，也许是对书中绚烂多彩的风土人情过于熟悉，也许是书中复杂多变的人物性格如立左右，书中那厚重深邃的思想内容立马让我产生共鸣，跌宕起伏的故事情节更是引我入胜，看完一章又迫不及待地想看下章，不知不觉天已大亮。这气势恢弘史诗般的一部《白鹿原》，不就是中国式的《战争与和平》么？我从内心由衷地发出赞叹！

待我从领导岗位上退下来之后，便有了更多的时间边读好书边写散文了。当我写了几十篇散文且在朋友圈传开后，大家一再鼓励我结集成册。此时，我首先想到请身为中国文坛巨匠的陈忠实老师为我题写书名。

通过熟悉陈老师的友人一联系，他欣然应允。2014 年 11 月 26 日，我揣着自己撰写的厚厚的一本散文稿，应约来到陈老师在城南石油学院内一所简陋的工作室里，陈老师已沏好茶等我多时。落座后我便简要介绍了自己的经历，写作进程，表达了想请陈老师题写书名、并对文稿中某一篇若觉得有特点的散文写点评点的心愿。陈老师听罢，朗声说道：你由一个农民的儿子，成长为共和国将军，已经很不容易！退休后又如此热爱文学，坚持写作，你这是在开启自己第二个生命历程啊！有这种精神不简单！这样吧，你托我的事，等我看完作品再说，好不好？我望着他那张写满了人生沧桑的脸庞，听着他平和质朴又火热的话语，便连声说好，随即告辞。行走在回家的路上，我的心里多少有些忐忑，尽管陈老师几十年来热情扶持青壮年作家的佳话不绝于耳，但他对我这位年过六十进入“准老人”行列的业余文学爱好者又会如何呢？反正心里没底。

三天后的 29 日下午，友人给我来电话说陈老师已给我写好了书名，他马上送来。送来的是一个陕西省作协的大信封，打开一看，是陈老师用六尺对开宣纸写的“尹武平将军散文集”几个大字，内附一封信，信中这样写道：尹将军您好，遵嘱写了对《秋月》的评点文字，请笑纳。亦写了《尹武平将军散文集》书名，我字作书名不好看，仅作留念，建议您请书道老到的人题写书名。不赘。祝愉快。陈忠实 2014.11.29。陈老师的谦和真实跃然纸上。陈老师还用另外一页纸，专门对我撰写的《秋月》一文作了评点。他是这样写的：中秋赏月的闲情逸致，是中国人独有的诗性情怀。尹武平将军少年时的半块月饼的记忆，缺失了诗意而漫溢着刻骨般的辛酸。然而，正是那半块月饼的酸楚感受，大约成为他立身做人成就辉煌的础石之一砖。年过花甲再回嚼那半块月饼的韵味，已是一种达观的境界。陈忠实 2014.11.29 于二府庄。

看着陈老师题写的书名，读着他写给我那滚烫的话语，我的心情久久难以平静。我想，回报陈老师的最好方式，就是挚爱文学，坚持做好人，写好文。可以告慰陈老师英灵的是，一年多来，我已有四十余篇散文在全国有影响的纯文学刊物上发表了。

我怀着对陈老师这位中国文坛巨匠敬仰与感恩之心，来到陕西省作家协会为他老人家专设的追思堂吊唁，我所看到的和听省作协领导介绍的，是几天来数以万计的各行各界人士以各种方式对陈老师的缅怀。我想陈老师留给我们的，不仅是白鹿原，还有白鹿原之上他那高贵的人品！

陈老师把毕生精力倾注在千篇佳作之上，仅一部《白鹿原》，耗干了他的一腔热血，他确实太累了！愿他安息！

原载《延河》2016 年第 6 期

只要《白鹿原》在，忠实就活着

阎　纲

陈忠实走了，我说不出的难过，才七十四岁啊！

只要《白鹿原》在，忠实就活着。

眼前不断闪现出他质直忠厚的身影。

那年 4 月，陈忠实来京。我问：1976 年，《人民文学》发表蒋子龙的《机电局长的一天》，出事了，文化部长于会泳点名说："《机电局长的一天》是坏小说，要批。"编辑部一方面劝蒋子龙写检讨，一方面派人找作家赶写批邓的小说。我便回西安找你，因为你十分用心地学柳青，小说写得结结实实。《人民文学》专程约稿，你有些激动，但是明白了我的来意，让你急就一篇批"走资派还在走"的小说时，你默然，面有难色，埋头吸烟，半天挤出来一句话："咱编不出来嘛！"千方百计推托，不肯就范，从婉拒到坚拒。最后，我被你说服。你当时既不损害友情又表示实难从命的痛苦情状，让我三十多年来不能忘却。

忠实说：这事我记得，记得。当时，我也被圈在西影厂受罪，正为"编"一部电影剧本发愁呢！

我说：当时要是逼着你把"走资派还在走"的小说写出来，无疑让《白鹿原》作者背上历史污点，险啊！

1981年10月，我受《文艺报》之命又回西安，同陕西作家促膝谈心，话题是农村题材创作的迫切性。近年来，文学题材取得新突破的同时，农村题材反而被忽略了。不能忘记农民，尤其不能忘记改革开放时期的农民问题，应当向柳青学。忠实，你一贯重视农民题材，有何高见？

忠实说：八亿农民支撑着我们国家，农村实行新政策后，农民有信心了，感情复杂了，相互之间的关系淡薄了，对集体不大关心了。作品要是只写今天的承包责任制、写明天有钱花，写农村干部个个写成南霸天，那太浮浅了。我坚信深入生活是可靠的，我固执地在纷乱的现实中拨弄自己要寻找的东西。生活不仅可以丰富我们的生活素材，也可以纠正我们的偏见，这一点，我从不动摇，深入生活，点面结合，写起来才有根底，不会走大样。

1993年7月，《白鹿原》《废都》《最后一个匈奴》等五部小说进京，我在会上做了题为"《白鹿原》的征服"的发言。会下，我对忠实说：《白鹿原》的突破，体现在历史的深度上——通过隐秘的心灵史质疑万能的"斗争哲学"，具有举重若轻的智慧和诸多层次的深刻，成就为石雕式的现实主义。

忠实回忆说：写《白鹿原》时，我的心情非常复杂。一次会上，李星绕到我的身后耳语："今早听广播，《平凡的世界》评上茅盾奖！"接着说，"你年底要把那事不弄成，你干脆从这楼窗户跳下去！"回乡后我给我老婆说，我回老家去，这事弄不成，咱养鸡去。人民文学出版社高贤均高度称赞的信件送来后，我趴到沙发上半天没起来，老婆慌了："出啥事了，出啥事了？"我说："咱不养鸡了！"

但是，评茅奖时障碍重重，评委会的意见决然对立，致使这一届评奖延迟了两年。多亏陈涌，他最后拿出正式意见，说"《白鹿原》深刻地反映了解放前中国现实的真实"，"作品在政治上基本上没有问题；作品在性描写上基本没有问题”。两个“基本”！必须修改才能参评。后来，改了，评上了。

问他：“改了哪些？”

他笑了：“删去田小娥每一次把黑娃拉上炕的动作和鹿子霖第二次和田性过程的部分，关于国共两党‘翻鏊子’也删掉一些，总共两三千字。”

一年3月，陈忠实到京，乡党聚首。当我津津乐道家乡的“浇汤烙面”挡不住的诱惑、让你哈喇子直流时，忠实的眼睛一下子亮了，急忙插话说：“你们礼泉的浇汤烙面真好，我家个个爱吃。真的好吃！”席尽人散，忠实拉着我的手再三保证说：“老阎，我记着呢，过年一定给你送一箱子烙面来，一定！”不久，忠实来京参加作协主席团会议，下飞机直奔方庄小区，破门而入，怀抱一大箱子烙面送家来了，放下烙面，擦了擦脸上的汗珠，来不及过过烟瘾，便赶往中国作协报到去了。

原载《延河》2016年第6期

在他心中文学高于一切

雷　达

陕西三大家——路遥、陈忠实、贾平凹，都是我多年的好友。这种友情既与文学有关，又超越了文学，并不含什么功利的因素，可以说是大西北文友间真挚的相知相敬之情。

先说几句路遥。路遥去世前，心中有一憾事，他觉得没完成他曾许诺我的，夏天要带着我一站一站地走遍榆林地区。那时去榆林好像很遥远很浪漫。李星向我郑重转达了路遥的抱憾。

看梁向阳的《路遥传》我不由落泪。路遥在好几封给白烨的信的末尾，都要写上“向雷达兄问好”，“雷达处问好”。路遥在一封信里直率地表达过对我的不满。他说，看了我发在《求是》杂志评《平凡的世界》的长文，虽然有气势，篇幅也长，但他还是不满足，觉得没有放开来，想到是《求是》这样的党刊，他也就可以理解了。他在另一封信中，针对有人说他活动茅盾文学奖，他不平地说，我能活动什么，我顶多去找雷达。当然，他并没有为此找过我。路遥去世前最后一封信的末尾，还是那句，“向雷达兄问好”（以上均见《路遥传》）。我要感谢白烨先生，他不把这些信拿出来，我永远也不会知道这些事。我本人没有什么重要的，但路遥能这样念我，想我，看重我，在给别人的信中谈论我，真让我泪水盈眶！路遥也给我写过几封信，不是我不拿出来，而是特意夹起来，怕丢。我一向马虎，但他的信还是珍视的。可这四封信，就像失联的马航370一样永无踪影。我找得辛苦，它们就是不露面，这次装修老屋，再次搜索，仍不见。好像天堂里的路遥自己把它们收走了。

我和陈忠实之间，同样感情深笃。他只长我一岁，我总觉得他是老大哥，比我大得不止一岁，他比我稳健深沉得多。我们好像没有经过慢热的阶段，就一见如故。上世纪八十年代我在《文艺报》当编辑，《信任》得奖后，文学新人栏目要发陈忠实的介绍，具体是我联系的。现在用得很广的陈忠实与农民在地头的相片，最早是从《文艺报》上发出的，是新华社稿。那时我们通了信没见过面。后来我读了《初夏》《蓝袍先生》，极其赞赏，还是没有面对面地交谈过。

在我的印象里，我们真正的认识、交谈，是在1992年的暮春。那天，他胳肢窝里夹着外衣，满头冒汗，风尘仆仆地进了陕西作协的院子，然后敲开某个办公室的门，坐下来喝茶。我恰好在场。那时我但凡到西安，常爱在陕西作协院里待着。李星介绍说，这就是雷达。他说知道早知道。他人一直住在灞桥，这天是临时进城办事。我们越谈越投机，他一点也没有拿我当生人，对我很坦率，很信任，他说现在要调他到陕西省文联，他坚决不同意去，他不为争位子，只想好好写作，真到了文联，当个领导又能咋的，其实啥也弄不成。他说为此他与宣传部领导吵了架。在他心中，文学是高于一切的，别的都要给创作让路。他说有一个长东西他写了好几年，快完成了，有可能的话，想请我看一看。我说好啊好啊。出版前他并没找我看。我记得，路遥就是在那一年深秋去世的。

忠实兄所说的长东西就是《白鹿原》。此作一出，震动了全国文坛。我看后非常振奋，逢人便说，无法平静。不久《小说评论》率先发了评论专号。那一期《小说评论》的封面不知为何却用了我的头像，是摄影家郑文华拍摄的，里面并无我的文章，全是陕西评论界朋友们的文章。他们才是《白鹿原》的最早评论者。我参加了在文采阁召开的《白鹿原》研讨会。当时由陕西省委宣传部部长王巨才同志率队，陈忠实当然也来了。在京的许多著名评论家都来了。如果没有记错的话，冯牧先生最先讲了话，接着是严家炎发言，第三个就是我主动发的言。我是坚定的，热烈的，那时还算年轻，有股闯劲。

在此前，《文学评论》副主编蔡葵先生已向我约评《白鹿原》的文章。我很感谢他，我前后发表在“文评”上的好几篇长文都是在他还有彭韵倩的督促下完成的。没他，怠惰的我什么也写不出。这次我反复阅读了作品，也可以说是苦思冥想良久，参阅不少东西，一口气写出了《废墟上的精魂——白鹿原论》，近两万字。我从正面观照中华文化精神的角度，从儒家文化与乡土中国的关系，从塑造文化的中国农民人格，说到他成功地将多种政治、军事、党派冲突转化为一个个人物的灵与肉的冲突，再到肯定他选择了超阶级的文化眼光，并认为全书具有宏阔的史诗性与开放的现实主义气派，但也指出陈忠实的世界观的内在矛盾和作品的一些具体缺点。

事实上，当时《白鹿原》并不像现在，得到几乎一致的高度评价。那时阴晴莫定，歧见纷纭，公开的私下的都有，有的意见很尖锐、很严重。不同意见主要来自两个不同的方向。一个是领导层，甚至高层中一些人，主要质疑作品的政治倾向有无问题。据我所知，有次中宣部开会，会后丁关根让郭运德留下，问他《白鹿原》到底怎么样，郭运德在一些重要的方面对作品给予实事求是的肯定，丁关根好像听进去了，但并未立即表态。此前，广电部一位副部长公开在报上发声明，称“《废都》《白鹿原》揭示的主题没有积极意义，更不宜拍成影视片”。不过那时有点各吹各的调，并没有立即的制裁措施。另一个方向来自一些中青年学者的看法，记得《钟山》《文艺争鸣》甚至《小说评论》都发表过一些言辞尖锐的批评。我至今认为这是正常的学术争鸣。只是随着时间的流驶，《白鹿原》自身的魅力的不断展露，逐渐消解了那些严苛的声音，即使今天，对《白鹿原》仍会存有一点不同看法，这很正常。

第四届茅盾文学奖超过规定时间，拖了三年都不评，潜在的原因可能与如何安置《白鹿原》有关。在先，国家出版局在天津搞了个“近五年全国优秀长篇小说奖”，何启治、林为进和我作为评委，联合提议增补《白鹿原》，未被采纳，当然这也不是天津会上的领导马上可以决定的。《白鹿原》最终获得茅盾文学奖，与很多有识者的积极评价，与形成了较强的舆论环境都有关系。尊敬的陈涌先生当然功不可没，他的表态、评价，使这个棘手的问题最终得以化解，三分之一的资深老评委是信任他的。“修订本”的问题，成为现今某些人非难陈忠实的把柄，事实上历史上任何伟大的、新生的事物要得到认可，都要经历一个曲折的过程，包括某种适当的妥协和委屈。《白鹿原》的获奖，不仅是一部优秀作品实至名归，而且是思想上、意识形态上、文化观念上以及上世纪前五十年历史评价上的一次大的突破。

大约 2008 年前后，文化艺术出版社的李恩祥同志找到我，说他们要出《白鹿原》评点本，想请我来评点。我想推。他说，你是陈忠实建议的人选之一。我只好应承下来。评点本出来后，还在报章上发生过一番争论，但总体反映尚好。这家出版社的具体编辑，不太懂中国古典小说有眉批、夹批、旁批种种讲究，字号也应有区别。我的评点，他全放在最下边，用最小的字，和注解混在一起，再版也不改，我就没兴趣了。我从未和陈忠实交换过对评点本的意见，只看见他书不够了也用这个版本送人，这我才放心了。

在有些人笔下，陈忠实像个为声名所累的、有求必应的“好好先生”，其实完全不是这样，他的性格很倔强，爱憎分明，嫉恶如仇，他并无私敌，也从不加入飞短流长的议论，忠厚而且宽广。有人对他作为小说巨匠或伟大小说家有所怀疑，因为他只是个高中毕业生，因为他从不显出学贯中西的模样，其实，他开创了一条独创的发人深思的道路。只要看看他那些密密麻麻的阅读名著的笔记，创作手记，那么多的小本子，想想他虽做过公社副书记等职，他酷爱文学的习性一刻未变，从小养成笔不停挥的习惯，练笔千万次，永远处在鲜活的生活中。像柳青先生永远在长安县一样，他长期住在灞桥，生活、读书、写作永远三位一体。这才是从中国经验中产生的具有中国气派的杰出作家，是实践第一的成才之路。

忠实去世的那几天，我的网页上忽然跳出了陈忠实提到我的名字的一个条目，那是 2011 年中国作协主席团会议在太原召开时《山西晚报》记者谢燕对他的采访文章，现在又重新发表了。有一段是："山西晚报：有很多读者说《白鹿原》后陈忠实再没小说了，也有人说他写一部《白鹿原》就足够了！你听到过这些说法没？陈忠实（大笑）：包括雷达（文学评论家）也说我，你要超不过《白鹿原》，你就别写了。山西晚报：你是不是也有这种顾虑？陈忠实：这是雷达的看法，我倒很难说是什么因素，后来陆续写了一些短篇，反响还不错。"看到这一段，想到你已不在人世，我心伤惨。亲爱的忠实兄，你为什么要在这里提起我呢，我心里好温暖啊，你是觉得我说得对吗，可是你竟走了，叫兄弟我情何以堪，情何以堪！

忠实兄，你永在我心，永远，永远！

原载 2016 年 6 月 3 日《中国艺术报》

陈忠实，我们时代的一个文化 Logo

肖云儒

得到老友陈忠实西归的消息，我正在澳大利亚访问，当即用微信给文学圈的朋友传去了我的哀伤:“痛哭忠实！噩耗传到南太平洋，恳请高天远云、蓝海白浪，送去我这位痴长两岁的老人的悲恸！他的作品写出了民族心灵的秘史，他的人生胜任了历史变幻的书记；他用自己的作品提炼出这块土地骨子里的精魂，他以自己的人格凝聚着这方乡亲骨子里的性情！”

回国后，取消了在京滞留办事的安排，直接转机回西安，又从机场直接赶到陕西作协陈忠实追思灵堂，面对他笑得意气风发的遗像，一躬到地：忠实啊忠实，我来晚了！

其实三天前已有预象，而我浑然不觉。在悉尼收到陈忠实研究专家冯希哲教授的短信云，他执笔的《陈忠实对话录》书稿已杀青，盼能抢时间尽早面世，让老陈看到。“因老陈病情恶化，已开始吐血，不能进食，体重只剩下四十公斤……”陕西文联即将推出“老文艺家丛书”，要我主编，忠实这本是丛书的重中之重。当即给省文联领导转达此讯信，书稿立即便发往印厂……但已经来不及了。

我的遗憾不只是因了一本书，因了一个挚友，更是因了一个真正的人，一个黑体字的人。

无论从哪方面来说，忠实都是一个标帜，我们时代一个文学的、文化的 Logo。以《白鹿原》为代表的作品，是中国当代文学的 Logo；他的人格精神，是北方汉子的 Logo；他的形象神态，是古城长安的 Logo。一位作家不但以自己的作品，而且以自己和作品里传达的人格精神成为一个民族、一块土地的文化标帜，并不多见。更少见的是，还能以自己的个人形象和生活习俗成为民众的谈资，融进城乡生活风情之中。在陕西，陈忠实、路遥、贾平凹都是这样的人、这样的作家。忠实有一张广为流传的照片，就是手拿巴山雪茄烟，侧身回眸思考着的那张，严峻的眼神透过淡淡散开的烟雾，像是在叩问这个世界；而满脸纵横的褶皱，正是哺育我们的黄土地上的沟壑。在陕西，忠实这张脸家喻户晓，堪称三秦文人和血性汉子的 Logo。

《白鹿原》的成就已经众所公认、史所公认。一部作品能够被文学舆论和社会舆论一致认可而少有争议，已经说明了一切。《白鹿原》撷取中国历史文化由传统艰难转型于现代的一段历史，撷取中国社会各方面基因最为富集的村社文化和家族文化细胞，从精神地层的深处采矿，冶炼出骨子里的中华文化人格。又如此深刻地写出了中国古典村社文明如何在社会运动和人性奔突的双重冲决下，无可奈何花落去。我曾经说，书里写了那么多“最后”人物和“最后”现象：“最后”一位好族长，“最后”一位好长工，“最后”一位好先生。但所有这些“最后”，都有着夕阳的光彩，是那么美善，饱含着作者的依依惜别之情。小说也写了那么多“最先”：“最先”的叛逆者，“最先”以人性冲决礼教的殉道者。而所有这些“最先”，更有着朝霞般的绚丽。历史和道德，秩序和人性，行为和感情的一切复杂性、深刻性都在其中了。何等的大手笔、大格局、大思考！由此小说《白鹿原》成为了中国近现代历史与文学的 Logo。

忠实这个人，胸怀若关中平原，是那种一览无余的阳春烟景、大块文章，而人格和性情中却有着关中汉子“生冷蹭倔”的劲儿，只是被文化化育为刚强、执着、厚道和率真，晚年更平添了几分慈爱。对自己的见解执守到几近执拗，这我是领教过的。有次电视台邀他、我和建筑大师张锦秋院士，做一期谈长安文化的人文节目，一开始主持人就提出，有人认为西安的城墙象征着封闭，局限了秦人的创造开放精神。话未说完，忠实立即激越反驳，认为西安自古以来就是开放的，你们怎么总拿城墙说事？我说，作为一种比喻，这未尝不可，西安地处内陆，开放创新精神的确需要加强。两人于是唇枪舌战，双方都动了肝火。节目完后，饭也不吃各自扬长而去。到了晚上，又互通电话，调侃笑道：“老了，老了，还肝火这么旺。”但他依然声明观点不变，要再写文章展开来谈。还有一次，他赴京领茅盾文学奖回来，省上开了盛大的庆功会，大家争相发言，我发言时除了祝贺之词，神使鬼差地多了一句嘴：“当然，像一切优秀作品一样，《白鹿原》也不是完全没有缺陷。”让全场愕然，记者们围住问：这“缺陷”指的什么，你能否详说。我生怕引发新闻事件，就连说今天过喜事呢，以后说吧，落荒而走。

说者无意，听者有心。过了一个多月，忠实约我在一家小茶馆长谈。他说，知道我不会是无心说那句话的，想认真请教“老师”（他有时称评论家们为“老师”）谈谈《白鹿原》的缺陷。这也太隆重了。我只好直说了个人的一点感觉：长篇的总体构思切入了民族文化主体与文化接受心理的深处，固然是大优长，但也不是不可以更多从整个人类的审美认知结构方位上，思索自己的人物与故事。黑娃与田小娥形象的文化与人性内涵是否可以更细腻丰腴，更极致？对社会政治风云的描绘是否牵缠得过于繁复？……这一晚，我们聊得很久，很真诚，真诚营养了友谊的浓度。分别时他紧紧握着我的手，摇着，要我抽空把这些想法写出来。记得也恰好就是这一年的除夕之夜，“春晚”结束后很久，早已入睡了，收到了他的电话，互相拜年后，又谈到一些文学与文学界的话题，而不知东方之既白。

对于有差异的声音，如此加倍加倍地看重，是一种大格局，也是一种对自己创作的大爱。在他的心里，文学真正是“依然神圣”。

几十年过去，神圣的文学终于成就了一个神圣的陈忠实。

原载2016年5月3日《陕西日报》

你是一座大山

李　星

习焉不察、见惯不怪的惯性生活是一种可怕的力量，它可以摧毁人对事物的惊奇与新鲜感，也可以摧毁人对事物的激动、痛苦、快乐，使人变得迟钝、冷漠、麻木。我对陈忠实就是这样的，因为长期交往、共事，因为在我们之间除了文学这根筋之外，还有那么多同事与同事、朋友与朋友、领导与被领导之间经常会有的那么凡庸的事、琐碎的事、世俗的事，我也对他失去了面对一个陌生人那样的新鲜感和敏锐。正是在这种心理状态下，应一杂志之约，二十年前我写了一篇《重构一个陈忠实》一文，企图从文学和人格境界上还原一个陈忠实。在忠实离我们而去的今天，又有人约我写一下陈忠实，因为不愿与前文重复，我只好从我与他之间的关系写起。其实我也很想有这个机会，面对他的高贵的在天灵魂倾诉可能至今还被外界一些人误会，并也曾经一度被忠实兄误解，却在知天命之年之后又惺惺相惜的相识与交往。

一、初识与初交

因为多年在文学刊物编辑部评论组当编辑，日常如收稿、看稿、发稿工作量并不大，就开始对报刊杂志阅读的小说由口头评价到写成文字。

投稿、退稿、发表，从未想到要或者值得出一本书。到了九十年代初，文化、批评界的朋友们也兴起了出书风，哪怕花钱也得出一本书。出书花钱，花钱出书，而老家有父母、西安家中有三个正上学的孩子的我却是不愿，也拿不出几千乃至上万块钱。直到九零年间我听说陕西教育出版社因经营很好，有一个资助文学创作、理论批评作者的“又一村”丛书出版计划，我才编了一个约有二十万字的论文集，忐忑不安地找到提出这计划的总编陈绪万先生，出了一本十五六万字的论文集，不仅免费，因为营销成功，还发了五六千元的稿费。以后又在其他出版社出了两本书，因为赔钱，稿费折成了近百本书，书也印得十分简陋，就有了能出一本在人前拿得出手的书的渴望，但也只是在心里。直到齐雅莉任省委宣传部文艺处长时，我虽已退休，但经常被招去参加部里一些文学会议，对我十分客气、亲和。在一次会议间隙，她很真诚地对我说：“李老师，你要有什么事要办，就直说，我会尽力去办。”看她真诚，我就有了勇气，说了我的渴望，想不到她慨然应诺：“省上有一笔出版基金，我给出版局吴局长说，实在不行我另想办法。”并说你现在就可以编了，编好有个预算告诉我，我很快就编了四卷本的文集，考虑到早在九一年我出第二本集子时，朋友晓雷就主动代我让路遥写了一篇序（我当时确实没有想到）；2004 年贾平凹在出《朋友》一书时，发现他写“朋友”的文章里竟没有我，就匆忙写了一篇《李星》。大家就是大家，路遥写的《懂生活的评论家》，直击我批评的基本特征，贾平凹的文章只有七八百字，却似乎发现了一个我自己也不知道的我，生动形象，直入神魂。陕西文学三大家，两家都有了文章，缺了陈忠实似乎不合适，就平生第一次主动打电话，以商量的口气，问他能不能写一篇序。不是为了拉大旗作虎皮，而完全是情感的需要。

这里要补叙的是，我此时与陈忠实一个时期以来，自感微妙的朋友关系。从 1973 年忠实在《陕西文艺》发表《接班以后》，和 1974 年的《高家兄弟》以后，我们就因互有好感有了一些交谈，但因我在编辑部评论组，不管小说，并没有更多的接触。直到七十年代末，八十年代初春的一天，担任了灞桥区文化局副局长兼文化馆长的他，突然通过公用电话说请我去给他们馆的文学爱好者讲一下文学和小说，除了会议即兴发言，这是平生第一次有人请我去讲文学。我自然客套一番，最后还是答应了。因为路不熟，交通又不顺，我换了一次车，上午九十点在灞桥西下了车，忠实已在桥头等我，我说敢叫老兄接这么远，他说讲座的地方在街上一户人家的空屋子，你找不见。面对十几个基层文学爱好者，我讲了一个多小时，又同大家讨论了一些创作问题，已经过了 12 点。忠实又领我去了他租住的一间土墙小屋，一床一桌一椅，自然十分简陋。当时他一月工资只有三十多元，我最多五十多元，他捅开冬天生火的炉子，给我和他每人下了一碗事先备好的手擀面，吃的是他什么时候炒的葱和青菜，都很年轻，又都是农家子弟，他和我都感到十分自然。要知道，当时粮食定量，粗细粮有比例，还多亏了他在村子有地，能吃一碗白面捞面条，已很难得了。记得饭后，我们挤在他的比单人床稍宽的床上，先是聊天，后来就都睡着了。等醒来时喝了杯热茶，竟然到了四五点钟。他还是坚持要送我到桥西的车站，在从灞桥东头到西头的过程中，陈忠实第一次说了对我讲座的看法："今天你讲的其他，我都知道，就是你说的对人物进行心理分析、心理描写，要从平时把握自己心理，分析自己心理开始练习，对我很有启发。"听到他这句话，我忐忑的心才放下来，自己究竟说了一个让老陈记住的话。这时残冬犹在，西斜的太阳已经距桥对面远处西安市区的建筑和树木很近了，红中带黄。不知为什么，这红中带黄的苍白的太阳，同忠实在桥上平静的对话和漫谈，却深印在我记忆的深处。可能是因为一个已经写出了很好的小说，平时谨言慎行的兄长，那么郑重地肯定了我的原因吧。

此次灞桥之行的第二年三四月，陈忠实又捎话给我，约请路遥、邹志安、郭京夫和我等七八人周末去灞桥观赏“霸柳风雪”。由于“文革”影响，只有灞桥东侧通街巷的路边有数棵新栽不几年的单薄的柳树，时令似乎已过，并无所谓柳絮飞雪，只看见带叶的新枝在微风中摇曳。活动的主要项目是在他租住的农家喝啤酒，吃酱猪头肉。肉盛在大如缸盆的老瓷碗中，喝酒的碗小一些，用的是农村人过事盛菜的粗浅的装碗。一群青春正旺的文学青年，坐在房东家的长板凳上，大口吃肉，大碗喝酒，大声嚷嚷，已经记不得当天谈话的内容了。我因不善饮酒，在旁边孤独地看着贴在一面土墙中间 16 开白纸上，陈忠实用毛笔书写的“乡风”两个大字，才知道那个时候，他已经练字了。主食吃的是陈忠实从外边买的大白馒头，好像没有准备菜，直接用馒头夹猪头肉。

1982 年，经多方努力，忠实的工作关系调进了作协，八四年还在前楼分了一套两室无厅的房子，里面只支了一架从单位领来的旧单人床，后来还配了桌椅。忠实进城开会回不去时，晚上就住在那里，吃的是自带干粮。如果只开上午半天会，他就来老婆孩子已进西安的我后院五楼的家中蹭一顿午饭，有啥吃啥，西红柿鸡蛋面、糊涂面、烩面片，匆忙填饱肚子就赶车回西蒋村，或出去办家人安顿给他的事。有一次听说他也爱吃苞谷面搅团，而我家中却没有农村人送的新玉米面，他说，只要是搅团，粮站买的面也行。因为粮站的面太陈了，而且带着苦味，汤也只是葱花青菜汤，见他进来，我忙道歉。他却说：“就这，咋也比面好吃。”当我把浇了菜汤的一碗“水围城”端给他时，他也不说话，呼噜噜几口就喝光了，还让再盛一碗。连我这个爱吃搅团的人也吃惊不小。他曾经对我说：“咱两个人的老婆都曾是农民，对咱们是粗放饲养，人家畅广元、王仲生的老婆是知识分子，是粗细饲养。”

二、因《白鹿原》而深交

他和我关系的深入是九三年的夏天,《白鹿原》一鸣惊人以后的一天中午，我俩从办公院穿过张学良公馆北侧的建国三巷，走回家属院，准备各自回住在同楼不同单元的家，在过他住的单元时，他突然说，你别回去了，到我家凑合一顿。因见他诚恳，又好像有话要说的样子，我就答应了。到了他家，除了儿子上学未归，妻王翠英和两个女儿黎力、勉力都在，吃的大概是面条，只是菜比我家切的细致，他好像还开了瓶啤酒，给不能喝的我的一只杯中也倒了一点。他举起杯子正要喝下去时，他却突然停下来说:“今天是阴历 6 月 × 日，实际上是我的生日，正式庆祝是阳历日子，不算庆祝，叫李星过来是心里高兴。”说完这句，他突然面向两个女儿，郑重地说:“以后你李叔就是我的朋友，也是你们的长辈，咱家的朋友，你们也要尊重他。”

其实他的两个女儿因为与我的两个女儿年龄相近，已是朋友了，可能还因为我和她们父亲的关系及对《白鹿原》的喜爱，以她们的年龄也感觉到了，对我早已十分亲近。并对我女儿说:“我爸平时对我们很严厉，不像你爸对你们那么随和，我们都喜欢李叔。”大概过了几年，勉力因一桩事故意外受伤，在作协北边的商业职工医院手术，忠实痛不欲生，茶饭不思，心脏竟出了问题，被医生留住输液医治。他托大女儿黎力将我叫到医院，一边输液，一边痛苦地自责，担心是因为自己工作得罪了人才连累了女儿。那天我同其妻王翠英、黎力在忠实病床边坐了一个上午，亲如家人，说了许多家常话。

我同忠实之间一度出现的隔阂和误解是在忠实当了主席，成为作协事实上的一把手之后。我一向认为，作协机关是个文学闹市，许多人看起来忙忙碌碌，实际上都是鸡毛蒜皮的事，并不关系国计民生，以陈忠实的影响完全没有必要介入到这些具体事物中去，只要把握住方向和在重要事情上指导一下就行了。我多次劝他：“人心不足蛇吞象，你办了十件好事，一件事不遂人愿，就把人得罪了。作为一个大作家，何必把自己的人缘、好心贴赔进去。”他开始还能一言不发，到后来就渐渐疏远了我。虽然如此，1995 年 10 月，中国作协在大连召开全国中年作家座谈会，一个省只能有两个作家名额，忠实却派了并不创作的我和高建群，我因之成为出席这次会议的唯一一位有评论家身份的代表。也正是这段时间，我九十多岁的父亲在兴平老家去世，我向办公室请假回家葬父亲，并没有告诉忠实，想不到第三天他却同李国平驱车数百里到我家吊唁、慰问，车顶上路过咸阳买的大花圈，已被风吹得几乎剩下了竹架子。我知道虽然说不到一起了，但他在内心却从未忘记我这个朋友。2005 年我儿子结婚，我并未惊动太多的朋友，他本来可以大小送一份礼就足够了，却亲临婚宴，并一坐到底。

三、生死见真情

在 1995 年大连会议过后的 11 月份，我应中国作协之邀首次参加了第四届茅盾文学奖初评工作，由从北京市作协调来不久的陈建功主持。第一次参加如此重要的评奖，我特别认真负责，每日上下午和看完“新闻联播”后的晚上都读书、开会。大概厨师是南方人，又已入冬天，当时鲜菜很少，每天几顿饭都是浇了黄乎乎甜汁的炸冻鱼、冻鸡，面食很少，我吃不惯。到十几天会议结束，我已累得头晕腰弯。回到西安没过几天，就有了病的迹象，白天精力涣散，晚上整夜睡不着觉，吃了许多镇静的药不仅毫无效果，而且越来越严重，走在街上看周围人都变了形，晚上一躺下就噩梦连连，汗水湿被，起来一看表才过了几分钟，坐起来，一会儿又困得不行，才躺下又被噩梦惊起。如此过了几十天，已到 1996

年了，春节临近，我依然度日如年，生不如死，痛苦不堪，就有了自杀的念头（后来听专家说精心筹划自己自杀是此病的主要特征）。在一个周日的早晨，我溜出家属院大门，进了有一张小床的办公室，用电热杯烧好开水，写完叮嘱忠实等朋友关照家人的遗嘱，放在案上显眼的地方，然后吞食了前些日子开的一整瓶安定自杀。因为一个冬天我未在这张床上睡过，这里无被子，只有一件单位发的偶尔值班的棉大衣，身上就盖着它，半截腿和脚仍露在外边。这时刚过了 7 点。满以为从此就长睡不醒告别人生苦难了，并毫无留恋。不知过了多长时间，突然感到尿憋脚冻，就想坐起来小便，想不到脚刚伸下床，我就昏倒了，并砸倒了放在床边的藤椅。朦胧中听到对门的陕北诗人远村跑出来，推门不开，就透过窗子惊呼。等再一次醒来，我已知道自己坐在一辆小车后排，身子靠的是陈忠实。据远村后来讲，他从窗户上看到躺在地上的我，先去家属楼上告诉了礼拜天正好在家的陈忠实，忠实马上让他去通知我家，因我儿子上班已走了，就喊上住在他楼下的《延河》杂志主编徐岳，三个人一起抱着我坐上出租车，就近去了几家医院，人家都不收，最后才送到部队办的西京医院。等我又一次醒来时，已经到了这天的子夜，忠实、徐岳累了一天都走了，搀扶我上厕所的是徐岳的大儿子小卫和我儿子。后来才听李国平讲，因为此前已有医院诊断我是抑郁症，忠实将他和作协年轻的副秘书长徐晔叫去叮咛："你们俩以后啥都甭干，就领着李星治病。哪里能治就去哪里，他要找地方疗养，想去啥地方就去啥地方。单位没钱，我上省委要。"更令我刻骨铭心的是他当众说的一段话："作家常常是自己冒出来的，而评论家却是长期积累，熬出来的威信，文坛才承认的。不是你读过些文学书，能写文章就是评论家。"在我治病期间，已回乡下的他特意委托妻子王翠英送来了他新出的散文集，并在扉页上写着："衷心祝愿你能像以往那样神采飞扬！"

那个时候，社会上还有许多人对抑郁症没有科学认识，认为是想不开所致。单位也有人议论，李星是嫌忠实没有提拔他；更有人甚至认为我是借此向老陈“撂挑子”。但以上的言行都无可辩驳地证明，忠实的心到底有多大，站得有多么高！对我寄托了多大的希望和期待。正如他在给我的文集序言中所说的：“自从李星电话告知要出文集并约我写文章的那一刻起，短暂的兴奋之后便陷入犹豫不定的矛盾心理，是侧重于李星文学评论的贡献和评价，还是偏重于几十年来我所看见的评论家李星，包括个人的友谊和情感竟一时难以决断难以下笔。后来促使我作出倾向性偏转，既有理性的判断，也受情感的驱使，理性地估价和评论李星对新时期文学，特别是陕西作家创作发展的强力促进，早已形成超出文学圈的普遍性社会影响，早有公论；李星对我创作的真诚关注和以文学为纽带的友谊，却只有我直接地感知，我不逮住这个机会表达出来，就可能留下遗憾……我回想从认识到相处三十多年的人生历程，共同经历多少事，说过多少话，写一本不厚的书也足够了，于是便筛选，似乎没有多少工夫……”这里传达出的关爱和深情厚谊，与2000年前后他当面对我说的：“回想几十年与你我之间的点点滴滴，我记住的都是温暖的。”源自同一种对我们之间由文学事业所结成的从未间断的友谊，它们是否还包含着他对当初误解的化解和补偿。对于陈忠实这样耿介刚强，谨言慎行的关中汉子来说，能如此对一个他曾经一度恨铁不能成钢小几岁的朋友来说，是多么难得啊！被他的深情所融化的我也终于理解了当时他是怀着多么大的决心，要重建省作协威信和作用的努力，兑现他在荣任省作协主席以后所许诺的：要让陕西作家有一个好的写作环境，有白馍有肉吃，努力实现有大关怀、大气魄、大作品的目标啊！而正在他以理想主义者的精神为此而竭尽全力时，我却以私谊而慑于世故，劝他明哲保身，当个“德高望重”的和事佬，怎能不让他伤心、烦恼，甚至产生误解？

我想到了人与人之间什么样的关系才能叫朋友关系？政治上的联合结盟叫朋党，利益上的结盟叫互相利用，丧失自己人格的投靠叫攀附，为这一个朋友出卖另一个朋友是背叛，无原则的吹捧叫媚友。只有葆有自己人格的独立性，勇于向对方敞开心扉，并能批评对方的朋友才是真正的朋友。“和而不同”，“朋而不党”正是为古圣贤所称道的最高朋友境界。忠实和我的关系，起先是生长环境、性格习惯大致相同的亲近，后来发展为事业理想的相互理解、相互激励。虽然因为一些特殊原因，曾经产生过误会，一度有所疏远，但可贵的是，初衷始终未改，困难时能够从对方身上找到温暖、安静，在关键时刻伸手相助。

四、告别老友

其实，在此前三四年身体就向忠实发出了几次严重的警告，但他却总是头痛医头，治治标而已，不愿彻底住院检查。2015 年 3 月我电话请他参加教育家丁祖怡逝世三周年纪念会，他说老丁是个好人，当年就写过他的文章，现在身体不好，就不参加了。我说，这几年你老说自己有病，很少出来活动，我看你好好的，这样不病也闹出病来。他无奈地说：“你不知道，你不知道！”过了一个多月，我就听到了他患癌住院的消息，我当即赶到医院，看到他像 1993 年夏在半间屋的凉草席床上午睡的样子，情绪尚好。就找了一些有关他的孙子与我的外孙已很亲密，他们之间以幼稚的口气怎么互相吹嘘自己的爷爷，他孙子怎么聪明，怎么已经表现出领导力，将来也是个领导的趣事，以及同我住一个楼的他的儿子、儿媳、孙子已视我为亲人的话逗他开心，他露出发自内心的笑容。其实，我最担心的是他因想不开而影响情绪加重病情，就提到了他在路遥追悼会上智慧的讲话，说现在命运的石头砸中了咱自己，你我都七十多岁了，比路遥多活了二十多年，现代科学发达，坚持一下，就八十岁了，也没有多少遗憾了。他应该是听进去了，一脸的释然。送我出来的时候，陈勉力对我说：“李叔你放心，我爸是个作家，他不会想不开的。”

中间我几次打电话问他的病情，想去看他，遇见他情况好时，就说几句鼓励的话，遇到他情况不好时，我自己先忍不住，泣不成声，他反倒安慰起我。得到他逝世的消息，我给勉力打电话说：“不要太难过，你爸解脱了，再不受苦了，照顾好你妈。”追思会上，我开始尚能强忍住，但当走到他视我如亲人的两个女儿、儿子、儿媳、孙子面前时，黎力一声略带哭腔的“李叔”，却突然令我痛声大哭，难以自抑。

诗人薛葆勤在《您走的时候……》诗中写道：“白鹿走的时候，留下了一片原 / 你走的时候，留下了一座山 / 你在的时候我们读书 / 读你的沧桑，读你的厚重 / 读一个民族的苦难 / 挥挥洒洒溢光流澜 / 你走的时候我们读人 / 读你的刚正读你的坦诚 / 读一座山的伟岸 / 星星点点风光无限”……站立时是一棵大树，躺下时是一座大山。作为一个你生前常常自谦自嘲的“高中生”，你发愤图强，自强不息，历尽种种挫折和磨难，终于攀登上文学的高峰，留下了一部不朽的《白鹿原》和永远光辉灿烂的人格品德。敬爱的忠实兄，安息吧！你永远活在我们心中！

原载《延河》2016 年第 6 期

难忘忠实

周　明

陈忠实不幸逝世，令我深为悲恸。一时间，许多往事涌上心头。

记得 2008 年 4 月，为纪念《白鹿原》创作二十周年暨《白鹿原》荣获茅盾文学奖十周年，在中国现代文学馆举办的座谈会上，与会作家、评论家纷纷热情评说和高度评价了《白鹿原》的创作成就。不少人谈到《白鹿原》自出版以来，发行量一直攀升，读者的热情始终不减，说明它经得起时间的考验和富有生命力，这是值得庆贺的。

中午，聚餐后，陈忠实问我：听说现代文学馆院里有作家铜像，有茅盾、巴金……我说都有。他说咱们去看看。我陪他到了茅盾像前，他面对先生沉思良久，然后站立茅盾“身旁”，对我说：老周，你看咱得了茅盾文学奖，还没见过茅盾先生，今天就算见到了！你给我和先生照个“合影”吧！“合影”毕，他向先生虔诚地三鞠躬。一路回望茅盾的铜像离开。

那天晚上，为了庆贺这几桩连连喜事，我们在京的几位陕西乡党阎纲、何西来、白描、白烨、李建军和我及出版社的朋友一起在一家火锅店聚会。席间，大家兴致很高地继续谈论着《白鹿原》。有感于《白鹿原》出版二十年来的社会效应和经济效应双好，《白鹿原》轰动文坛，而陈忠实呢，依然做人做事低调，我随口而出：忠实却一贯低调。白描、白烨几乎同声说:《白鹿原》可能成为世界名著！阎纲说《白鹿原》是个里程碑！他说：忠实经过这么多年的磨炼和思考，写出这充满诗意的长篇，真不容易！何西来接话说：所以李建军编辑的那本评论集，书名就叫《不尽的白鹿原》。阎纲说：西来为这本书写的序很到位。雷达还出版了《白鹿原》的点评本。说明大家都很关注《白鹿原》。

这时，陈忠实语调稍有沉重地说：写《白鹿原》时，我的心情非常复杂。当时，生活很困难，娃上学的学费几乎拿不出来，我给老婆说，写作这事要弄不成，咱就回老家去，回去养鸡，写作为辅。要是弄成了，咱就以写作为主，养鸡为辅。但当时又觉得应该有一部大部头作品。后来当《白鹿原》完稿后他交给了评论家李星。李星看稿的日子，忠实多么难熬啊！李星毕竟是思想敏锐、经验丰富、有眼光、高水平的评论家，他惊喜地告诉陈忠实，这事叫你弄成了！

当人民文学出版社决定出版《白鹿原》时，陈忠实兴奋地对老婆说：这下咱不用养鸡了！不用养鸡了！

他绘声绘色地讲述，说得我们捧腹大笑。

这时，白烨说：虽然如老周所说忠实非常低调，但是《白鹿原》独步文坛，为什么不可以期望《白鹿原》问鼎诺贝尔呢？

原载 2016 年 6 月 13 日《文艺报》

他与《白鹿原》一起活着

——悼念亦师亦友的陈忠实

白　烨

尽管已从西安的友人处得知陈忠实在 4 月 28 日早上吐血不止，在西京医院全力抢救，我还是希望能人力回天，或老天保佑，让他挺过这一关。4 月 29 日早上，却传来他终于不治而仙逝的噩耗，我不敢相信这是真的。一天时间，人就走了，何以如此匆忙，怎能如此短促？！

去年 11 月我去西安出差，特意去看望了病中的忠实。他刚动了二次手术，是胸间发现一活动小瘤。交谈中，他时而要拿毛巾擦拭口水，但精神状态还好。他说自己可能没有精力和气力再写作品，身体好一点就练练字。我说，写字好，既可以练习笔力，又可以锻炼体力，先把身体养好再说。当时，《白鹿原》线装版刚刚出书，他签了名送了我一部。交谈时，忠实的夫人和两个女儿都在，我对她们说，我们都不在忠实身边，照顾忠实的事，就全靠你们、依仗你们了，这不仅是为忠实，也是为你们，还是为我们大家。谁知那次匆促的探望竟成诀别。

回想起与陈忠实数十年来的交往，种种往事像过电影一般，交替闪回，历历在目。

上世纪七十年代中期，我还在陕西师大中文系上学读书的时候，陈忠实被学校请来做过一次关于小说创作的报告。他那次的报告，结合自己的写作，讲得生动而鲜活，使我们这些初涉文学的学子，懂得创作如何要从生活立足，创作又如何要在艺术上练意。后来熟悉了，我说你给我讲过课，应该是我的老师。他说，这种讲座性的不能算。但在我心里，真是把他当作文学启蒙时的老师的。

也是从那个时候起，我就一直关注他，解读他，而他以变又不变的两种形象，让我时而熟悉，时而陌生。

陈忠实总是不变的，是他的沧桑又厚道的老农形象、他的坦直又实诚的质朴为人；而不断变化的，是他的文学追求、他的小说写作。“文革”前就步入小说写作的陈忠实，到了粉碎“四人帮”之后的新时期，有过一段时间的小说写作的井喷式爆发，他的《信任》《徐家园三老汉》等作品以在鲜活的故事、生动的形象中暗含“伤痕”，内含“改革”等多重意蕴，在农村题材小说创作中独树一帜，引人注目。我曾在 1982 年的《文学评论丛刊》第 12 辑中以《清新醇厚，简朴自然》为题，对他这一时期的短篇小说作品作评。但在八十年代中期，他在《四妹子》《康家小院》《梆子老太》《蓝袍先生》等作品中，却让人看到了一个由普通农人的命运反观乡土现实、反思社会历史的陈忠实。这样与时俱进的写作，真让人为之欣喜，为此我又写过《人生的压抑与人性的解放》的评论，为他小说写作的有力突破与长足进取摇旗呐喊。

1988 年夏，我因事去西安出差，忠实知道后，从郊区的家里赶到我下榻的旅馆，我们几乎长聊了一个通宵，主要都是他在讲构思和写作中的《白鹿原》。我很为他的创作激情所陶醉，为他的创作追求所感奋，但怎么也想象不出完成后的《白鹿原》会是什么样子。作品完成之后，忠实来信说道：“我有一种预感，我正在吭哧的长篇可能会使你有话要说……自以为比《蓝袍先生》要深刻，也要冷峻……”后来，看完书稿的评论家朋友李星也告诉我，《白鹿原》绝对不同凡响。听到这些，我仍然一半是兴奋，一半是疑惑。待到1992年底《当代》选发了部分和1993年4月人民文学出版社出书之后，我完全被它所饱含的史志意蕴和史诗风格所震撼。因而，以按捺不住的激情撰写了题目就叫《史志意蕴·史诗风格》的评论文章，为《白鹿原》拍手叫好。在该年7月于北京召开的《白鹿原》研讨会上，当有人提出评论《白鹿原》要避免使用已近乎泛滥的"史诗"的提法时，我很不以为然地比喻说，原来老说"狼"来了，结果到跟前一看，不过是一只"狗"。现在"狼"真的来了，不说"狼"来了怎么行。我真是觉得，不用"史诗"的提法，确实难以准确地评价《白鹿原》。

关于《白鹿原》，可说的话很多。它以白鹿原的白、鹿两家三代人的人生历程为主线，既透视了凝结在关中农人身上的民族的生存追求和文学精神，又勾勒了演进于白鹿原上的人们的生活形态和心态的近代、现代的历史发展轨迹，及其发生的大大小小的回响。在一部作品中复式地寄寓了家族和民族的诸多历史内蕴，具有丰赡的史诗品格，在当代长篇小说创作中当属少有。还有，《白鹿原》在以时间为经、事件为纬的结构框架中，始终以人物为叙述中心，事件讲究情节化，人物讲究性格化，叙述讲究故事化，而这一切都服从和服务于可读性，有关的历史感、文化味、哲理性，都含而不露地化合在引人入胜的艺术魅力之中，比较好地打通了雅与俗的界限。一部作品内蕴厚重、深邃而又如此好读和耐读，这在当代长篇小说中亦不多见。这些突破，使得《白鹿原》把陈忠实的个人创作提高到了一个新的艺术境界，也把当代长篇小说的现实主义创作推进到了一个新的时代高度，从而具有了某种标志性的意义。我曾在《九部作品看茅奖》一文中，对《白鹿原》获得第四届茅盾文学奖作了这样的评说："第四届茅盾文学奖选择了《白鹿原》，在慧眼识珠地彰奖作者陈忠实的同时，也使茅盾文学奖自身的权威性得到有力的增强，拥有了切实的佐证。”

还有一些与《白鹿原》有关的事，想起来也颇为有趣。忠实为文之认真执著，为人之质朴诚恳，都于此可见一斑。

一次是我陪同陈忠实曾去领过一次稿费。那是 1993 年的四五月的某天，忠实到京后来电话说，人民文学出版社发了《白鹿原》的第一笔稿费，是一张支票，有八万之多，要去朝内大街的农业银行领取。他说他没有一次拿过这么多钱，地方也不熟，心里很不踏实，让我陪他走一趟。我们相约在人民文学出版社门口见面后，一同去往朝阳门附近的农业银行，那时还没有百元大钞，取出的钱都是十元一捆，一个军挎几乎要装满了。我一路小心地陪他到位于沙滩的宾馆，才最终离开。

《白鹿原》发表之后，因为创作中内涵了多种突破，一时间很有争议。而这个时候，正赶上第四届茅盾文学奖的评选。《白鹿原》是这一时期绕不过去的作品，但评委们因意见不一，在评委会上一直争议不休，相持不下。时任评委会主任的陈涌，偏偏喜欢《白鹿原》，认为这部厚重的作品正是人们所一直期盼的，文坛求之不得的，于是抱病上会力陈己见，终于说服大部分评委，并作出修订后获奖的重要决定。忠实来京领奖之后，叫上我一起去看望陈涌先生。陈涌先生很是兴奋，一见面就对忠实说，你的《白鹿原》真是了不起，堪称是中国的《静静的顿河》。并告诉我们，他找的保姆也是陕西人，叫我们午饭别走，就一起吃陕西面。因为先生身体不好，不能太过打扰，我们聊了一会儿就找借口离开了。此后，忠实每次到京出差或办事，我们都会相约着去看望陈涌先生。去年，陈涌先生因病去世，我打电话告诉忠实后，他半天沉默不语，感慨地说，老先生对我的首肯与支持，对我的创作所起的作用无与伦比。你一定代为转致哀思，向家属转致问候。在陈涌先生的追思会上，我替他转达了他的哀思之情与惋惜之意。

小说《白鹿原》发表之后，先后被改编为各种形式的作品。其中的一次是2007年间，受陈忠实之邀与他一起在京观看了舞剧《白鹿原》。小说《白鹿原》原有的丰厚意蕴，在舞剧中被提炼为一个女人——小娥和三个男人的情感故事，由小娥的独舞和草帽舞等群舞构成的舞蹈场景，使剧作充满了观赏性，但总觉得那已和小说《白鹿原》没有太大的关系，已被演绎成了另外的一个故事。在观剧之后的简单座谈中，有人问我有何观感，我说作品从观赏的角度来看，确实撩人眼目，煞是好看，但基本的内容已与《白鹿原》关系不大。而宽厚的陈忠实则补充说：舞剧《白鹿原》毕竟是根据小说《白鹿原》改出来的，还是有所关联。

还有在电影《白鹿原》上演之前的2011年，陈忠实说电影已做好合成样片，要我找几位文艺界人士抽空先去看看。我约了何西来、周明、李炳银等在京陕西文人去了王全安的工作室，从晚间8点一直看到半夜12点。影片中，迎风翻滚的麦浪，粗狂苍凉的老腔，使浓郁的陕西乡土气息扑面而来，张丰毅饰演的白嘉轩也称得上筋骨丰满，但在围绕着小娥的特写式叙述和以此为主干的故事走向中，电影在改编中有意无意地突出了小娥的形象，强化了小娥的分量，把小娥变成了事实上的主角，并对白嘉轩、鹿子霖等真正的主角构成了一定的遮蔽。观影之后，与陈忠实通话谈起电影，他问我看后的印象，我说电影改编超出了我的想象，总体上看是在向着小说原作逼近，但不知出于什么原因，使小娥的形象过于突出了，因而把情色的成分过度地放大了。陈忠实听后稍稍沉思了一阵，随即表示说，你说的确有道理，我也有同样的感觉。

这些年在小说写作上，陈忠实以短篇为主，没有再写长篇。我曾给他开玩笑说过的再弄一个《白鹿原》似的“枕头”的话，一直也没有兑现。但在心里，我却是由衷地钦佩他的，他没有借名获利，更不急功近利，他按照自己的节奏在行走，也是按照艺术的规律在行进。但他和他的《白鹿原》，却构成了一个戥子和一面镜子。这个戥子可以度量何为小说中的精品力作，这个镜子可以观照何为文学中的人文精神。

忠实的有生之年，在七十三岁上戛然而止，这实在算不上是高寿。但这七十三年里，从他于1965年3月发表散文处女作《夜过流沙沟》起，他把五十多年的时间用于对文学理想的追逐、文学创作的追求，而且在不同的时期，都留下了有力攀登和奋勇向前的鲜明印迹，直至完成经典性小说作品《白鹿原》，为当代长篇小说创作矗立了一座时代的高峰。可以说，他把自己的一切，都毫无保留地投入给了文学，奉献给了社会，交付给了人民。他以“寻找自己的句子”的方式，看似是在为自己立言，实际上是以他的方式为人民代言。他是我们这个时代最具生活元气和时代豪气的伟大作家，真正做到了“无愧于时代，无愧于人民，无愧于历史”。

因为写作出了“传得开，留得下，为人民群众所喜欢”的《白鹿原》，陈忠实也借以留下了自己的思考、自己的情感、自己的精神。从这个意义上说，《白鹿原》始终镌刻着陈忠实的英名，他与《白鹿原》一起活着，他与我们同在！

原载《延河》2016年第6期

陈忠实宝贵的精神遗产：文学依然神圣

蒋惠莉

2016 年 4 月 29 日上午 7 时 45 分，是一个令人痛心的时刻：一位令人十分敬重的中国当代文学巨匠陈忠实先生与世长辞了。噩耗传来，我伤心不已，坐在办公室已无心进行手头的正常工作，先生的音容笑貌不时在脑海中闪现……当与先生二女儿通话得知她们已回家料理后事时，我急忙赶往先生家中。站在先生遗像前，我焚香祈祷：陈老师，您一路走好，您虽离去，但您的文学精神、人格魅力将永留人间，我们永远怀念您！回想在作协领导岗位上工作的两年半时间里，始终激励和鼓舞着我前行的就是先生那句名言：文学依然神圣。

记得我刚到作协时，对于新的工作很茫然。几天后去拜见陈忠实主席，实际我一直尊称他“陈老师”，我觉得作家其实就是思想家，像陈主席这样的文坛大家，我在文化厅工作时，在许多重要文化活动的现场聆听他的即兴讲话最多，每听他的一次讲话，都觉得很有思想、很深刻，很受益，所以，我一直称他为“老师”。陈老师在近一个小时中，向我介绍了陕西文学的基本情况，并嘱托我说：“你来作协我很高兴，你放手工作，我年龄大了，虽然还是党组成员，就不参与日常工作了，但我会支持你的工作的，需要我做什么尽管说。”几天后，当我们为作协大院花园中的立石揭幕时，陈老师那行刚劲有力的红漆大字——“文学依然神圣”，使我顿感力量倍增，立时也感到了文学工作的荣光，作协工作的重要。此后的工作中，我一直在用先生的话激励自己，也注意随时将重大文学活动策划、干部任用、中青年作家培养等问题的思考和措施通过当面或电话等形式向陈老师请教听取意见，陈老师每次都给予我支持和指导。特别是每当因工作我给陈老师说需要他书写几幅字时，他总是满口答应，而且不要任何报酬。记得有次一个对作协工作给予很大帮助的单位一次就需要陈老师十幅字，过后拿来酬金一定要给陈老师，但陈老师坚决不要，还对我说，都是为工作嘛，需要你就说。

文学依然神圣，是先生一生的追求。先生十五岁开始喜欢文学，十六岁在报刊发表作品，尤其在大学梦破灭，生活艰难，回乡当了中、小学民办教师后，毅然决定自学文学，以文学作为终生追求。他秘密自学，广泛阅读中外名著，把柳青当作尊崇的榜样，把“写人民大众，不写个人”作为自己的文学观念，创作了《高家兄弟》等一批坚持现实主义的真实性原则的作品。他在人生的选择中，始终将文学创作放在首位。1978 年初，当中国文学复兴的浪潮涌动的时候，他选择离开人民公社领导干部（副主任）岗位调入文化馆搞写作；1982 年，他调入作协陕西分会当了专业作家；1991 年，省上决定他到省文联担任党组书记一职，这是个正厅级领导岗位，有些人托门子找关系想挂一官半职，但先生却两次写信给省上分管领导，态度鲜明地表示：自己的底线是保留党籍，最高期望是能保留专业创作这个职位，一再辞谢正厅级书记职位，就是现在的副主席身份也甘愿放弃，只求留在作协，当一个作家足矣。先生一生对自己的文学创作不断反思，不断追求新的目标。四十四岁后，他不满足已有的文学荣誉，又为自己设定了“枕头工程”的创作目标，也就是要有一部“属于自己的句子”的扛鼎大作。为此，先生寻根问祖，查阅资料，背馍回乡，体验生活。呕心沥血几多年，在他五十岁时，铸造出一部当代文学巨著《白鹿原》。为了这神圣的事业，先生多年除大年初一外，均坚持每天前往西安石油学院工作室工作，甚至当病魔侵入肌体时也怕耽误时间而迟迟不去治疗。即使去年发现自己已患上舌癌后，在经过两个多月四十多次化疗，病情刚有好转，第一疗程刚结束后，先生每隔一天还是要去石油学院的工作室，写散文，写随笔，指导年轻作者，让自己的生命随时为文学而绽放着……

文学依然神圣，是激励文学陕军再出发的进军号。2013 年，是文学陕军东征二十周年的一个重要年份。当年 6 月初，庆祝陈忠实先生的长篇小说《白鹿原》出版二十周年暨北京人艺话剧《白鹿原》西安演出新闻发布会举行，由此激发我们作协党组产生了一个念头：就是如何借此契机，重振文学陕军雄风，让文学陕军在全国文坛上有声音、有影响，后来确定以文学陕军学术研讨会的形式年内在北京搞个活动，主题就是：文学陕军再出发。意在陕西文学创作要在已有辉煌的基础上，总结经验，寻找差距，再出发，实现新的繁荣和发展。陈老师看了具体策划方案后非常支持和重视，当年 12 月 9 日，“文学陕军再出发”学术研讨会在北京举行时，陈老师因医生对他有“不要出远门，不要参加人多的社会活动，要静养”的一再告诫，他电话告诉我：很抱歉，身体不争气。请一定让会议主持人说明我没有出席的原因，感谢中国作协和与会同志对陕西文学的关注和指导，祝研讨会圆满成功。这次研讨会之后，随着“文学陕军再出发”实施方案的推进，激发了全省广大作家和文学工作者的积极性，文学陕军新梯队建设迈出可喜步子，文学创作不断取得新的收获。文学陕军再出发，《白鹿原》真是功不可没！

文学依然神圣，已成为社会各界和广大群众的心声。几天来，先生离世的噩耗让成千上万的人惋惜、哀痛。在先生的家里，在省作协大院追思堂前，摆放着党和国家领导人乃至社会各界以及与陈老师并不相识的普通老百姓送的花圈、挽联、挽幛。从早上8点到晚上8点，吊唁的人一队接一队。打开微信朋友圈，悼念诗文、追忆文章一篇接一篇。亲戚朋友见面首问的也是先生的事。华阴老腔、秦腔艺术家们还要“吼一声”为先生送行。一位作家走了，竟有如此牵动力，我想，这充分说明了文学的力量，说明了文品、人品俱佳的作家就会受到老百姓的爱戴。先生一生置身于黄土地之中，坚持为人民写作，讲我们民族、我们人民的故事，创作出版了中短篇小说、散文、随笔等文集七十余种，以一部长篇小说《白鹿原》在历史和人的结合中塑造了一系列真实而又有独创意义的中国农民形象，深刻揭示了中国农业社会的基本特点，展示了民族的精神和灵魂，摘取了国家文学大奖“茅盾文学奖”，奠定了其在中国文坛的地位。《白鹿原》出版二十三年，印数超过二百余万册，成为“大学生必读”和家喻户晓的大书。先生一生为人宽厚、朴实，从不以文学大家自居，不论是领导、同事还是素不相识的百姓，只要找上门来，他都会以诚相待。追思现场，一名从富平县焦村赶来的六十六岁老人高增禄，说他就是十年前通过电话和先生认识的，他说先生是好人，没有架子。他专门请书法家撰写了“文坛泰斗”的挽幛给先生送行。一位大学生告诉记者:“从大一到大四毕业，去图书馆借过三次《白鹿原》，在毕业之际，真的没有想到不仅会和青春道别，竟也会和陈老道别。我将用‘文学依然神圣’鼓励自己，在人生长路上，坚毅直行。”

面对商潮冲击，先生以他人生的体验提出了“文学依然神圣”的名言，又以他的文学实践揭示了“文学依然神圣”的深刻内涵，先生曾讲过，之所以说文学是神圣的，因为它是人类不可或缺的精神财富。要搞文学，有时就得能耐住寂寞甚至贫穷。我以为，这是他留给我们的宝贵的精神遗产。我们应弘扬传承它，让神圣的文学永远照亮我们前行的路。

原载《延河》2016年第6期

痛悼忠实

王　蓬

今天早上 7 点 40 分左右，中国作家协会副主席，著名文学大家陈忠实去世，得知消息，泪水忍不住夺眶而出，回顾四十年的交往，真如同失去兄长的痛切。

我知道陈忠实是在上世纪七十年代初，准确地说是 1973 年 7 月，刚复刊的《陕西文艺》在卷首隆重推出了篇近两万字的小说《接班以后》，尽管受当时政治气候局限，但作品浓郁的乡村生活气息，活生生的人物，铿锵有力的语言，以及整部作品的厚重和气势，使我一下牢记住了作者：陈忠实。

真正见到陈忠实是在 1975 年冬天，《陕西文艺》召开创作会议，后来成为“陕军”主力的作家几乎都参加了那次会议，陈忠实、路遥、贾平凹、邹志安、京夫、李凤杰、晓雷等有近百人。去了就想见到陈忠实，人生不好打听，直到一天晚上，安排陈忠实介绍创作经验，在省文化厅招待所礼堂，大冬天，没有暖气，仅是烧着几只煤炉放在过道。大家都穿着棉袄。我早早去前排占了座位，准备好钢笔和笔记本。那时陈忠实刚三十出头，远不是《白鹿原》出版时那副沟壑纵横、沧桑凝重的面孔。正是虎虎有生气的年纪，棱角分明的脸庞充满活力。我注意到他穿着当时农村小伙同样的土布棉袄，罩着件四个兜兜的干部制服，显得朴实庄重，这副模样与他厚重大气的作品十分合拍，我心里想，陈忠实就该是这副样子。当然，我更注意他讲话的内容，我记在笔记本上的重点是：什么是重大题材？陈忠实一脸认真地说，无产阶级革命进行到一定历史阶段带普遍性的问题就是重大题材……

我当时钦佩极了，心想这么复杂的问题人家怎么一句话就说清楚了。时隔多年，我跟陈忠实说起当时情景，两人皆哈哈大笑。但那会对文学无比虔诚，贾平凹刚发表学习雷锋的《一双袜子》，路遥写的是学习大寨的《优胜红旗》。正是由于亲历那段弯路，体会深刻，才会有日后彻底的反思与新生。

也是那次会上，有次午餐与陈忠实同桌，菜有荤有素，还有只鸡。陈忠实说看见鸡就想起当公社书记带人到农民家中催收毛猪鲜蛋，有些人家把母鸡刚下的蛋都交了，蛋还温热上面带着血丝。我心里听了十分酸楚，在农村多年，每年都为完成毛猪鲜蛋的任务犯愁，想不到这位公社书记还能替农民说话，尊敬中又增加了好感。

真正与陈忠实熟悉是 1979 年冬天。刚恢复工作的陕西省作协举办重点作者读书班，三个月时间，首期有陈忠实，我，还有商洛的京夫，西安的张敏、周矢等。心里非常高兴，觉得这是向他们学习的好机会。

陈忠实 1942 年出生，要比我年长六岁。老家就在白鹿原下的西蒋村，属西安市灞桥区管辖。我关心的是陈忠实如何走上文学道路并取得非凡成就。陈忠实儿时并无祖母或外祖母讲述天上或地上的神话，以至于自己也萌发编织故事的念头。倒是农家子弟的贫寒衣食见拙产生深刻的自卑，只有采用拼命刻苦学习来找回自信，让老师当众朗诵自己的作文自然是最好的途径。因我也弄过这类把戏，就不难明白陈忠实由此产生的对文学的兴趣。由于陈忠实年长我几岁，又是高中毕业，所以“文革”

前 1965 年就开始在《西安晚报》上发表了《夜过流沙沟》《杏树下》《樱桃红了》等多篇散文。创作的动因除了兴趣爱好、名利稿酬，我认为还应有最深沉也最根本的原因：改变命运。高中毕业的陈忠实注定知道他所在的西安市灞桥区管辖的毛西人民公社之外，还有偌大的一个精彩天地，世界上没有谁愿意一辈子待在贫瘠的黄土地上。

1980 年前后，文学热潮涌动，相关单位邀请陈忠实等名家来汉中讲课。那会，我还在农村，责任田刚分下来，百废待兴，从省城一下来这么多文友，还真让人犯愁，家里值钱的东西只有春节准备宰杀的肥猪，一半自用，一半销售零花，可离春节还有些时日，咋办？晚上我犹豫着与妻子商量，岂料，妻子虽系农村妇女，却读过中学，关键出自大户人家，能识大体，说，她也这么想，提前宰猪，就能早买接槽猪崽，免得临近春节猪崽涨价，也不至于春节淘米洗菜水浪费。这使我大喜过望，那天早早起来，垒大灶、烧汤水，请来宰猪师傅和邻家小伙，七手八脚按倒肥猪，宰杀、褪毛、开膛，待到洗净猪头下水，两扇白生生的猪肉挂上架子，陈忠实几位也正好赶到，他们对异迥于关中的陕南乡俗十分好奇，围着肉架问长问短，陈忠实惊讶我何以把猪头收拾得如此白净，感叹田野冬天还处处绿莹莹充满暖意。那天，我用陕南乡村“吃泡膛”的风俗招待他们。所谓“吃泡膛”就是临近腊月，无论谁家宰猪，都请左邻右舍，新鲜猪肉切得如木梳大小，做起大砣豆腐，再配上刚从地里拔回的萝卜白菜，杂七杂八“一锅熬”，还要煮上一大锅心肺汤，用大盆盛了，大伙围着，大块吃肉，大碗喝酒，男女说笑，并无拘束，几多痛快。一晃，这一幕过去二十多年，我已淡忘。不想，2003 年，我出文集请陈忠实写序言时，他在长达万字的序言中用了几千字专门写下一节《关于一座房子的记忆》，详尽描写了去我家见到的乡村乡景与“吃泡膛”的过程。

那次讲学间隙，陈忠实让我带他去看看汉江，冬日江水明净清洌，如带蜿蜒，长长的江堤两岸是秦岭南麓依然葱绿的田野，陈忠实说这是在他的家乡冬日绝对看不到的情景，兴致很高。我们谈文学，谈当时都关心的社会话题，愉快融洽，不知不觉间，回到市区已临正午，正感口渴，陈忠实为路边水果摊陕南火红的蜜橘所吸引，买了几个硬把两个大的塞给我。陈忠实在我心里一直是关中硬汉的形象，写出的作品雄健浑厚，铿锵有力，用贾平凹的话说，是钢筋水泥砌出来的东西。可这一瞬间，我看见这壮实的关中汉子眼中洋溢着和善的柔情，分明是富于人情味和良善的一面，我心里震颤了，因为我自幼因父亲错案从西安流放到陕南乡村，遭遇的打击屈辱太多，别人躲闪唯恐不及；那会出身好，有地位，不整人就是难得的好人。就我的体会，良善、同情和宽容，这些人类社会运转了几千年积累的文明，本应该发扬光大，可被多年的七批八斗涤荡得一干二净，凡能对弱者友善、同情，假以援助者也注定经历过苦难，甚至挨过整，对生活的酸甜苦辣有切实的体味又自强自信的人才能拥有这等情怀。从那时我就隐约感到我当时的困难处境，拨动了陈忠实良善的心弦，对我假以援助之手，从心里认定陈忠实如同他的名字一样忠诚可靠、可交。一种敬重兄长般的感情从胸中涌起并扎根。

事实上，在文学这条艰难的跋涉道路中，陈忠实给予我许多切实有力的帮助。我的短篇小说《庄稼院轶事》经他推荐发表在《北京文学》1982 年第 3 期，他和省市宣教系统领导多次呼吁，我终于在 1982 年底破格由农村调进汉中市群艺馆。尤其不能让我忘怀的是，1987 年，我已在鲁迅文学院和北大首届作家班学习几年，妻子还带着两个女儿在农村种责任田。当时，我长中短篇小说均已出版，也拿了几个奖，达到了家属“农转非”的标准，可报告打了多次都迟迟得不到解决。上学期间，我请假回家收种庄稼，两头不能相顾，很是狼狈。十三大召开时，陈忠实当选了代表，见到也是党代表的汉中地委书记王郧，反映了我的情况，结果拖了几年的事情一个星期就解决了，当通知我填表时，我蒙了还不相信，事后才知道陈忠实做了工作起的作用。

其实，作家之间的交往最终还是作品，是文学，所谓“以文会友”，谈陈忠实便离不开他的代表作《白鹿原》。事实上，《白鹿原》问世的二十多年来已与陈忠实水乳交融，这是一位大家与一本巨著最完美的结合。《白鹿原》因陈忠实而闪亮世界，陈忠实因《白鹿原》而扬名中外。

但《白鹿原》的问世并非一蹴而就，而是经历了漫长又艰难的创作过程。上世纪八十年代中期，新时期的中国文坛出现新的动向，各省崭露头角的作家在中短篇小说领域进行了反复的角逐较量之后，纷纷酝酿着向长篇小说进军，而长篇小说则往往是最终衡量一个作家创作实力的试金石。陈忠实还没有出长篇的动静，却见到他一部部的中篇《初夏》《四妹子》《最后一次收获》《蓝袍先生》等，我在阅读这些作品的时候，感觉到陈忠实的写作已经发生明显变化，作品依旧保持厚重沉稳和大气，人物却有了地域的拓展，比如四妹子由陕北到关中，时空有了更大的跨度，比如蓝袍先生的命运贯穿解放前后，这些由地域差异与新旧交替带来的文化冲突，由个人命运折射出整个民族命运的思考，给作品带来了新的艺术视角新的看点和深刻的思想穿透力，我隐约感到这将是陈忠实未来长篇走向和内容的预兆。

由于隔着道厚厚的秦岭，关于陈忠实蛰伏于白鹿原下的老家写作长篇小说的种种情况，我只是时有耳闻，其间曾想写信询问或是鼓劲，最终没有动笔是意识到这对陈忠实来讲都属多余。直到 1990 年初，徐岳创办《中外纪实文学》，陪着陈忠实几位来到汉中写稿，我还诧异，难道长篇写完了？后来陈忠实私下告诉我：给娃挣学费来了！我猛然意识到陈忠实全家全靠他，这几年埋头写长篇，稿酬不多，又要供三个孩子上学，恐怕是最难熬的时候。见他精神还愉快，便问他长篇如何，他回答快了，再没多说。我深知陈忠实不爱张扬，尤其是写有分量的作品。他的名言是：写作品像蒸馍馍，不敢把气漏了。绝不像有的作家刚有个题目便谋划着去获奖，作品还是一堆素材就计算能挣多少稿费。尽管那时，陈忠实的长篇还没有问世，但我深信他属于能沉得住气，能干大事的人，不鸣则已，鸣则一定惊人。

终于，1993年初，我接到陕西作协召开长篇小说《白鹿原》研讨会的通知，在此之前，我已在《当代》上读到《白鹿原》的上半部。我至今不能忘记当时阅读的情景，拿到《当代》一见标题和陈忠实的名字，心便“怦怦”跳起，到底出来了！我长出口气，由于久已盼望且是我敬重文友的作品，不能马虎，我躲回农村小院，端出藤椅，泡上绿茶，几乎是屏心敛息地阅读，当时最大的感受是两个字：震撼！几乎每读一章，都要站起来走动，在小院乱转，屏息心跳，深切感受到这部作品一切都把握得那么准确到位，仅是《白鹿原》这书名就一字千钧，黄河流域，黄土高原，八百里秦川，中华民族的繁衍诞生之地，二十世纪又是这个民族最为动荡、不安、裂变的时期，白、鹿两个家族深深根植于这个古老民族的血脉之中，两位族长白嘉轩和鹿子霖简直是中国深厚传统文化的集大成者，在他们身上，忠厚与精明并存，豁达与狭隘混杂，正义和邪恶孪生，几乎在所有的矛盾和冲突中都折射着我们这个古老民族传统文化的精华与糟粕。作品对关中乡村生活做了大规模的提炼与概括，精选出有文化内涵的生活细节，均匀地分布于作品的章节之中，形成强有力的思想冲击和穿透力，对这片深厚的土地，这个古老的民族，这个独特的时期，表达出绝对不同于任何人和任何学说的独特的感受或者说认知。

尽管当时下半部还没读到，我已对整部作品充满信心，我的感觉是那会全国出版的长篇小说没有一部能与《白鹿原》相比。

研讨会上，我没有发言，我牢记着的还是陈忠实的发言，他说《白鹿原》写作期间，遭遇过中篇小说集《四妹子》出版后要自己销书的尴尬，所以在制定写作《白鹿原》种种目标之外，还定了一个目标，要让这本书走进最广大的群众之中。作品在《当代》发表后，他专门去建国路书摊询问，摊主说这期《当代》已销售完，你得赶紧去钟楼总店。待他去钟楼那儿也销售完了。售主还说，你要的话得预先登记下期，还有下半部哩。陈忠实要了登记簿，仔细查看，在长长一串预订的名单中，有教师、医生、学生、店员、干部和工人，唯独没有一个熟悉的文学界人士。至此，写完《白鹿原》的一颗忐忑不安的心终于放下了……

听这话时，我的直接感觉是陈忠实和他的作品已经融入这个时代，融进了最广大的人群，而成为他们最信赖也最可靠的代言人。我毫不犹豫地认为《白鹿原》的艺术成就处于中国当代文学的巅峰位置，正是由于这部巨著，使中国文学与世界文学有了对话的可能和资格，假如有一天，《白鹿原》获得诺贝尔文学奖，我也会说，在我心中，这部巨著自问世便已步入这辉煌的文学殿堂。

2016 年 4 月 29 日

原载《延河》2016 年第 6 期

忠厚老师，实在哥

——怀念我敬爱的陈忠实先生

韩怀仁

陈忠实先生去世了，我心中十分悲痛。站在医院的病床前，眼睁睁看着一个伟大的生命在一点点地远去，心中的感觉，用刀绞、箭穿、火烧、油煎等任何形容痛苦的词汇来描述，似乎都难以穷形尽相。

在他停止呼吸的那一刻，我流泪了。二十余年来他给我的诸多恩惠，全都涌上了心头。

此刻，我要把这些都写下来。

其实，有关他与我交往、给予我恩惠的许多事情，我早就想写，只是怕有“拉大旗作虎皮，包着自己去吓唬别人”之嫌，又怕得“攀附名人、巴结名人”之讥，所以一直没有动笔。如今，我所崇敬的大师、我所热爱的老哥走了，再不必忌惮“借名人以沾光”的猜度，我可以尽情诉说了。

受了陈忠实先生那么多恩惠，我必须说出来！不说，我会憎恨自己没良心！

四十四年前，当我还是不满二十的毛头小伙时，有一个非常奢侈的梦想，就是当一个作家。那时候特别羡慕那些在报刊上发表过文章的人，觉得他们特了不起。有一天，在生产大队办公室聊天，有一个人说："咱河对岸西蒋村有个作家叫陈忠实，写的东西好多都在报纸上发表了。"我很惊讶：天哪！离咱这么近，竟然有一位作家？！从此，陈忠实的名字就牢牢地印在脑子里了。他成了我的偶像：一个生长在农村的青年，能在报纸、刊物上发表作品，这该是多么荣耀、多么了不起呀！

我很想到河对岸去拜会一下我仰慕的陈忠实，但，一是总忙着挣工分；二是还想通过优秀的"表现"得到贫下中农的好评，以便在以后的招工、招兵时能得到推荐；第三，也是最根本的，心里很自卑——从小学五年级就开始向报社投稿，可时至今日连一篇作品都没有发表过，见了那位仰慕的大哥，说什么呀？

拜会的心愿还未得实现，1972 年底，我参军了，拜会心中偶像的计划彻底成了泡影。

当兵，当的是铁道兵，修的是襄渝铁路，部队驻在陕西。我在团部当收发员，全团订的所有报刊都能看到。众多的杂志里，有《陕西文艺》，而在《陕西文艺》里，就时不时能看到陈忠实的作品——《接班以后》《高家兄弟》。虽然他的作品不是很多，但给我留下的印象总是特别美好，觉得他的小说写得很实在，很有生活气息。也许还因为他是我的"近乡党"，所以格外关注他。

当然，所有这一切，陈忠实是不知道的。仰慕在我心里，热爱也在我心里，说白了，只是我一种"单恋式"的"神往"。

真正和陈忠实近距离接触，是在 1986 年的文学创作培训班上。

1983 年，"百万大裁军"，数十万铁道兵干部战士集体转业前夕，我从铁道兵调到了二炮工程学院（即现在的"火箭军工程大学"）。作为从青海省转来的作协会员，我有幸参加了一次文学培训班。培训班上，陈老师给我们上了一堂课。课间休息时，许多学员都跑到前边去和陈老师攀谈。我也挤到他跟前，跟他提了两个青海的文化人（修筑青藏铁路，我在青海待了十个年头）——那两人跟我是朋友，且都说跟陈老师也很熟。我离开青海时，他们都对我说过，如果见到陈忠实，提提他们的名字，陈忠实肯定会想起来。尽管那时陈忠实在我们这些纯业余的作者心目中，无疑是必须仰视的人物了，但他仍然很热情，很平易近人，他果然想起了那两个朋友，还询问："他们现在都还好吧？"

那一次近距离接触，陈忠实给我的印象就是：人如其名——忠厚亲切，真诚实在！

一转眼到了 1991 年，我想出一本短篇小说集。那个时候，出书请名人作序已成为一种时尚，为了加重我作品的"分量"，我也想请个名人来为我的书作序。请谁呢？我第一个就想到了陈忠实。要是他能给我的小说集写个序，我那原本并不出色的集子，也许在别人眼里就有了光芒。可是就凭着从前的"精神向往"和讲习班上的"一面之交"就请他作序，是不是"架梯子摘月亮"——太有点异想天开了呢？

然而，在一个朋友的指引下，这个异想天开的美丽梦想竟实现了。这个朋友叫陈西周。

陈西周是我们学校实习工厂的职工，由于都喜欢唱秦腔，我们成了戏友。听说他家在西蒋村，我就问他认不认识陈忠实。他笑着说："何止认识，我们还是本家子呢。"我喜出望外，忙问可不可以通过他进一步和陈忠实认识并交往，进而请陈忠实为我的小说集写一个序言。西周笑着说："这你不用找我，找新芳保准能行。"

新芳就是陈新芳，也是实习工厂的职工，我们原本也很熟悉。我问西周："为什么找新芳就行？"

西周说："新芳就是陈忠实的亲妹子呀！"

天哪！我跟新芳熟悉几年了，竟然一点不知道她就是陈忠实的妹妹！多少人跟陈忠实见过一面就成天吹呼，恨不得全世界都知道陈忠实跟他有交情，而陈忠实的亲妹妹却一直没有拿这个名人哥哥来作为自己炫耀的资本——我对新芳的为人更加敬重了。

我去找新芳，向她说明了我的想法。新芳很坦诚地说："论二哥的为人，他是非常乐意帮助人的。只是他这几年正在写一部长篇小说，连作协的好多活动都推了，不知他能不能抽出时间。不过我一定给他把这话说到。"

过了几天，新芳告诉我："二哥说可以。他让你有空了到家里去见个面，把你要出书的稿子带上。"

陈老师如此爽快地答应，让我不仅喜出望外，甚至有点受宠若惊了："真没想到二哥这么痛快就答应了！"

跟新芳对话，称"陈老师"显然生分、外道，我自然也随着新芳称"二哥"。

新芳说："你放心去吧。二哥待人实在得很。"

1991 年 10 月 30 日，我骑着自行车从学校跑了近三十里路赶到西蒋村。

在村人的指引下，我找到了他家。那是一个极其普通的农家院落，有一个门楼，嫂夫人正在门楼下做着针线活，我问："这是陈忠实老师家吗？"

嫂夫人回答："就是的。"

我赶快自报家门，表明了我的来意。

嫂夫人十分热情地让我进门，并向屋里喊了一声："老陈，有客人来了。"

陈老师在屋里应了一声，屋门口马上出现了他的身影。他手里夹着一支雪茄烟，微微笑着，很亲切地说："新芳说了你要来，我专门等着你呢。"

我的心头立即涌过一股热流，一时竟不知说什么好。

他边让座边给我倒水，我则匆忙从包里取出合订在一起的书稿。

我们都落座以后，陈老师拿起我放在桌上的书稿——十多篇带着杂志封面的铅印文字，多少有些惊讶地问：“这些稿子都是发表过的？”

我说：“就是。”

陈老师很诚恳地说：“现在出书挺难的，一般都要自费出书。你这些作品都已发表过，怎么还……”

确实，陈老师是了解这其中的苦衷的。我当时的职务是正营职教员，一个月的工资也就三百元，而当时自费出书的书号行情是少了五千元拿不下来。如果再加上印刷费用，差不多把我三年的工资都搭进去了。自费出一本根本畅销不了的书，何苦来呢？

陈老师的体谅又一次让我感动，我便如实袒露心怀：“身为教员，要评职称。而评职称的一个硬件就是看成果。散见于各报刊的，叫文章；但若汇集成一本书，就叫著作。著作比文章的分值高。评不了高职，在军校再继续干就有难度。所以……”

陈老师听了连连点头，他说：“我明白了。你放心，序我一定给你写。不过你既然要出书，肯定得先把杂志上的文稿变成印书的文稿，这就是出版社说的‘一校稿’。打出一校稿后，你给我拿过来，看完一校稿再写序言不迟。我知道你让我写序言是想让这书好销一点。不过我要给人写序，就一定要认真把书看完再说话。那种不看稿子就信口开河的文章我写不来，我不能不看作品就胡发议论。”

见陈老师谈兴正好，我便问：“听说你最近正在写一部长篇小说？”

陈老师点头说：“是的。”

我问：“进展顺利吗？”

陈老师说：“还好。”

我问：“写的什么故事？书名叫什么？”

陈老师笑了笑说："咱这一带有一句土话，说是'锅盖揭得早了，就预死'了。我也害怕'锅盖'揭早了，把这作品'预'死了，所以我给谁都不说。等将来写完后，你就啥都知道了。"

"很辛苦吧？"

陈老师笑了笑说："你也是搞写作的，其中滋味你应该明白。"

我说："真不好意思，你这么忙，这么辛苦，我还给你添麻烦。"

陈老师爽快地说："那有啥？朋友嘛。"

临别时，陈老师说："我这儿有一本刚出时间不长的书，送你一本，留个纪念吧。"说着就拿出一本豆绿底色、上有"Z"形条纹稿纸图案为封面的书，书名是《创作感受谈》。他拧开钢笔，十分认真地写下了"韩怀仁方家雅正"几个字，签了他的姓名，落款是"1991.10.30"。

这次交往，我从陈老师身上获得了很大的教益：一是他对朋友的真诚——绝不愿敷衍塞责。既然要评人的作品，就必须认真地阅读，那种随便瞄两眼便天马行空、信口开河的"评说"，他是十分厌恶的。第二就是他对自己作品那种严谨、虚心与慎重的态度——没有完成的作品绝不胡乱吹嘘。"我害怕锅盖揭早了就'预死了'"这句既通俗易懂又寓意深刻的自律之言，实在让我感佩不已，感慨良多。

回到学校后，我开始紧锣密鼓地找人把报刊上的文章在电脑上敲成电子文档，那时候我对电脑是一窍不通，更谈不上在电脑上打字写文章，一切都得求人，偏偏朋友找的那家文艺出版社的那位编辑说话不算话，把我"忽悠"了——说好过了年交五千块钱就可拿书号，不料当我准备好钱去找他时，他一句"今年的书号已经用完，你明年来吧"，一下就把我抡到山背后去了。幸亏不久遇到了王世雄先生，说他可以帮忙，我这才又看到了出书的希望。就这么三折腾两折腾，一晃就到了 1992 年 4 月中旬。我带上打印好的书稿，沐浴着和煦的春风，再一次来到西蒋村。

陈老师问我："这书稿咋弄了这么长时间？"

我把那些曲曲弯弯的过程给他详细诉说了一遍，他也陪着叹息了一声，接着说："你把书稿留这儿吧，我尽量抽时间尽快看，看完尽快写。等二校稿出来后，序言和正文可以放到一块，进行三校。"

过了不到二十天，我又到了西蒋村，陈老师一见十分惊讶："你的二校稿已经校完了？"

我笑着说："现在我已经能在电脑上打字了。所以校对的工作都是我做的，每篇文章都是我一边校对一边修改，都说不清这是几校了。稿子王世雄老师已看了，他说没问题，序言一到马上就可以交印刷厂开印。"

陈老师一听更惊讶了，说："呀，没想到你这儿进展得这么快！我原先出的几本书，从一校到三校，没有半年时间是出不来的。"

我说："现在是电脑排版，快多了。"

陈老师一脸的歉意，连声说："哎呀那实在对不起，你的书稿我是认认真真看完了，可是序言还没来得及写呢，你看这不耽误你的事吗？"他连声啧啧，深深自责，那种诚恳的神情，看得我心里又是一阵阵热浪翻滚。

我连忙说："陈老师你千万别这么说，你现在正进行大部头创作，是绝对需要清静的。我让你看书稿、写序言，已经干扰了你的长篇创作，我给你添麻烦，你没有讨厌，没有拒绝，我已非常感激了。你再自责，我就更不安了。"

他稍稍沉默了一会儿，问我："没有序言，对你书的销路影响大不？"

我说："听说我要出书，好多学生都很支持，主动登记要买书的已有六七百人。如果再加上已经分配到部队的学生，估计销一千册不成问题，成本肯定能够收回。另外，王世雄老师说，书稿他全看了，如果你太忙，他可以写个序，只是嫌没有你的名气大、声望高。"

他又微微叹了一声，说："这样的话，我心里多少能轻松些。不过这事真有些对不起你。"

我知道他的长篇小说正在攻坚阶段，其创作之艰辛与内心之煎熬，外人实在难以体察，而我偏在这个时候来麻烦他，确实有点"没眼色"。（从后来许多文章提到的"如果这本书再不成功，我就跟你去喂鸡"的那声喟叹，以及他词作中"怎堪这四载，煎熬情"的表白，证明我当时的猜测还是靠谱的。）

所以我连忙说："要说对不起的，应该是我。"

那个"序"虽然最终并未写成，但陈老师待人的那种诚恳，那种实在，让我终生难忘。他把我集子里的作品全都认真地读了一遍，并给我谈了他的感受。他说："从你取的书名来看，你对《今夜又是月圆时》这一篇是偏爱的，但是我倒更喜欢你的《寻酒启事》，觉得那一篇的构思很巧，而且意蕴也好。……"接着他又谈了对集子中其他几篇作品的看法，有赞赏，也有委婉的批评。临别，他又一次诚恳地说："这次没给你帮上忙，以后有需要我的地方，你尽管来。"

后来我真的又一次找他帮忙了，可是这回他帮了我的忙，我却做了一件很对不起他的事，至今回想起来仍然感到惭愧和痛悔。

1994年初，我完成了一个中篇小说，题为《朝霞红晚霞红》。写成之后，我到省作协去找他，他问："需要我帮什么忙吗？"

我说："我想请你看看这个作品，如果你觉得还看得过眼，我想请你向有关刊物推荐一下。"言下之意，就是想借你的名声给作品找个发表的地方。

陈老师二话没说，立即开始翻阅。他以极快的速度浏览着，发现错别字或不妥的句子就用钢笔画一画，感觉不妥的片段，也在旁边做个记号。看完后他说："总体感觉还不错，我画的那些地方你再斟酌一下，我给河南的《莽原》编辑部推荐一下吧。”说完就展纸提笔，很快写完了推荐信，信里说了不少赞美的话，恳请编辑关照业余作者的真情也显而易见。他把信瓤装进写好地址的信封后递给我，说：“回去把那些要改的地方改一改，然后和我这封信一起投给杂志社吧。”

我非常郑重地把信夹在一本刊有李星和陈忠实《对话白鹿原》的《文艺争鸣》杂志里，再把杂志十分认真地装进挎包。

我正打算告辞，陈老师说：“眼看就到饭时咧，作协对面有一家泡馍馆，我请你吃羊肉泡馍。咱事先说好，是我请你，不要结账的时候拉拉扯扯的不好看。”

几年交往，我对这位“忠厚老师实在哥”的秉性已了解很多，也就没有再客套，一起走进泡馍馆，一人一碗羊肉泡馍，边吃边聊。吃饱喝足后，揣着一腔的感激与感动，挥手和陈老师告别。

没想到回到家里打开挎包要拿陈老师写的那封推荐信时，我一下子傻眼了：那封信不翼而飞了！我把挎包翻了个底朝天，把那本杂志抖落了足有十多遍，可那封信仍然杳如黄鹤，无踪无影。我头上的汗立时冒了出来，急速启动大脑，回忆此前的每一个细节，忽然想起在站牌下等公交车的时候，我曾取出那本《文艺争鸣》看了有十多分钟。看见公交车过来，我把杂志塞进挎包就急急忙忙上了车。可能……不！不是可能，而是一定！一定是在那匆忙中，不慎把那封信弄丢了。我气得用拳头直砸自己的脑袋，悔得肠子都青了。你好好地在那儿等车，看什么杂志啊？要看杂志你也该把信取出来装到包里啊！车来了你不慌不忙上车不行吗？你丢的不是一封信，你丢的是你尊敬的老师、仁厚的兄长对你的一份深厚情谊呀！你往后拿什么脸面去见他呀？见了面他若问起稿子和信的事，你拿什么言语去回答他呀？

此后一段时间，我一直不敢去见陈老师，直到这年的 4 月底，我才厚着脸皮又到他家去了一趟。我老老实实地说了我丢失了那封推荐信的经过，并说出了我的羞愧与痛悔。说完便低了头等待他的责备或埋怨。谁知他听完以后，只是淡淡地笑了一下，说：“丢了就丢了，丢了就权当我没写过。现在还需要我再推荐吗？”

我说：“我再没脸请你写推荐信了。我来是向你报告一件事，前几天接到中国社会科学院文学研究所一个通知，让我到北京去参加一个会议，并要求带一篇最近创作的作品，我想把这个中篇带到会上去碰碰运气。”

陈老师说：“这样也好。如能得到会议的认可，也许有些刊物会要你的稿子发表的。”

那次会议的全称是“首届中国文学现状与发展暨创作研讨会”，张炯、雷达、张同吾等十多位知名人士都参加了那次会议。《朝霞红晚霞红》在那次会议上获了个三等奖。我把这消息告诉了陈老师，他笑了笑说：“好事嘛。能被会议认可，你再往刊物投稿就更有信心了。”

我没有再找刊物，因为前不久接到王世雄先生的一个电话，说陕西旅游出版社要出一套《西部风情文库》丛书，反映西部风情的文学作品均可进入丛书，他向我约稿，希望我也拿一部书稿出来。

于是我就以《朝霞红晚霞红》压阵，另外又创作了三个中篇，合成一个中篇小说集，交给了文库主编王世雄。

《白鹿原》问世之后在读者中产生了巨大的轰动，社会反响十分强烈，但同时也给陈老师带来了很多的麻烦，其他麻烦姑且不说，单是找他签名、题字、做报告的个人和单位就络绎不绝。同时作协的许多具体工作都得他或组织或协调或亲自动手，他的忙碌，完全可以用“焦头烂额”四个字来形容。可是尽管这样忙碌，他却一直以没能给我写成“序”为憾。1995 年当得知《朝霞红晚霞红》要出版的时候，他问我：“这次的序有人写了吗？”

我说："王世雄先生已经写了。"

他又问："我能给你帮点什么忙呢？"

我说："想请你给题写个书名。"

他很爽快地说："这个不难。"说完，就在他的书房中展纸濡翰，聚气凝神，一会儿工夫，"朝霞红晚霞红"六个流利潇洒、自具风致的大字便跃然纸上。说句实在话，当年在自费出书的众多作者中，我的《朝霞红晚霞红》能够连出两版且近万之数很快售罄，绝对与"陈忠实题"那四个字的落款有着密切的联系。

最让我刻骨铭心的，是在《朝霞红晚霞红》问世不久引发的一场风波中，陈老师给我的安慰、鼓励与帮助。1996 年 6 月，单位上一位颇有背景并有一定权势的领导突然向《朝霞红晚霞红》兴师问罪了，他不仅搬出了"利用小说反党，这是一大发明"的最高指示，而且言之凿凿地指责这本书有三大罪状：一是有攻击邓小平理论的倾向；二是有性描写，属于"格调低下、精神污染"；三是"否定了单位的职称评定工作，给单位抹了黑"。一时间，真有"黑云压城城欲摧"的阵势了，我心里压力很大，分管政治工作的领导也有些惴惴然、惶惶然了。他对我说："你能不能找到省作协，让作协给你的作品出一个鉴定性的证明材料。你这书不是陈忠实给题写的书名吗？如果他能以作协的名义对这本书有一个肯定性的评价，那么即便个别领导要兴师问罪，咱也就有了'不怕'的依据了。"此事不仅关乎我的前途命运，而且也还牵连到一些别的领导，事情确实非同小可。我赶紧跑到作协，找到了陈忠实主席。他听完我的叙述之后，非常惊讶，说："呀！这都啥年代了，你们单位咋还有这种人呢？"我说："没办法，现实中真就有这种人。"陈老师思考了一会儿说："现在他们刚开始'抓'我就去作解释，似乎不够妥当。让他们先'抓'吧，如果他们真'抓'，得要影响你的个人生活了，作协一定会出面的。到时候，还可以通过法律途径解决问题。说不定一打官司，你的作品还火起来了呢。”有了陈主席的这颗“定心丸”，我心里一下子踏实了许多，便回单位向要“保护”我的领导作了汇报。

幸亏二十世纪九十年代中后期不再是“阶级斗争一抓就灵”的极“左”时期了，不但党的文艺政策更宽松，而且思想解放、心胸开明、态度稳健，既有政治头脑又有人文情怀的领导干部也越来越多了。当时学校的主官秉持正义明确表态：“对于作品，完全可以见仁见智，发表自己的评论；但对于作者，绝不能用‘文革’时那一套，动辄就粗暴‘处理’”。有了主官的表态，尽管少数几个“左视镜”佩戴者一直在咕咕哝哝嘁嘁嚓嚓，最终却并没有形成能置人于死地的风浪。加之当时单位正巧发生了一起大案件，那几个貌似革命性很强的领导干部，因为众所周知的原因而自顾不暇，所以在开了几个座谈会之后，那场看似“山雨欲来风满楼”的政治风波，竟不动声色地风息浪止，不了了之了。当我把这个消息告知陈主席之后，陈主席感慨万千，后来就写了一篇散文，叫《朋友的故事》，发表在1997年第一期《新大陆》杂志上。

1998年，他的《白鹿原》获得“茅盾文学奖”之后，要请他去做报告的单位排开了长队，我们学校领导知道我和陈忠实相识日久，便让我去请他为我们的学员也做一场报告。我找到陈老师，说明来意，陈老师仍是十分慷慨地就答应了。他说：“不说咱们之间的友情，单冲着你们二炮是咱们国家最具威慑力量的部队，我都一定要去的。”他到学校来做报告那晚，近千人的大礼堂座无虚席，连两边靠墙的过道上都站满了人。他的演讲既高屋建瓴又朴实亲切，既深刻警策又幽默诙谐，引得听众不断发出热烈的掌声和会心的笑声。报告过去了十多天，《白鹿原》和陈忠实依然是学员谈论的一个热点话题。

2009年7月《大虬》第一版印行后，作协创联部的领导对我说：为了扩大你作品的影响，建议给《大虬》开一个研讨会。我把作协的这一番盛情向学校首长转达之后，学校首长非常支持。在作协和学校共同努力之下，2010 年 10 月 23 日，《大虬》研讨会在二炮工程学院隆重举行。

我非常盼望陈老师能参加这次研讨会，但又怕他来不了，因为他的事情太多了，他太忙了，而且，他的身体也明显大不如前了。此前不久，学校还曾让我请他再来搞一次讲座，可他极其诚恳地婉拒了。他说："不是我拿架子，是我现在有个毛病，常常突然脑子里会出现一片空白，眼睛看着前面的人，竟一句话都说不出来，这种状态一般都有十几秒钟，而且说不上啥时候发作。你说我要是坐在台上，突然间啥也说不出来，这咋对得起那么多的观众呢？"这次研讨会虽然把《大虬》这本书和会议安排都提前送给陈老师了，但我仍然担心他来不了，所以在开会前两天又给他打了一次电话。我刚一开口说"我是怀仁"，他马上就说："不就是开研讨会要我在会上发个言吗？不说咧，我肯定去。"

23 日那天早上，他不仅早早就赶到了学校，而且在会上做了长篇发言。他开篇就说："我曾经说过，韩怀仁是中国离我最近的作家。"见大家一愣，他紧接着又说，"这是就地理距离而言的。我在灞河南岸，他在灞河北岸，隔河相望，村庄与村庄大约就四五里路。因此我说他是我所结识的离我最近的作家。但人家事比我干得阔，肩膀上的星星我老是羡慕得很。"大家轰的一声笑了，会场的气氛一下子变得非常轻松活跃。

关于《大虬》，他足足讲了半个多小时，他从三个方面对本书进行了肯定，并说"读来令我有一种强烈的感动与震撼"。

说实话，我当时坐在台下流泪了。因为他不仅看完了《大虬》，而且看得非常细致和深入！什么是知音？这就是！自己的心灵倾诉能得到自己仰慕的人的理解，文人之间还有比这更温暖的慰藉嘛？

在发言的最后，他说："我是昨天晚上十点半才把这个小说看完的。

整整读了三天，啥都没干。”

从最早的把《今夜又是月圆时》认真读完，到“三天啥都没干”就看《大虬》这本书，我的老师，我的兄长，你给我的深厚情谊，我心中的感激，该用怎样的词汇来形容啊？！

2012 年 11 月 9 日，我儿子结婚，海力和李红代表陈老师不仅送来了很重的礼金，而且还送来了陈老师专意为我儿子婚礼书写的墨宝一幅，上书李清照词句“九万里风鹏正举”，寄托了对孩子的期望和祝福，殷殷深情，弥足珍贵。

2014 年，我申请中国作协会员，在电话里我表示了想请他当我的介绍人的心愿，他欣然允诺，说：“这还有啥说的？你把表拿来我给你写就是了。”第二天我把申请表拿到他家里，他戴上老花镜，伏在茶几上，很快就写下了这样几行字：

韩怀仁多年坚持文学创作，成就丰硕，作品深刻隽永，不仅获得广大读者的喜爱，也得到评论家雷达、李星等的赞赏，我愿介绍加入中国作协。

陈忠实　2014.2.25

2013 年春节期间（正月初七），我和朋友去拜访他。偏偏那天又听到了诗人雷抒雁不幸逝世的消息，陈老师十分感伤地说：“今年真是流年不利啊！从年前到今天，我已经接到三个好朋友不幸离世的消息了。”我们也随着感叹一番，为了不打扰他休息，聊了十几分钟我们便告辞。

2015 年春节去看他时，他说老是口腔溃疡，说话一多舌头就疼。到了 6 月份，一位朋友告诉我，陈老师在西京医院住院了。因为口腔疼痛，说话困难，心里也就比较烦，所以家人一般不赞成亲友去看望。但是作为受陈老师太多恩惠的我，他住院那么多日子我竟不去看一回，怎么也过意不去啊！幸亏他的儿媳李红是我们学校外语室的教员，我们很熟悉，我就向她表示了想去看看陈老师的心愿。李红在学校是优秀的青年教员，在家里是贤惠孝顺的儿媳妇，只要工作能走开，她总会去照看陈老师，经常做点可口的饭菜给陈老师送到病房去。一天，她给我打电话说："韩教授，今天中午我给我爸去送饭，你老说要去看他，今天就坐我的车一块到医院去吧。"

到了医院，陈老师刚打完吊针，坐在床边休息。见了我就跟我打招呼说："你倒做啥来了吗？"我说："你住院这么长时间，我不来看看心里难受啊！你不要说话，我也不说话，我就看看你。你好好跟医生配合治疗，争取早日康复。"然后我们就面对面坐着，互相看着对方，谁也不说话。其实，通过双方的眼神，我们把想说的话都用眼睛"说"了。我心里想：什么叫"此时无声胜有声"？这就是啊！默默地坐了三四分钟，他向我轻轻摆摆手，说："你回吧。"因为听新芳说过，他起初一直不肯治疗，急得孩子们没办法，还是新芳以妹妹的"权威"狠狠地批评了他，说"你在父母跟前尽了心，行了孝，落下孝子名声了。将心比心，娃也不想落个不孝的名啊！可你不配合治疗，叫娃心里、脸上咋过得去吗？"这样，他才答应住院治疗。所以我和他握手的时候，仍然说了句："一定要好好配合治疗啊！"

又过了些日子，我听李红说，用了北京一个名医的方子，陈老师的病情已明显好转，心情也好了很多。我听了心里就非常高兴。2015 年中秋节和国庆节之间，航天四院文学协会会长伏萍女士提议去看望陈老师，我们便一起到了他家。去的时候，陈老师没在家，嫂夫人告诉说："老陈这段时间恢复得很不错，今晚还和朋友在外头吃饭呢。"等了一会儿，他回来了，果真气色挺好。比我那次在病房见他时还微微胖了一点。我们都为他的身体康复而感到由衷的高兴，都祝愿他彻底击败病魔，完全恢复健康。

去年11月，我去了深圳，春节也是在深圳过的，过年只给陈老师家打了个电话。正月底回到西安，原本打算早点去看他，一是听说这段时间他的身体状况还不错，二是家事、公事、朋友事七七八八的比较多，一晃一个多月过去竟没和陈老师见面（这是我至今依然非常愧悔的一件事）。4月28日晚上10点多，忽然接到他妹夫建国的电话，他说："二哥的情况不太好，在西京医院已住了几天了。"

我心里一咯噔，忙问："这会儿咋样？"

建国说："前两天已报过病危，今天能好一点儿。"

我说："我现在就赶过去吧。"

建国说："目前暂时看着还平稳，你不要太着急。你跟二哥相好那么长时间，到这会儿了，不给你说我怕留下遗憾。要看，你明天早上过来就行。"

29日早上5点半，我从学校门口打出租车，6点过一点赶到病房。病房里静悄悄的，新芳、李红、黎力、勉力和二女婿都守护在那里。新芳领着我见到了躺在病床上的陈老师。尽管人已很憔悴，但神志还是清醒的。我说："陈老师，我是怀仁。"他睁大眼睛看了看我，目光依然是那样睿智深邃。他想要和我说话，我忙拦住："你啥都别说。"我握住他的右手，他竟把手挣脱出来又高高举起，三个手指捏在一起，似乎要什么东西。新芳说："他是要笔，想写字。这几天人来看他，他一直用笔写。这会儿，你看手都没劲了，还想给你写哩。"我说："陈老师，你不用说，也不用写，我知道你的心意。我要向你道歉啊！我从深圳回来这么长时间，今天才来看你，对不住你啊。你不要急，好好养病，配合治疗……"

陈老师眼睛睁得大大的，似乎很激动。我再次和他握手的时候，心里不由得有些发酸。这是多么令人敬佩的手啊！就是这只手，写出了传世巨著《白鹿原》，写出了那么多令读者喜爱、给人以精神滋养的文学作品，写出了不计其数给人以帮助的推荐信、介绍信、证明信。可是现在，这手竟是这样瘦骨嶙峋！

新芳说："连着两天两夜了，他就睡不着，真急人。"

为了免得陈老师因激动而更加休息不好，新芳说："咱到外头坐坐。"

在外间，新芳给我较为详细地说了陈老师病情的变化："去年下半年，二哥的病明显是好转了，吃饭、说话都比从前好多了，过年以后看着也都好好的。可是半个月前，突然病情加重了。孩子们赶紧送他上医院，开头他还不大在意，后来才住进了西京医院……几个孩子黑明连夜都守在这里，可他……"说着，我们都无可奈何地流起泪来。

大约过了有半个多小时吧，守在里间的亲人不知是谁突然喊了一声："呀，快叫护士！"……

医生尽心尽力了，护士尽心尽力了，他的儿女，他的亲人，全都尽心尽力了。

然而，无情的现实是，他——走——了——

在医护人员抢救的过程中，我是一点也插不上手，我只能站在旁边，一会儿看看被抢救的陈老师，一会儿看看病床旁边的监视仪，看着那屏幕上呼吸、血压、心率三个指标不停变化着的数字，紧张得呼吸急促，心跳加快。看着那数字在下降的时候，我的心就紧紧地揪成一团，看着那数字又一点点回升的时候，我似乎又看到了一线希望，那颗紧缩的心又稍稍能松弛一下。

然而，那数字虽然偶尔也有小幅的反弹，但总的趋势是在残酷地下滑。那一刻，我相信每一个热爱他、希望他不要离开的人，看着那下滑的数字，心都会像被一把利刃在一刀一刀地割着……疼啊！那是尖锐的、苦辣的、钻心刺骨的疼啊！

7点45分，这个世界上所有热爱他的人都不愿意看到或听到的时刻，还是板着冰冷的面孔，来到了。

我抚摸着陈老师那瘦削的肩头，叫了一声“陈老师啊——”竟再也说不出话来，只有任泪水在面颊上流淌……

亲人们都在流泪，都在抽泣，但都没有号啕。忽然，病房外边传来了一声先是压抑然后就像山洪暴发一般的哭号，那是一个男人的哭声，是撕心裂肺的哭声，哭声之大，整个九楼仿佛都被震动了。黎力、勉力、新芳好几个人都赶忙往外跑，那哭声一路向东跑到走廊的一个角落，谁听了都会觉得心碎。我跟着跑到跟前，才看清是跟陈老师朝夕相处了好多年的杨毅先生。孩子们都劝他：“叔叔你不要这样。这病房里还有别的病人，有的已是年近百岁的老人，咱不能影响别人！”（这就是陈忠实儿女的品德与胸怀啊！）

得到消息，到病房来的人越来越多了。赶到我从照相馆给陈老师放大遗像回来，省委宣传部的领导、作协的领导等有关方面的人都来了。后面的事情那些能写的领导们都写了，无须我在这篇文章里赘述。

唯一感到欣慰的是，作为朋友，在他弥留之际，我和他见上面了，而且又一次互相用眼睛“说”了心里话。

4月30日，洪庆文化协会在洪庆山上举行“槐花节诗会”，我是主持人之一。为了表示对陈老师的悼念，我们在活动前加了一个环节（头天晚上，白来勤先生给我发短信提了这个建议）——全体起立，为陈忠实先生默哀三分钟。活动中，我又唱了一段悲情秦腔——《忠义人一个个画成图像》，表达了我对陈老师的哀思之情。

5月2日，灞桥区洪庆文化协会的几位负责人——刘炳南、雷焕性、伏萍、路桄畅和我，驱车前往省作协灵堂，吊唁这位具有世界声誉的文学大师。

5 月 5 日，我将再去殡仪馆，和我忠厚的老师、实在的哥哥——陈忠实先生作最后的告别。

做完了这一切，我似乎觉得心里稍稍地安宁一些了。然而——

我忽然又想起 29 日那天晚上做的那个梦了：陈老师静静地躺在医院的一个平板车上，护士推着他不知要往什么地方去。我和一大群人跟在车子后边，虽然没有哭声，但大家都神色凝重。不知是谁叹息了一声："唉，陈忠实就这样走了！"然而就在这个时候，奇迹发生了，陈老师一骨碌从平板车上爬起来，笑着对大家说："谁说我走了？我是跟大家开玩笑呢。我不走！"说着，他便迈开脚步向大家走了过来。他上穿一件洁白的衬衫，下着一条深蓝色的裤子，脚蹬一双黑布鞋，步履稳重而矫健，模样竟是四十岁的样子，走得十分倜傥潇洒。人群里发出了惊喜的欢呼声，再看他时，他已站在一座高高的山峰上，微笑着向大家频频挥手……

梦醒时，我看了看墙上的石英钟：清晨 5 点 40 分。仔细想想梦中的情景，我的眼里又蓬上了泪花。

后天，就是和陈老师做最后告别的时候了，我真希望我梦中的奇迹能够发生。

其实，不是奇迹的奇迹早就发生了。当《白鹿原》问世的时候就已经注定：陈忠实永远不会离开这个世界、不会离开热爱他的人们，就像司马迁、曹雪芹、鲁迅一样，陈忠实将永远和热爱他的人们在一起！

2016 年 5 月 3 日 18 时

原载《延河》2016 年第 6 期

痛别一位可亲可敬的老人

王若冰

4 月 29 日早 8 点多，马平川发来私信告知陈忠实老师逝世消息时，我正准备启程去安康。我先是一愣，继而怀疑是否谣传，便相继拨通马平川和诗人马召平电话，希望能证明这消息是误传而非事实。然而这时，微信朋友圈已有官媒证实：一代文学巨擘、我尊敬的文学前辈、《白鹿原》作者——陈忠实老师，已经离我们而去！

这些年，我原本已经习惯了日见平静地送一位又一位亲人和朋友赶赴黄泉路。然而消息被证实的一刹那，我还是忍不住心中一阵剧痛、头脑一片混乱。肃立片刻，我忍住泪水，转过身来，朝遥远的白鹿原方向连鞠三躬，并在心里默默祈祷陈老师一路走好！

我与陈老师相识，缘于我的长篇散文《走进大秦岭》。

2007 年 10 月，《走进大秦岭》出版后市文联筹划搞个首发式和研讨会，想请雷达老师来天水给我撑撑门面。不巧，雷老师因公脱不开身，提出他可以帮我请贾平凹或陈忠实参加。贾老师和陈老师都是秦岭山中诞生的大家，我自然求之不得。第二天，雷老师来电话说陈忠实答应来天水参加我的活动，让我直接跟陈老师联系。

当时，我与陈忠实老师无片纸之交，心想陈老师可能碍于情面答应了雷老师，我贸然联系，陈老师肯不肯接电话？事情会不会有变故？犹豫再三后，我诚惶诚恐地拨通了陈老师电话。

意想不到的是，当我在电话里听到陈老师那瓷实而富于刚性的关中口音时，我忐忑不安的心反而平静了下来——从语音上我能感觉到，这是一位和他作品一样真诚可信的前辈。电话里，陈老师让我给他寄一本书，说："我得先读读作品，看了书才有发言权。"那时，距上市确定的时间只有一个多礼拜，我答应托西安朋友送书给他。但当我提出到时候带他爱人一块来，单位派车到西安接他时，陈老师却直言拒绝说："不了不了！就我一个人。我坐火车来，没那必要。"

2007 年 12 月 21 日，陈老师果然一个人坐着火车到了天水。在火车站，接站的天水日报社社长张智明再次表达让他一个人旅途颠簸的不安时，陈老师哈哈一笑，说："没啥没啥。娃娃把我送到车站，一觉睡醒已经到了，感觉还在西安一样。"

也就是那次活动上，陈老师从张智明手中接过聘书，担任了天水日报社文学顾问。第二年，陕西电视台准备拍摄八集纪录片《大秦岭》，邀我做撰稿，是陈忠实和叶广岑推荐的我。

此后，我和陈老师交往日渐频繁。每次到西安，只要有机会，我都会到他在西安石油大学的工作室坐坐，代朋友请题写书名或带朋友求字，只要提前约定了，陈老师从未爽约。

那几年是中国书画市场火到疯狂的时期，但陈老师给自己立了个规矩：给文友题写书名分文不取，却很少为商业店铺题写商号。他说生意人要的是他的名，不是要他的字。不像文学作者，特别是基层作者写一本书不容易，所以凡是给作者写书名他分文不取。过了不久，天水一位酷爱文学的朋友和我一起找陈老师写字。字的内容和数量电话上我告诉了陈老师，聊天过程中陈老师了解到这位朋友也是苦难中熬过来的，且对文学非常执著，不仅给了鲜有的优惠，还签名送了一大堆他的书。然而，朋友又看上了陈老师写好的一幅六尺整张，陈老师告诉他那是给别人写的。最终，陈老师还是没有抵抗住我朋友的死缠硬磨和殷勤真诚，哈哈一笑说：“拿走吧，谁叫我和王若冰是朋友呢！”

2010年春天，报社新任社长王小熊提出去西安看望陈老师，顺便把应该给陈老师的顾问费付了。

去西安之前联系时，陈老师说如果你有事到西安来坐坐可以，如果没事就不要专程来了。到了西安寻找吃饭地方时，西安日报社总编室主任曹军华建议订在西安美院附近的荞麦园。他说荞麦园是西安文化名人雅聚之所，饭店给陈老师、贾平凹、刘文西各有一个包间，只要请他们，什么时候都能订下包间，而且饭菜不贵，氛围很好。那晚参加聚餐的还有诗人娜夜、三色堇和另外几个想见陈老师的西安朋友，原本只能坐十人的包间挤了十二三人，社长觉得不好意思，陈老师却说：“这样好，热闹！”

菜是地道的陕北菜，酒是带去的天水本地酒，陈老师兴致很高，频频举杯，喝了两瓶啤酒，一桌席吃了不到七百元。吃完饭，送到楼下给装在信封里的顾问费时，陈老师怎么也不接。推来搡去相持了好一阵，陈老师有点不高兴了，说：“无功不受禄，假如你请我到天水讲个课、干点活，你给我还有道理。我那名字不值钱，你们挂就是了。我又不缺钱，要那么多钱干啥？”执拗不过，我们只好把钱带了回来。

和陈老师最后一次见面，是2014年10月2日。

那年重阳节，参加完黄陵县民祭黄帝活动后返回西安，西北旅游协作区秘书处王晓明主任想请陈老师一块坐坐。电话上，我提出派车接他，陈老师怎么都不肯。晚上6点，陈老师又是一分不差，准时赶到位于吉祥村附近的东方大酒店。

落座时，又出状况了：主宾位原本是给他留着的，可任凭怎么劝说，陈老师就是不坐。最后，陈老师说："谁召集谁坐。"就这样，我被推到了主宾位。

那天，陈老师谈兴很浓。他给我们讲年轻时在公社当干部的经历、谈白鹿原上自己的老家、讲自己抽烟喝酒的故事。吃完饭，他还是自己打车，无声无息消失在古都西安流光溢彩的夜色里。

没有想到，那晚一聚，竟成永别！

去年春节，我照例用短信向陈老师拜年，送上我的祝福。春节过后，报社要举办创刊三十周年展览，领导要我请陈老师题词，拨通电话，陈老师照例是那种一听就让人感到踏实并底气十足的嗓音。他让我拟好写什么话发他手机上。挂断电话，我将事先想好的"传播文化，传承文明"八个字用短信发过去。两个礼拜后，我收到一封陕西省作协寄来的快递，打开一看，是陈老师的题词。

其实，对陈老师病情，去年五六月份我就有所耳闻。

去年 7 月在西安想约马召平去探望。召平在陕西电视台工作，和陈老师儿子是同事，他告诉我陈老师得的病很不好，病情还在保密，探视多有不便。接下来的日子，我一直关注着陈老师病情，并默默祝愿上天保佑这位真诚善良、可亲可敬的老人早日康复。先是从媒体上看到陈老师去年 10 月出席陕西省一个文学活动，元旦前后作家和谷去医院探望，说病情恢复尚好。今年前后，多方得到的消息都说经过治疗，陈老师病情稳定向好，只是不能多说话、记忆力也大不如前。即便如此，我还是想老天是有眼睛的，不至于让这位既有一品君子风范，又淳朴善良的文学大家，就这么离开成千万上亿挚爱着他和《白鹿原》的读者吧？

然而，我的真诚祈祷还是被老天残酷回绝了！

此时此刻，面对弥漫三秦大地甚至整个中国文坛的哀悼与悲恸，我不禁要向上苍质问：昊昊苍天，你怎能夺走一位既像父亲一样可亲可近，又如一品君子、高山巨人一样让人敬仰的当代“文坛老农”的生命呢？陈忠实走了，他留给中国文学的空白，又有谁能够弥补？

陈老师，安息吧！

原载2016年5月3日《兰州晨报》

心中的陈忠实

朱文杰

2016 年 4 月 8 日到 10 日在西安举办的“2016 年第十七届全国邮展”，由我主编的《集邮年华》一书获大银奖，我想第一时间把这个喜讯告诉忠实老兄，一是有老陈文章为本书领衔——2003 年 3 月 16 日在《步辇图》邮票首发式上所作讲话《春天的祝贺》。二是想给病中的老兄送点吉祥。但我知道不行，因为和莫伸约去医院看望老陈，都回答说不行，那就只有等几天了。

接着 4 月 28 日我去四川，29 日在火车上就不停接电话，还有约稿短信，说老陈走了。确实那一瞬间如霹雳当头而炸，让我一下蒙住了，悲痛随之难以自抑。

回四川是参加婚礼和祝寿两件喜庆事的。我一下没了心情，三场宴会，唯参加一场事先约定的婚礼，另一场以要写悼念文章推掉了，一场去了一口饭没吃，一口酒没喝，坐十多分钟就逃席了。那几天黑夜白日，一静下来脑子就全是老陈兄的影子。几天都是睡不着半夜爬起来用手机上网查看悼念老陈的文章。

看到那么多文章，对忠实兄评价定位那么高，我特别替他欣慰，感到他一生值了。当然，我认为他是一位“神圣”级的作家，《白鹿原》甚至是中国文学史上百年难遇的经典，但我不想，也不用再为他塑造什么了，只想还原他的本相，写一下他的平凡，包括我喜欢的他的生冷蹭倔，有血有肉的暴躁、发怒、痛苦、无奈、粗话，甚至惊悸、彷徨，真性情，真汉子。

我认识陈忠实老兄在1979年前后，当年我编《铜川文艺》。到1982年10月10日请忠实老兄到铜川讲课，才一下亲近了起来。这件事当年我写有简讯，发在《铜川文艺》1982年第3、4期合刊上。他讲的是“短篇小说创作漫谈”，在铜川市红星剧院，报名听课约七百人，实际剧场爆满超一千人。

这期间我还陪老陈到铜川桃园矿下煤井体验生活。这时我见识了他平常人的一面。钻黑咕隆咚的巷道，爬低矮仅六七十公分左右的掌子面，头顶煤层龇牙咧嘴，如黑煞神鬼挡道，全靠矿灯那一点荧光照明。突然，忠实老兄抓住我的手腕，劲很大，捏得我生疼。我抬头问老陈：“咋咧？”答：“心悸得很。”我感到了他的心跳。我说：“过去就全是大巷道了。”出井后老陈感慨：“在这样恶劣环境下我见识了矿工的伟大！”还说，“头美美地碰了几下，这才知道矿工帽的作用。”我说：“人在屋檐下不得不低头，何况石头下？”老陈说：“人要掂得来自己的轻重，在大自然面前，甭骚情。低头弯腰、趴倒匍匐着都是为了走过艰难。”

晚上我俩谝的时间好长，老陈兴致来咧，不让我走。记得说到他1976年发在《人民文学》上头条的小说《无畏》，我说：这是“文革”期间我读到最令我震惊最扎实最漂亮的作品，语言情节，丰富的生活，典型人物，营造那种大场面，矛盾冲突和掀起的高潮，都显示出功力真正的不凡。我甚至对老陈说：比你获全国短篇小说奖的《信任》好！老陈诧异：真的？！我说：就是。我因了这篇《无畏》才一定要请你来铜川讲课的。当然老陈说了这篇小说给他带来的尴尬处境和一时的彷徨。“唉！跟风，让我跌了一跤，因此我自罚到郊区文化馆。”我说：“没啥！我也写过一些像《批林批孔气势雄》《五七干校是春天》的烂诗呢。放眼全国有几个没跟风，连一些大人物……”

第三天下午还安排去陈炉，老陈接到了电话，要赶紧回西安。当时联系要等下午晚饭后才能派辆吉普车送他，铜川火车两班，一班已走，只能坐长途汽车。可咋劝都不行，看他犟着难受，我只得一人送他，心里非常过意不去。长途汽车到西安要六个小时，还吃不上晚饭。老陈上了车，我忙买了一瓶叫格瓦斯的汽水、一包麻饼，从窗口递进去。老陈非常诚恳地说：谢谢兄弟。我说：没买啥，铜川麻饼太硬，能在人头上打个疙瘩，你甭嫌。记得老陈还跟我说：“你们铜川人，有农民的憨厚，有城里人的大方。”当年参加接待的铜川文化人还有陆炳寰、黄卫平、刘新中、赵勃、封筱梅等，这句话让我感动了三十多年。

这时老陈还在西安市郊区文化馆，邢小利告诉我：陈忠实先生1982年11月调入省作协。他急着不吃饭，坐长途车回西安办的要紧事，如今想来，莫非是为调动？

1992年长篇小说《白鹿原》分两期发在《当代》杂志上，我就先睹为快连着看了。当然又是敬服加震撼拍案称绝，朋友间互相为之欣喜庆贺。1993年我接待一个台湾诗人大陆访问团，由《葡萄园诗刊》《秋水》《世界论坛报》《世界诗叶》等报刊组成，在西大街的西京饭店（西安市人民政府招待所）有个两岸作家联谊会，邀请忠实兄参加，并要求他出个节目，这在平时肯定不会答应，谁知这次他很爽快地说“能行”。

记得那天来了五六百人，诗人渭水主持。老陈上台用陕西方言朗读了《白鹿原》中有关描述白鹿的传说的一段文字。“很古很古的时候，这原上出现过一只白色的鹿，白毛白腿白蹄，那鹿角更是莹亮剔透的白。白鹿跳跳蹦蹦像跑着又像飘着从东原向西原跑去，倏忽之间就消失了。

庄稼汉们猛然发现白鹿飘过以后麦苗忽地蹿高了，黄不拉几的弱苗子变成黑油油的绿苗子，整个原上和河川里全是一色绿的麦苗……”我 2014 年写《吉祥陕西》专门写了一章“西安的白鹿原”就选用了这一大段精彩的文字，以向忠实先生和他的《白鹿原》致敬。后来告诉忠实兄，他高兴地点头说：得谢谢文杰。

还有我写《关中古歌》，也就是秦腔中的“他大舅他二舅都是他舅”，引用了忠实兄一幅书法作品中的“大麦面、小麦面，都能擀面，留下个苞谷面，咱打搅团”。一次陪一位外地朋友去买忠实兄的字，好像一下买了二十幅，说起那幅我写到文章中的“大麦面、小麦面，都能擀面”，忠实马上说我这里还有一幅。于是在一堆已写好的字中翻出来递给我：“送你啦！”可这幅字我没保住，一出门就被我这位朋友硬要走啦。

2011 年初夏我初中的同学油画家林安令给陈忠实画了一幅油画肖像。他给我说时，我说：“忠实是难得的好人，好老兄，一定画好。”

我还在陈忠实先生六十九岁生日前，让宝鸡陈仓一位画马勺面谱的民间艺术家张星，给老陈专门创作了一个百年柳木的大马勺面谱“白鹿神”，以神护佑老陈兄。忠实兄问张星这样画有啥根据、有啥讲究，张星回答：根据很多典故传说，也有老图谱粉本。我给老陈介绍张星也是我的一个学生，我推荐他的作品登上了国家印花税票。冯骥才还给他题词，专门在天津的冯骥才艺术馆开了展室，并专程到陈仓去看张星。忠实说：我不能白要人家的东西，立即展纸挥毫给张星题了幅字“张星臻品脸谱”，成了张星的广告。怪的是当年张星就被评为“中国十佳民间艺人”，哈！让这小子沾了大光。后我听几位登门拜访老陈的朋友说，忠实兄专门拿出“白鹿神”马勺面谱让人欣赏呢，说明他十分喜欢。正好那年陈忠实又连续当选中国作协副主席。

2012 年 1 月 15 日在莫伸主持举办的“迎新春暨中国古曲精品欣赏演奏会”上，由我策划让专程从宝鸡赶来的张星向陈忠实和商子雍赠送了专门制作的百年柳木《仁者寿》大马勺，以祝两位出生于 1942 年的老兄七十大寿。还有，赠送给莫伸六十大寿的百年柳木《莲花座》大马勺。

2013 年 4 月一天，上海《文学报》社长、总编陈歆耕在雍村饭店宴请陈忠实，说起给老陈的“白鹿神”，以及商子雍、莫伸、叶广芩等，我都让张星给绘制了一个百年柳木的马勺面谱。当年每个人都遇上吉祥好事。陈歆耕社长一听，马上让冷梦给我说：他想求一件。散席后当晚两人赶到我家，一人得了一件。

记得 2012 年 7 月的一天，莫伸安排在西影路川渝人家 V6 包间宴请文学前辈杜鹏程先生的夫人张文彬和王汶石先生的夫人高杉，并给我说：“忠实兄说他一定来，他要掏钱，还要我尊重他。”我早早赴约，进 V6 包间，感觉今天气氛不一般，忠实兄在场先介绍了两位前辈的夫人，并说：“这是我两位最尊敬恩师的夫人，我的师母。”最后专门对我说，“文杰，我今天来买单，你不准买单，谁都不准，你告诉大家。”我当然知道忠实兄与两位文学前辈的感情，以及对他的提携帮助的感恩，忙连连答应。客人中有冷梦、商子秦等，还有年轻的徐伊丽，我跟小徐说了陈忠实老师的意思，谁知一说还弄瞎了，一下激起小徐买单的义气：“咋能叫陈老师掏钱呢？”饭局最后，拦不住的湖北辣妹子小徐溜出去买单，怪得很！偏偏让忠实兄发现了，立即起身追出去，商子秦也赶了出去企图争着买单。三人就在吧台前为买单争起来。我出去远远听见忠实兄的吼声，可能老汉这回彻底给气暴咧，只见他把一沓子钱朝小徐摔去，撒了一地……这事冷梦写有《陈忠实的“饭局”》一文，发在 2013 年 7 月号的《云中文化》创刊号上。

忠实兄对我在文学创作上也十分关注，一次忠实见我时，说他看了上海《文学报》发表了老诗人沙陵写我的评论文章《〈梦石〉读后——寄语诗友朱文杰》，并说："这么高的评价，真为兄弟高兴。"还说他看过雁翼、木斧、黎焕颐写我的文章和对我的评价，这几位老先生都是全国闻名的大诗人。过了一段时间周至张兴海兄打来电话说："老陈在西安市政府一次文化名家大讲座上说你的诗呢，说陕西在文学上有贡献的人，诗歌上代表人物有你。如此评价让我震惊。"2002 年我参加中国作协组织的中国诗人采风团赴陕北采风，名单上有我。出发前见老陈，他说："你是我点的名，陕西就十来个名额，你算咱陕西的十大诗人嘛！"我明白所谓"十大诗人"不过忠实兄一句戏语。还有，我的散文集《清平乐》出版，拿去让老陈指正。过一段再见时老陈兄说："可以报鲁迅文学奖。"因为我没有任何思想准备就回答："我不行，真不行。唉，不想也不愿意为这事去费神。"忠实兄语气提高了些："作为一个作家，谁不想去获奖，不想发表作品。不想，那都是假的！"我语塞。到 2013 年一次聚会我对忠实说：我想写一下咱们的交往，和你对我的帮助。说我评一级作家职称时，你对我的帮助和推荐。以及提到你说的"谁不想去获奖，那都是假的！"忠实眼瞪起正色说道："我说过这话？"沉思一下又说，"那你说我说，就算我说。"

回头说 2003 年忠实兄在《步辇图》邮票首发式上的讲话，还有段故事值得一说。首发式活动一大早在陕西历史博物馆东门举行，我在东门等忠实兄时，他却从正门的南门进来了，并直接走向贵宾休息室，被警卫堵在门口，他说："我是你们请的陈忠实。"警卫说没贵宾证不行，并说我也不认识陈忠实。紧要关头我及时现身，有点着急的忠实兄只说了我一句："你弄啥去咧嘛？"

接着我掏出两页纸的发言稿递过去，说领导们想让你讲个话。忠实兄立马拒绝："你咋天咋没说要讲话？"又说，"我没戴老花镜，看不清这稿子。”紧接着脸越来越凝重，我感觉忠实嘴里马上要吐出的话就是：“你咋日弄老汉呢？”正巧省上一领导迎过来和他握手，我忙把讲稿朝老陈手里一塞，扭身就跑了。到开幕式时忠实上台讲了话，讲得十分精彩！会后，陕博研究员、画家蔡昌林给我说：“陈忠实老师到处找你呢。”我寻过去时，只见老陈远远地就朝我招手。说老实话当我站在他面前时，心里还有点怯。谁知，忠实兄笑着问我：“刚我讲得咋个样？”我马上伸出大拇指说：“好得很！”忠实兄有点兴奋，说：“我也感觉差不多。”我心中一河的水都开了。忠实兄那沟壑纵横的脸，一下由阴转晴，全是春风般的笑意了。

这时，我也确实挺佩服这位老兄，应急之中，睿智灵感迸发，讲的话一听就是深思熟虑的集邮内行的话。尤其其中“春天的祝贺”这一句如神来之笔，此讲话被收入《集邮年华》一书时，被我当作题目了。

忠实兄走啦！驾着白鹿升天啦！没看到这篇他讲话的集邮文章，也没听我要当面告诉的《集邮年华》获奖的消息。这一切都成了我永久的遗憾。

但好在2016年5月号《集邮》杂志刊发了我和陈忠实先生的合影，这大概是忠实兄生命最后时刻的最后一幅照片啦。这幅照片4月21日我发给陕西省邮协刘武奇秘书长，他发至《集邮》杂志，印刷完成应在4月29日前。

冥冥之中似有神灵佑护，完成了我未预料到的一份心愿。这幅照片代表了我与忠实先生一生的情谊，追念了老陈兄在天之灵。在此，我只能敬谢天意了。

陈忠实老兄永远在我心中。

原载《延河》2016年第6期

永远的忠实

——沉痛悼念陈忠实老师

祁玉江

陈忠实老师走了，走得是那么突然，那么匆忙，那么令人痛惜！虽说他算不上英年早逝，已经年过七十岁了；可说大也并不算大呀，仅仅只有七十三岁。在生活和医疗条件尚好的当下，这样年龄的人走了，难免还是令人有些惋惜！何况，他是陈忠实老师呢？

众所周知，陈忠实是当代中国著名的作家，还担任着中国作家协会副主席一职。他把毕生的精力和心血献给了文学事业。且不说他所创作的短篇小说集《乡村》《到老白杨背后去》，中篇小说集《初夏》《四妹子》，散文集《告别白鸽》等，单从长篇巨著《白鹿原》而言，就非常了不起了，因而获得了茅盾文学奖，并且经久不衰，迄今已发行逾一百六十万册，由此奠定了他在中国文坛的崇高地位。作品先后被改编为秦腔、话剧、舞剧、电影等，引发了社会的广泛关注。事实反复证明，他不愧为中国文学界的一名巨匠。他的不幸离世，无疑是中国文学事业的重大损失！作为一名文学爱好者，早在学生时代，我就熟知和仰慕陈忠实老师。最先读了他的短篇小说《信任》，一下子就深深地打动了我，吸引了我，令我肃然起敬！特别是他的大部头长篇小说《白鹿原》问世后，我更是阅读了好几遍，成了我最为喜爱的书籍之一。书中所反映的白鹿原上白家和鹿家两大家族兴盛衰落和情感纠葛的故事，凸显了一个时代的发展变迁，真切生动，曲折感人；所塑造的白嘉轩、鹿子霖以及白孝文、白孝武、白孝义、白灵和鹿兆鹏、鹿兆海、鹿三、黑娃、田小娥等人物形象，个性鲜明，栩栩如生，给我留下了难以忘怀的印象。

因了文学情缘，后来我曾多次与陈忠实老师接触过，彼此得以相识相知。其间，我也多次聆听过他的教导和对文学创作的见解，这对我的为人和创作启发很大！在我看来，他的为人、从文和处事，如同他的名字一样，诚恳忠实，平易近人，没有一点盛气凌人的大腕架子；相貌衣着、说话做事，朴素直率得像老农一样。正如他自己坦言，他一生不说大话、空话和谎话，只说实话！是的，他就是这样一个人，清瘦高挑的个儿，满脸沧桑，一头华发，目光锋利，思想深邃，嘴上常常叼着一支雪茄，总是思谋和守望着什么，与陕西关中的老农简直没什么两样……如今，斯人虽然已去，但他的风范犹在，精神长存，作品不朽！我们永远怀念他！陈老师，您一路走好！

原载《延河》2016 年第 6 期

好人陈忠实

远　村

听到陈忠实走了的消息，我胸口一阵刺痛。当时，我在韩城参加一个诗人采风活动，整整一天，我都被悲伤围裹着，心情异常沉闷。

陈忠实是我敬重的一位文学大家，二十多年来，我们的交往从未断过，一直保持着彼此的信任与友谊。

一

上个世纪九十年代初，我在陕西省作协主办的《延河》杂志当诗歌编辑。陈忠实是作协副主席，当时正在乡下写长篇小说，很少来作协，偶尔进城办事，会兜里装一些文学青年寄给他的稿件。他把小说转给小说组，诗歌稿件给我。每次都会叮咛：这些基层的作者不容易，能用则用，不能用也给个话，鼓励一下，说不定将来还能成事。我自然不敢怠慢，能用不能用，都会认真给作者回信，说明情况，最后还要加上几句这样的话：以后有新作直接寄我，陈老师写作很忙，不要打扰他，我们编辑会认真处理每一位作者的来稿。

再见陈忠实，他说："远村，你可帮大忙了。"我不解，他又说，"那些给我寄稿子的人，又来信了，说感谢我那么忙还把稿子转给《延河》

编辑，并为打扰我写作，深感内疚。你看看，还得麻烦你，再给这几个人代我回个信，不要叫人家有压力。”我说我这就给回信，他才如释重负地离去。我大概就是从这个时候开始敬重陈忠实了。我立马按照陈老师的吩咐，给作者分别回信。多年后，这些人还坚持写作，个别人在陕西还小有名气。

《白鹿原》出版之后，陈忠实相对轻松了，就回到城里。在作协院子里收拾出一间不足十平方米的房间，作为办公室。作协这个院子是个老院子了，前院是作协机关办公室，招待所，还有一个“西安事变”关过蒋介石的小洋楼。后院主要是《延河》和《小说评论》编辑部，还住着几个没有分到单元房的年轻人。只要推开我的门，就能看见陈忠实办公室的窗户。所以，几乎每天都能在院子里见到他。

有一天，陈忠实走进我的办公室，说：“远村，有个事情要麻烦你。”我说：“陈老师你说吧。”他说：“延安时期的老作家于黑丁快九十岁了，要回延安看看，他儿子跟我关系好，人家一再来电话叫我陪着去延安，你看我单位事多，走不开。你是延安人，人熟路清，想来想去，你去最合适，我也放心。”我赶快说：“不麻烦，不麻烦，我还可以顺道回趟老家。”

第二天，我和陈忠实一起去火车站接人，火车晚点，我俩就在广场上闲谝，说着说着，就扯到去世的路遥身上。因为路遥走的时间不长，作协的人茶余饭后都不愿提及路遥，都想尽快从死亡的阴影中挣脱出来。坊间传说路遥跟陈忠实关系一般，所以，我很谨慎说话，陈忠实似乎看透了我的心思，说：“我知道你跟路遥走得近，你也算对得住他了，又是医院伺候病人，又要管他不听话的孩子。”我说：“陈老师，你真这么看？”他说：“不是我一个人这样看，作协谁不这样看？”陈忠实调整了一下语气，又说：“外人不知，我和路遥都是干活不要命的人，他年纪轻轻就弄出个长篇，对我压力很大。没有路遥，我恐怕也不会这么快弄出个《白鹿原》。”我说：“英雄相惜。”陈忠实还想说什么，火车到了。我举着牌子去出站口接人。

没想到老作家于黑丁身板硬朗，反应灵敏，不见一点老态，老伴也就六十开外。我悬着的心立刻放下。说实话，我还真后悔答应陈忠实这个差事，客人岁数大了，路上有个什么闪失，咋给陈老师交差。

一路上，两位老人问这问那，到了延安，把行李放到招待所，也不歇一下，于老就要去看延安城，看他曾经住过的窑洞。在延安的两天里，我并没有回老家，我只是想让陈忠实不要太过意不去，才说我还可以回趟家。我尽心尽力地陪着客人，只要于老想去哪里，我一定安排。返程时，我买了延安的红枣和小米，送给客人。到了西安，我又陪着于黑丁夫妇去临潼看了华清池、兵马俑，还带着他去看望了老作家胡采，他俩都是老延安，共同参加过延安文艺座谈会。于老回家后，亲自给陈忠实写了感谢信，特别提到他们全家都很感谢我细心照料。陈忠实把信给我看了，说：“你帮老汉了了个心愿，也帮了我个大忙。”我说：“其实，要感谢你，让我从老作家那里听到了另一个延安。”陈忠实又说：“我得回个信，你有啥说的，我一并写上。”我答：“你看着写吧。”

二

1997年，我接到《延安文学》主编曹谷溪的电话，他说：“我现在给你一个任务，陈忠实的《白鹿原》一直领先，看来获茅盾文学奖是没什么问题了。你去给忠实搞个专访，《延安文学》要赶在评奖结果出来前发。”我说人家不接受采访咋办，谷溪老师说：“我已征求过忠实的意见了，他同意了。”我说那好。

我写了六个问题，去作协找陈忠实。我说“陈老师，你先看一下这几个问题行不？然后再定个时间，我带上录音机”。陈忠实看了一下说，先让我想一想。具体时间我给你打电话。我说不敢太迟，谷溪老师等着用。他说老曹是个热心人，我一定快些。

过了几天，我如约而去，陈忠实叫了郑文华给我们烧水泡茶，我把录音机打开，我问陈答。之后，我根据录音整理了一个访谈，又对一些口语进行了润色，尽量接近陈忠实的语言表达方式。反复看过数遍才送给陈忠实审定。陈忠实改了几处，笑着问："这都是我说的？"我说是啊！他问几千字，我答大概六千多字。他说杂志上发没问题，要是在报纸上发就长了。陈忠实果然获了茅盾文学奖。这个访谈除了在《延安文学》全文刊登，白烨编的《现代文学研究资料》上也转发了。春风文艺出版社在一本书中也收了这个访谈。出版社还征求过我的意见，说陈老师告诉他们我的电话。我说陈老师答应了，我没意见。但人家说还有个文件要我本人签字，我只好说那你寄过来吧。

2002年夏天，陈忠实六十岁，陕西文化界在长安常宁宫给陈忠实举办了一个文学座谈会。邢小利给我打电话，说陈忠实特别强调，一定要通知到你。我听了心里很温暖。

三

去年夏天，白鹿原诗歌节在思源学院举行，其间，我们参观了陈忠实文学馆。看见一幅陈忠实的书法，赫然挂在墙上，欹正妥帖，提按如法，是难得一见的好作品。陈忠实名大字好，但凡文学圈里的人，不论名气大小，只要是为了孩子上学，找工作或老人过寿，开口要，陈忠实都会给写，也不收钱。我近几年也钻研书法和绘画，省里的一些报刊偶尔也发一下我的书画作品，陈忠实逢人就说远村的书法好。见我又说，你那是书法，我这是字。我说陈老师有宋四家的书风。他直摇头，说我就是念书时学下的钢笔字。前两年，很多人要买陈忠实的书法，一些朋友让陈忠实提价，他就是不答应，一张四尺的书法没过万元。他还给我说，众人抬举咱，实在没办法，不收点招架不住。

找陈忠实写序的人很多，不是谁都给写，他答应给写的，不取分文。陈忠实曾给我写过一篇序，将手稿装在信封里，让杨毅送给我，还附了几句话，让我收藏。我实在过意不去，犹豫了好多天，终于决定要给陈忠实润笔费。没想到陈老师大怒，说："我认可你，才给你写序，赶紧拿走，不要坏我的规矩。"第二天，一个朋友来访，我就给来人诉苦，朋友说这好办。陈忠实爱吃陕北羊肉，我说羊肉现在吃不成，只有冬天羊肉才香。朋友说，那你就冬天再给送。我说只能如此了。年关将近，我从陕北弄了一只整羊，给陈忠实打电话，说快过年了，给你送点羊肉，陈忠实高兴地说："成，成。"一送，就连着送了七八年。有一年除夕晚上，手机铃声响了，来电显示是陈忠实。他说："有个饭馆老板要给我羊肉，我说家里有一只羊，正愁没法做。人家就拿去，炖好给送来了，吃着真香，就给你打电话。"我赶快说："陈老师，祝你新年快乐。"陈忠实接着说："祝你全家新年愉快。"

陈忠实当了两届省政协常委，每年政协会议期间，他都会把我叫去，说委员中有的作家是基层来的，我这个主席，得尽地主之谊，你在会上又不忙，我请客，你叫人咋样？我说好啊。然后，他念名字，我记。

去年夏天，清涧县委县政府要在荞麦园搞一个纪念路遥的活动，我的一位老领导给我安排任务，一定要协助主办方把这个会办好，把陈忠实、贾平凹请到会场。我给陈老师打电话，他说他口烂了，说不成话。写几句话，叫杨毅送过去。第二天清涧方面又催我，一定要把陈老师请来。我只好又给陈忠实打电话，说去他家看他，陈忠实态度很坚决，说不要来。我说已到你家楼下，他还是坚持不要来，语气有些急。第三天下午，路遥纪念馆馆长刘艳高兴地告知我，陈老师把会上的发言稿送来了，是从医院过来的。我才知道陈忠实那几天一直在医院看病。我心里十分愧疚，要是知道他病了，就是打死我也不会去逼他。我一直想找个借口去看陈忠实，向他当面道个歉。但得到的消息，都是陈老师身体不好，不见人。昨天从韩城回来的路上，我还在想这个问题。我活了五十多岁，从未强人所难，唯独这一次，还是我敬重的陈忠实老师。但他已经走了，我连跟他解释的机会都没有了。唯愿这位文学界的好人，一路走好。

原载《延河》2016 年第 6 期

偏向冷处问生涯

——悼念陈忠实先生

程　海

陈忠实先生与我相识四十余年。4 月 29 日清晨，惊闻噩耗，不禁悲恸于衷，以致哽泣。可谓："兔死狐悲，物伤其类。"

陕西文坛，以至于全国文坛，突然出现了一个巨大的空白。一个文坛骁将突然消失，一个奋勇的生命突然变成了一个句号，一阕深沉的歌声突然喑哑。于是，热爱他的朋友和千千万万读者，情感失重，甚至崩塌。

北方在哭泣！

但我想，此时此刻，对陈忠实先生的最好纪念，应该是人格的纪念和文学的纪念。因为时代和文学不相信眼泪。

初次结识老陈，是在省作协开会的时候。一身普普通通的中山装，一副朴朴实实的乡村干部模样。但腰杆永远笔直，头颅永远高扬。当他走过我身边的时候，感觉那一身骨头简直是铁，发出铮铮的声响。

"四人帮"粉碎后，他写了不少中篇和短篇，其中不乏佳作，如《信任》等。那时他还在探索时期。正如一只雏鹰的试飞，还未见其雄浑和磅礴。甚至有些篇章，还有一些欠缺和不尽如人意的地方。他真正的起飞是在写《白鹿原》的时候。

熟悉内情的人都知道，那时他因一些事很不开心，干脆住在乡下老家去了。于是便有了孤独，有了抑郁。其实这种状态对于一个真正的作家来说，未必不是好事。种子被雨打落，正好生根发芽。在乡下的炊烟和老树之下，他彻底沉静，彻底清醒，彻底撤退进文学。一个巨大的构思在澄澈的心底降临，一双巨大的翅膀开始离开地面。《白鹿原》的蓝图在心里萌芽了。他远走蓝田县查阅县志，向乡下老农问询民国时期的交农运动和时风时俗。之后便进入了漫长而艰巨的创作。

从 1988 年 4 月到 1992 年 6 月，历时六年，完成了这部五十余万字的长篇小说。

作家创造了文学，文学也创造了作家。从此，《白鹿原》的辉煌和陈忠实先生的辉煌同时开始。

老陈和我关系一直很好。他担任省作协主席后常来咸阳和我聊天。他参加过我在西安举办的书画展览，参加过我担任咸阳作协主席的换届选举，陕军东征时更是相互支持，相互声援。我的一级作家职称，也是他在任时评选的。而我只请他吃过一碗咸阳的葫芦头。他几次以此笑谑我："我给程海办过好多事，而他只请我吃过一碗猪大肠。"

但对我记忆极深刻的，还是他闪射光芒的"六年发奋笔耕"。

我在《苦难祈祷》中有这么一段话：

落过一回泪，胜过十年笑。伤过一次心，便成一次佛。

我觉得，对一个作家来说，苦难和挫折的意义比志得意满，顺风顺水的意义更大。

"文章憎命达""诗穷而后工"。曹雪芹的"蓬牖茅椽，绳床瓦灶"，陶渊明的穷困病饿，杜甫的秋风茅屋，蒲松龄的"冷淡如僧"，"萧条似钵”，未必全是不幸。正因为有了这些苦难，才使这些才子们从狂热中肃穆，从浮躁中沉潜，写出了那些千古不朽的名篇妙文。

1993年的陕军东征，起因也是因为路遥、邹志安的相继离世，引发全国读者对陕西作家群的巨大同情和关注，并由此风生水起，形成了波澜壮阔的文学运动。我几次在文章中说：陕军东征之路，是由路遥和邹志安两位作家的碧血铺成的。哀兵必胜。这一次陈忠实先生的逝世，不知又会将陕西文学引向何处？也许，机会又一次向我们招手！

但一个真正的作家，不会靠偶然的机会侥幸成名。好作家最终都是靠好作品说话的。立志奋发，脚踏实地，呕心沥血，乐道安贫，仿佛殉道者，将生命的全部投入文学。只要经营出来的是好作品，他便会以无敌的力量，穿越各种磨难和障碍，甚至穿越时间和历史，进入文学的参照系，获得千千万万读者的衷心热爱。

所以，我最感佩的，并不是陈忠实先生当作协主席以后的那一段时期，而是他构思和写作《白鹿原》的那一段时期。

最后以自作的一副对联作结：

未赴热地窥富贵

偏向冷处问生涯

原载2016年5月6日《陕西日报》14版

伟大始于平凡

李宗奇

陈忠实先生走了。

2016 年 4 月 29 日，当时钟指向 7 时 45 分时，古城西安的空气凝固了，空寂替代了一切。行走中的人们眼目呆滞而凝重，微信短信铺天盖地，电话电信铺天盖地，追思堂的花圈铺天盖地，媒体的悼念文章铺天盖地，“我与陈忠实先生在一起”的征文铺天盖地，逢人到处说白鹿，言谈必及陈忠实，虽然《白鹿原》电视连续剧尚未播出，但人们心目中的“陈忠实”电视连续剧已经展播。

这种耳闻目睹的情感行动过去只是在伟人谢世时出现过，而今却成了盖棺定论的提前反应。为此，我专门查了“盖棺定论”一词，意思是一个人的是非功过到死后才会出现客观的定论。此词最早出自唐朝韩愈的诗《同冠峡》和明朝吕坤《大明嘉议大夫刑部左侍郎新吾吕君墓志铭》，如果说，过去我只是从肤浅层面认识到先生是一个可敬、可爱、可亲的文学大家，那么当下我认为先生堪称当代的文学巨匠了。

人格是一个人的安身立命之本。一个人，没有一个好的品格，何言文格。我认识先生二十年了，接触时断时续，我的态度是“无事不登三宝殿”，先生有事时，我也曾连夜跑过路。先生是个大好人，是一个学养才情深邃且有血有肉有风骨的大文人。这儿，我说三件小事，就可一斑窥豹。2014年秋，先生告诉王锋，叫几个朋友在荞麦园吃个饭，好长时间没见了。并明确通知贾妍、刘炜平、远村、史星文和我。我事先和星文通了话，我画了一幅无量寿佛，星文写了一副八尺对联，以期先生健康延年。吃饭间隙，先生突然不对劲了，眼睛闭着，嘴里“唉嘘嘘、唉嘘嘘”地小声嚷着，沟壑纵横的脸顿时变了形，在场的人都慌了。我问先生办公室的杨主任，先生过去有这情况吗，杨说，没事，一会儿就好。我用左手扶着先生的胳膊，右手轻轻地在先生的胸口扑索着，贾妍在先生的背后慢慢地拍打着，大约一分钟左右，先生长出了一口气，说，不要怕，我有时会出现瞬间短路的现象。我为先生带病念情而感动，而心酸。结束前，我出去买单时，先生晴朗的脸上起了云，大声说，我请客就是我请客，你们谁也不要管。我只好退而回之。2015年夏，天热得人丢盔撂甲，成德文化公司老总张凯打来电话说，你认识忠实先生不？我说认识，啥事？他说想叫先生签几本书，我问，啥书？他说《白鹿原》。我说让我联系一下，怕打扰先生，先发个信息刺探军情。不一会儿，先生电话来了，问，宗奇，你有啥事？我说朋友想叫你签几本《白鹿原》。他说，行。大热天的，你就不要过来了。我说，那咋行，我也过去看看你。他说，你想来就一起来。我一出门，好家伙，两男一女连抱带挟，弄了五十本《白鹿原》。我见到先生不好意思，说，喜欢你的人太多，没办法，劳驾了。先生哈哈一笑说，没事没事，有一次签的比你这还多。先生倒了茶水，说，你们坐，我慢慢签。张凯还要让写上收书人的名字。我说，太麻烦先生了。先生说，人家叫写上咱就写上，这可怕啥哩？好不容易五十本书签完了，他笑了，一边抽着雪茄，一边喘着粗细不匀的气。我却从先生消瘦的身躯和疲倦的面容体悟到了做人难，做名人更难，做大名人难上加难。签完书，来的几个人还要和先生单个合影，先生嘿嘿一笑说，夏不拘礼，你们照上半身就行了。说得大家都笑了。2016年春，也就是4月30日，先生追思堂现场有这么一个镜头，“天下第一面”的老总用盘子端着先生平时爱吃的几种面，徐徐向灵堂走去，盘子下方坠落着的白纸上写着“陈老师平时爱吃的这几样面，今天给你送来了，祝你一路走好”。在场者，无不为之动容。

当我再一次拿出《白鹿原》珍藏版时，封面上的造像好似为先生而作，仿佛先生在天堂仍然牵挂着“文学活动期”（‘文学活动期’是先生在弥留之际的遗言），看着看着，我就有一种想哭的冲动，眼泪就不由自主地流了下来，我在哭一个用生命抵达文学彼岸的不朽老人走了，我在哭中华大地上的一座文学大山倒了，我在哭为文学神圣而前赴后继的男女信徒的虔诚，我在哭求天地应当用宽阔的胸膛和有力的臂膀，去呵护在文学弄潮中大善大爱、大智大勇、大作大为的先贤们。

原载2016年5月6日《陕西日报》14版

先生之正　馨必飘远

朱　鸿

陈忠实先生有宝石一般的品质，群贤相集，众士相会，一旦论及先生，凡男女老少，总是交口称颂，完全由衷。

我从未看到谁指责过陈忠实，或表达过其菲薄的。先生也非圣者，脾气发作，难免怒形于色，不过他瑾瑜灭瑕，深具内在的温润。

1986 年春夏之交，他至出版社向李佩芝交稿，是关于泰国的一组散文，我初见先生。他头发略分，朗朗笑着，露出了一个灞河汉子的白牙。不胖，然而脸上还是有肉的。一部厚重的可以立身安命的小说完成以后，先生脸上就只剩下皱纹满布的皮了。2016 年 3 月 23 日下午 3 点 56 分我和他通电话，觉得先生的声音十分柔瓤，不禁临窗心酸。岁月不饶人，也不饶先生啊！

我和他没有机会共谋其事，同理其事，往来并非最多，不过淡然处之，也许还能导向最亲，因为心贴就是最亲了。2014 年以来，先生约我吃饭数次，除了司机，就是我和他。总以为先生有什么事，然而直到放箸付款，离开餐桌，他也只是问了问我的情况，不言其他。他常常会沉浸在自己的思想之中，沉默着，无意之中惆怅一声，终于无语。先生有他的特点，从不贬人，从不骂人，此贵于吾辈矣。我和他吃饭，每每是先生掏钱。我望着他提取了口袋里的人民币，步出包间，过一会儿，又望着他步入包间，坐下来吸几口雪茄，说：“走。”我怎么不懂由我结账才是礼呢！然而经验告诉我，我掏钱他真会急的。从命吧，这也是尊敬。

先生一直善待我，我是有感动的。求字送客，我懂尊重其劳动，然而尚未探价，他便说：“你来，你来，来就行了。”敲门入室，略作招呼，先生遂递我一个书袋说：“这是一幅，你送客。”又递我一个书袋说，“这一幅，也给你，你不嫌就留下。”淡然笑着，使我如享熏风。刘茵编辑我的散文，需要一篇评论配发，我开口请先生之作，他说：“好！你什么时候要？”在约定之日，我登堂取其文章。他先给了我一份复印件，后又持一份自己的钢笔件说：“这也给你吧！”出乎意料的惊喜，仿佛天窗悠启，阳光旋照，一片明亮。先生鼓励我参加鲁迅文学奖评选，遗憾铁幕难破，我遂一耸二毛，扬声告别了。先生说：“情况我也知道一点。既然这样，不参加也罢。”此乃理解，也是安慰，若空谷幽兰，旷野素菊，足矣！我有感动，先生一直善待我。

我不能想起自己为陈忠实先生做过什么。只记得拂逆他，一而再，再而三，可恶之极。

1996年，我编辑了他的文集五部，行世在即，打算举办一个新闻发布会。出版社不愿意有花销，就把负担转嫁给先生了。幸而一家企业慷慨资助，问题得以解决。企业欲通过新闻发布会腾声三秦，这也很是正常，遂提出由其老板主持。先生约我见面，茶饮之间，悦然相告企业支持之事。获悉新闻发布会要由企业老板主持，我劈头盖脸地说：“这不行！版权是出版社的，必须由出版社领导主持。”先生一愣，又说：“我已经答应了。”我说：“陈老师，答应了也不行啊！可以给老板增加一些节目，主持必须交出版社领导主持。”先生骤然发火，怒气冲冲宣示新闻发布会作罢。不料形势如此，我遂婉转校正。经过反复协商，新闻发布会归出版社领导主持，然而程序多有空间，以让企业老板亮相，事遂顺利且圆满。先生轻松愉快，竟向领导夸我厉害，可以重用。实际上我根本不满意领导，也不为出版社争什么。我只是遵循一个道理和规矩，而且坚持这一点。

还有一次，我邀三五朋友小聚，先生说："某某几次要见我，干脆喊他也来，就算见了。"窃以为某某不纯，便没有允诺，也没有通知。那天晤飨，先生注意到某某不在，就问我："某某没有来？"我恬然且怡然地看着他，没有正面回答。先生略有色作，说："不就是加一双筷子的事嘛！"我蔼然不语，恭候他之平静。俄顷启宴举杯，先生遂开颜而乐。半年以后，某某便以其莽撞之举彻底得罪了先生。相信先生的明白，我也没有再解释什么。

还有一次，我做得非常糟糕。时在2008年，春节期间，先生做东请客，十余人也咸为朋友。我和先生有过一次辩论。出于对先生的敬重，我既不能径言，也不能大言，遂他一句，我一句，一句杠一句，气氛渐渐凝固，终于紧张到诸君无不噤声。先生也搁下筷子，背靠椅圈，仰起头吸烟。菜一盘一盘地上来了，我转至先生面前，说："陈老师，搛菜！"先生悠着气息说："你先用，我抽几口烟！"不知道怎么缓和为安的，总之，尚未炸裂，以礼而散。我的沮丧涨满了全身所有的细胞。

我的认真，我的偏执的认真，不含糊的认真，不得体的认真，不领情的认真，不蹈孔门的认真，不会圆融的认真，一而再，再而三，顶撞着先生，一个兄长，一个前辈，一个文学事业辉煌的人，一个社会声望甚盛的人，一个道德律极高的人，一个尊严感颇强的人，一个性格坚硬的人，一个谨防冒犯的人。然而先生一次两次三次地理解了我，宽容了我，原谅了我。他对我没有丝毫的疏远，没有任何的讨厌，没有微茫的旁敲和侧击，反之，他待我越来越好，越来越信任，甚至越来越喜欢。

这个春天，为什么我总是伤感？为什么我常常落泪？我想看一次先生，然而不便，不成！

记得2007年，文学院有意成立一个写作中心，委托我邀先生做主任，他欣然响应，然而拒绝报酬。我再见他，告知文学院领导的意思：主任怎么能白做呢！所以不确认报酬是多少并接受所付报酬，写作中心成立的程序便不能向前走了。先生转过脸，睁大眼睛，目光直视，声情并茂地说："你看：我有工资，有版税，字也有一点润格，还在别的大学做一些事，这就够了。担任写作中心主任，我能做什么就会做什么，只是我不能再拿报酬了。我很清楚人与社会之间的利益关系：要合适，不能过。我不能过！"我知道了先生的所想。此肺腑之言，给了我难得的启示，文学院领导也啧啧赞之。

先生是一个久经儒家文化浸润和陶冶的人，其动心凝虑，举手投足，皆有仁义礼智信的约束。孔子在二十世纪一败再败，儒家文化也持续衰落，至二十一世纪，究竟几人还以君子的标准要求自己呢？

秦岭嶂峦，东西横贯。天街犹在，南北纵穿。一日照空，万木尽繁。先生之正，馨必飘远。

原载2016年5月6日《陕西日报》

一个父亲一样的人走了……

邢小俊

知道他的时日可能不多，但是所有人都不愿接受这个事实。

他的离去，造成了巨大的全国性震动，同时也带来了巨大的空旷与寂寥……29日，这个城市当天气温逐渐升高，但我还是感觉到了一种透骨的冷。七年前，也是这个节气里，七十三岁的父亲也离开了，在张罗后事的半个月里，我就感受到这种冷，紧紧裹着一件厚衣服。这种冷，在后来世俗热闹生活的冲淡下，消减了，悄悄地匿藏在了一个人身体的深处。

祭奠灵堂一处设在建国路陕西省作协大院，另外一处在复聪路2号高教公寓。我和西北大学的屈健兄一大早拟好挽联“大塬弥不轻语，藉百年风云酿成万世白鹿。先生亦有柔骨，拼一生真爱长留二字忠实”，约了几位师友，在省作协他的灵堂前，献花，鞠躬。我重重地磕头。看到他的照片中的眼神，泪喷涌而出……

先生查出舌癌的整整一年时间里，我们一直惦记着去探望他，却又怕看到病魔把他折磨成的那般模样。在先生病重期间，各界人士通过各种渠道都在关注和过问先生的病情，先生素来低调、质朴，拒绝探视。但是我深谙这还源于他骨子里的强硬和自尊——这就像我父亲，即使被病魔紧紧攫住生命，但在最后的抗争日子里，从没有失去作为强人的尊严和风度。

曾跟陈若星大姐约了多次，她也通过先生身边的杨毅主任多次联系，几次差点成行，最后都是临时取消，传达先生的意思是等他从医院做完这次的化疗，回到家里大家再去。我们也天真地想，等他挺过来，我们也许能看到他生命神采逐渐焕发时的情景。29日早上，陈若星大姐说在等待探视的过程中，她和先生曾有一次通话，但是没有听清楚多少……说到这里，电话里传来陈大姐的啜泣声，长时间压抑的沉默——我们都在承受着共同的遗憾和共同的悲痛。但是，我们，只能和成千上万的人一样，深深遗憾着，无缘见先生最后一面……

连续几天来，对先生大范围的追忆和高规格的礼遇，特别是文学圈以外如此大规模、如此自发的真诚的缅怀，再次证明了文化的力量，证明了大师的人格、思想对社会产生的巨大影响力和震撼力。

对此，西北大学的刘炜平兄祭文中说得很准确到位：对于陈忠实的悼念，也是鉴照世道人心的一面镜子。他说让他最为感动复感慨的，是文学界以外的人们对于陈忠实的朴素而真挚的悲悼与缅思。昨天早晨在樱花广场早餐，听到邻桌有几位农民模样的老者对话。一位说："陈忠实咋就殁了？才七十几嘛，比咱几个还小几岁。那人一辈子名声好。"另一位说："对社会有用的人，说走就走了，咱这没用的人倒活着，也替不下人家。"重情重义的炜平兄当时就止不住感动地眼泪，心里向老者脱帽致敬。

我相信其他众多的文学晚辈和我一样，都得到过先生无私的提携呵护——这是他对文学除《白鹿原》之外的另一种贡献。我在中学时就是先生的崇拜者，但是因为距离和机缘，只是远远地观望和崇敬。直到2005年第一次接触，2005年是中国人民抗日战争暨世界反法西斯战争胜利六十周年，当时我们策划在某个公园修建西安的抗战纪念墙及举办一系列抗战记忆的读者活动。在可行性研讨会上，请来先生和古城的一些名士大家座谈。先生衣着朴素，一派关中农民打扮，白色衬衣的口袋装着一包卷烟，拽得上衣不平整。脸上沟壑沧桑，眼光却凌厉，发言时一口纯正陕西方言，语调铿锵，表达准确、坚定、有力，特别是慷慨激昂的爱国情怀给所有人留下深刻的回忆。他的气质就像我一直崇拜和敬畏的父亲，耿直、宽厚、豁达、正大，浑身散发着男人大气磅礴的魅力和气场。散会后，他和所有人握手，温暖、有力；他和所有人合影，有求必应，连在大厅执勤的保安他也一视同仁。

第二次是我带记者去采访，约在他在石油大学的房子里，正在创作的他打开房门，热情中有些疲惫，房间简朴，几乎没有装修，家具也简单至极，书籍和报纸堆放随意。他穿着当今很少见的暗红色绒裤接受采访，不拘小节，大家风范。采访完后我们一再邀请吃饭，他指着客厅的铁炉子说：我就爱吃面，等会自己下面片呀。他还答应给我题写书房名称“蕙园”。约两周后，我就拿到装有书法的信封。

再后来，在各种场合的会议中，总能见到先生，握手时他会用纯正的陕西方言唤出你的名字，温暖、亲近、有力，如遥遥关注着你的父亲。2011年时，先生给我的新闻策划类书籍题写书名，等书出来，连同我的散文集一并送去。时隔不久，又惊喜地接到先生电话，他又辗转送来两幅珍贵的墨宝“文心莹澈清如水，剑气峥嵘半倚天”“既随物以宛转，亦与心而徘徊”，权当是对两本书的点评鼓励。

再后来，机缘巧合，我和先生的儿子陈海力一起赴西藏采访半个月，途中免不了多次表达对先生的感激之情。从海力那里了解到，先生事务繁忙，但是一直在关注着我的创作，曾在海力处多次问询。前几年我的两本新书出版时，先生还专门用短信发来推荐语。

先生满脸沟壑，可他胸藏丘壑，先生一身布衣，可他大气磅礴，波澜壮阔，他对陕西文学艺术的繁荣发展和整体推进呕心沥血，他是在以自身的创作高度和人格、人品高度，塑造了一座如秦岭的巨峰，平地而起，横亘东西，纵横数千里，给人依赖，给后人瞻仰、膜拜……

原上曾经有白鹿，人间自此无忠实。先生作文做人，亦是一面镜子，古城从文者当时时鉴照、自省、自正，从先生身上汲取精神能量……

《白鹿原》铺棺做枕，先生且休息！

原载 2016 年 5 月 6 日《光明日报》

闪电辞

——悼陈忠实

刘成章

七十三个春秋，凝作7.3秒的闪电，照亮了我国文学史一个时段沉寂的天空。无疑，《白鹿原》每个章节都有着璀璨灼人的真正的艺术力量。忠实，我的可以掏心掏肺的挚友，你曾真诚地说，可以用《白鹿原》作长眠的枕头了，但现在，我们不但捧着你的巨著《白鹿原》，还捧着长有柿树杏树和庄稼的自然界的整个的白鹿原，让你去枕，你完全有资格与曹雪芹、巴金、柳青们相伴而眠。百年换尽满城人，但换不走的，是如伟岸的陈忠实这样的杰出灵魂。忠实将永与古城西安同在。那道闪电将在每个风雨交加的日子重现它的眩目风采。

原载2016年5月6日《光明日报》

大山倒地亦巍然，万民为你吼老腔
——深切悼念作家陈忠实先生

忽培元

我知道，忠实先生一辈子没啥业余爱好，就是好抽卷烟，好听几句秦腔，尤其以华阴老腔为甚。先生不会唱，就是喜欢听。每每听到忘情，就会哈哈大笑或是咬牙切齿、捶胸顿足。那我就以老腔贯穿这篇悼文的始终，以求得先生共鸣。唱曰：

一

中国文坛一硬汉，来去堂堂七尺男。
秦岭八水情未了，万众注目白鹿原。

2016年4月29日一大早，收到陈忠实先生凌晨逝世的讣告，身心为之震悸，随后渐渐平静下来。一个人独立书房，临窗西望，潸然无语。几十年同先生交往相知的情形，一幕幕清晰浮现。我同先生的交往，完全是仰慕与尊重，是思想和精神的相通，是文学创作之缘。所谓一杯清茶，两颗文心是也。我想象着，先生那布满岁月沧桑的木刻般面容……医院心电图监护仪上象征生命的那一根细线……眼下，那原本跃动的绿色线条苍白僵硬地静止着。

陈忠实走了！如同他家老屋院子父亲栽的那棵柿子树，经历过漫长岁月沧桑后平静地倒下了。果实累累的老柿树倒了！4月最后的这天黎明，西安气温骤降，先生没来得及看到又一个风和日丽的白昼……活力无限的顽强生命就此悄然消逝，却并不像某人所言，是带着“病毒、疼痛与恐惧”离去，而是堂堂正正，轰然倒地。习近平、胡锦涛前后两任党和国家的最高领导人和几乎所有新老常委都送了花圈，更有他生前并不认识的来自全国各地、遥远农村的男女老少，从没见过面的中小学生和大学生也都络绎不绝地赶来吊唁。一个作家去世，在一个国家上下引起如此大的震动，缘由何在？这绝不是仅仅因为《白鹿原》代表着新时期中国文学的最高成就，也不是因为陈先生生前人缘特好，而是因为他的文学思想与精神风范代表着社会正义和人们的期望。这令人想到鲁迅。鲁迅逝世一周年，毛泽东在延安召开的纪念大会上高度评价后，还在他的《新民主主义论》中指出“鲁迅是中国文化革命的主将，他不但是伟大的文学家，而且是伟大的思想家和伟大的革命家……”接下来一口气用了六个“最”，也等于是代表中共献上了一个硕大无比的花圈，表达敬仰与深切悼念之情。

鲁迅是大变革年代代表推动社会进步力量的方向和旗手。陈忠实的意义，也正在于他在改革开放时期，顺应和代表了社会呼唤重建的正义与良知。他的全部作品，他的一贯的文艺思想与创作态度，他的人生观与价值取向，不见风使舵，不趋炎媚俗，恰恰代表了一种正确的方向和中国人渴望补充精神钙质的强烈愿望。前后两任总书记及领导人的花圈和普通百姓的敬仰拥戴态度，其实也就是一种无声的赞美与呼唤。这意味着，陈忠实作为一个作家，最终得到了国家和人民的认可。特别是作为一个文学的领军人物，他用自己的正大光明言行，证明了自己的高尚与勇气所在。这在金钱万能，私欲膨胀，良知泯灭和理想动摇的世风之下；在文坛不少人财迷心窍、玩世不恭，个人主义至上，歪风邪气甚嚣尘上的情况之下，越发显得难能可贵。

前两天听说还是好好的呀。陕西省委书记、省长来医院看望，不便说话的他还理智地在小本上写下得体又蕴含深意的话，事后被人们称之为“箴言”“寄语”。可恨老天妒才，仿佛事先设了大限：癌细胞大量破裂连续吐血不止……红色的液体熔岩一般，由先生火山般热忱的心胸喷发而出。那鲜红的颜色，令人想到闻一多先生的《红烛》和郭沫若先生的《炉中煤》。如今，这位经历过一生远征跋涉的老作家，回归了生他养他的土地。不是生命的终结，而是融入永恒；不是灵魂的消失，而是精神涅槃，是浴火重生！

是的，这热情烈焰最后的喷发，在黎明时分的黑暗中温暖无数的人心，奏响感天动地的英雄交响曲。先生并非倒下，而是更高地崛起。终于回到他历来敬仰的文学前辈中间，回到杜鹏程、柳青、王汶石、魏钢焰、李若冰中间，定格成其中一座永恒雕像。想到此，我不由得要吼老腔：

独坐故原常放眼，华岳渭水襟怀间。
兴来挥洒激情真，开腔一吼正乱谈。
曾经知遇古长安，虚怀若谷非等闲。
嘱余笔耕不得辍，语重心长铭心田。

二

“两三年不见，陈忠实明显瘦了。如同一匹长途奔腾后刚刚收蹄的老马安卧下来，颧骨高隆，脸颊松弛，一双老眼更显深邃，头顶的苍发有些凌乱，额头上的抬头纹像几道深深的犁沟，把睿智、宽厚、正直与苦乐播进眉宇之间……这位作家，平时就是一个普通的秦川汉子：喜好看足球喝啤酒，喜欢吃羊肉泡馍啃乾县锅盔，不过偶尔也会吟诗书联。听说现在他每天的案头工作还排得很满。为了潜心投入工作，原本需要人照顾的他却离开家人，独住一处，埋头写作。”

这是四年以前，陈忠实给我的印象。那是在夏季，一天下午我和文友艾庆伟相约先生到东大街老孙家吃泡馍。每次到了西安，先生再忙，都要抽空一聚。先生喜欢吃家乡的牛羊肉泡馍，可是他性子急，饼总是掐得大，吃得也生快。饭来了，他先不吃，只是坐着抽烟，看着你吃。目光慈祥而随和，俨然宽厚长兄。别人吃饭，他就这么一根接一根抽烟，把饭凉在那里。指尖夹着的还是那种黑棒棒廉价工字牌卷烟。烟雾缭绕中目光越显慈祥，人也越发显得苍老，更像是一尊古铜色雕像。抽黑棒棒卷烟，对于作家陈忠实，那就像画家刘文西永远不变的一身灰色中山装。这是属于他们标志性的个性化道具。陈先生抽着烟眼看大家吃，估摸饭也凉了，这才掐了烟端起饭碗，呼哧呼哧大口地开吃。大约十分钟工夫，碗就空了。陈先生放下碗，心满意足把嘴一抹，就算完事。现在回头看，其实那时他已经病了，只不过自己一无所知，还一如既往拼命工作。

作家陈忠实，他就是一个真正的关中农民，或是一头农民看重的犍牛，天生就是劳作的命。我当时很担心先生的身体，建议他少抽烟，多吃滋补品。先生嘿嘿一笑，没有回答。那次见他消瘦衰老的样子，我感到了一种莫名的担忧。事后好几天，他那苍老疲惫的容颜总是挥之不去。想着先生为人的真诚与宽厚，想着我们几十年的友谊，我突然觉得应当为他做点什么，又不知该做什么。回京以后便写了特写《老柿树》发表在《人民日报》上，还配了素描肖像。令人欣慰的是，陈先生比我还早看到报纸。他显然是高兴，主动打来电话说，培元呀，咳，你……文章我看了，嗨呀，你呀……叫你费心了。我说，稿子事先没请你审，是不是有些冒昧？先生哈哈一笑说，你写我还审啥，我啥啥你不知道？我故意说总有不知道的，电话那边又是哈哈一笑。陈先生就是这样，在朋友面前，总是真诚宽厚，没有一点名人架子，言语坦诚真挚得叫你感动。他的喜怒哀乐全都写在脸上，透在话里，融化在那些真正属于他自己的句子中间。

那次相聚，记得还有原省委副书记牟玲生和几位文学青年。年龄从二十来岁，到八十多岁，是真正的忘年之交。大家因文学而结缘，又因文学的话题而充实愉快。这样的“饭局”实质是雅集，陈先生乐于参加。他显然不是为的吃饭，而是为了见人，了解人的心境与生活。席间常常会有粉丝不请自到，要他签书、照相，他都尽量满足。有人也许认为这是浪费时间、耗费生命，陈先生当然不这么认为。那种不事张扬的慷慨大度，教你想到白鹿原上果实累累的老柿树品格。丰年锦上添花，荒年雪中送炭。大作家也是普通人，参加自己愿意参加的社交活动，怎么能说是“绑架”呢？我不同意这种说法，更不希望看到那些自以为功成名就的人，整天神神秘秘把自己圈在书房或闺房中自我陶醉、闭门造车，写那些阴阳怪气，不疼不痒，于世无益的狗屁文章。

那天，陈先生放下老碗，轻松愉快地说，培元，看到你这些年一直坚持写作，我很高兴也很羡慕。说真的，年龄不饶人，我现在想写大东西都感觉体力不支。我仰头看着先生一时不知该说什么，心想这也多亏先生你的鞭策。1998年在榆林你叮嘱的话我还记着。《群山》研讨会上，陈先生紧挨我坐着，另一边的何西来先生正在发言。陈先生小声对我说，培元你记着，工作再忙也不要丢了写作。近二十年过去了，我自感欣慰的是，还没有放下手中的笔。陈先生见我沉默才说，不少人当了官就撂了笔，你还真是一个例外。不久前，何西来先生到西安，我问到你的情况，何先生说，培元是红色歌者，《群山》之后，说你一路走来，干啥吆喝啥，写了不少有分量的作品。可我想知道的还是《群山》续集写得怎样了？我说，续集《长河》，原计划写到“文革”结束为止，后来发现改革开放这几十年有不少重要内容，因此就又写了第三部《浩海》，总名称《苍生三部曲》。陈先生听得目光一亮说，你这又是叫我惊喜呀，我很想先睹为快。我说已经完稿，准备交中央文献出版社出。回到北京我立即把《长河》《浩海》各打印一份托人转送陈先生阅正。过了不久，陈先生来电话说稿子大致看了，两大摞子，令人敬畏。说里面有好多他不知道的人和事，可惜太长，没能细读。先生说话总是这样的真诚，令人感觉踏实，心悦诚服。见我无话，先生又说，你文笔好，《群山》给我的印象很深。我细看后也许会写一篇心得。我只有感动，无话可说，丝毫不敢再烦劳先生。不料又过些日子，陈先生竟然写了一篇不短的书评，先生诚心所致，古道热肠，令我没齿难忘。忍不住再为先生吼几句老腔，感恩高风亮节：

日辉晚霞灿如血，点点源自心头滴。
多少思虑多少难，总是利人忧民艰。
硬汉倒地魂如山，何必凄凉挥泪衫。
天下多少苟且者，不过行尸走肉团。

三

我常想，陈先生何以最爱听秦腔，何以对华阴民间老腔那么着迷？秦腔吼起来字正腔圆、音乐形象顶天立地，是豁达豪放、爱憎分明，撼天动地的艺术，而华阴老腔更甚。这正同陈先生堂堂正正的品格一样。他的作品中，多见金石有声、慷慨悲歌之士，关键时候，常能克己为人，甚至舍身成仁。那是他的理想化身与精神寄托。同时，他作品里面也不乏苟且淫乱、成天日鬼捣棒槌的小人混混。那是他视为仇敌，甚至不屑一顾的一堆人渣。他的文字里，似乎并没有多少正面描写秦腔的，而秦腔慷慨激昂的旋律，吃钢咬铁的气势，仿佛永远都是他作品的贯穿红线与背景音乐。我的印象中，陈先生迟早说起话来，总是是非分明、斩钉截铁，绝不含糊其词，阳奉阴违。言谈话语不藏情，喜怒哀乐溢于表，地道的秦腔道白，梆子爽朗，掷地铿锵。这就是我印象中的陈忠实。他的一生，践行了李大钊的主张，可谓“铁肩担道义，妙手著文章”。一生整体来看，先生本身就是一台高亢激越的秦腔大戏。如今唱到高潮，戛然而止，化作了一座伟岸雕像，堪称华丽再生。

记不清头一回同先生见面是在何时何地。也许是先生来延安为文学青年做过报告？也可能是陕西文学界的某次活动吧。用先生的话说，我们“结识多年”。其实应当说我认识先生更早。开始读他作品，是四十年前上高中时。他的《高家兄弟》和《忠诚》给我印象特别深刻。他的中、短篇小说，大多发表在《人民文学》《延河》和《陕西日报》副刊。文字质朴简练，就像农民说话，实话实说，铁骨铮铮，令人读着比吃羊肉泡馍还囊口。先生是运用关中方言的高手，那种经过提炼的口语化原汁原味，比起柳青《创业史》的语言似乎还要地道。柳青先生是陕北人学说关中话，略微有点隔生也是难免。然而柳青毕竟是文学大家，在创作上一直被陈忠实视为第一导师。一次陈先生对我说,《创业史》是我的守护神，不知道读了多少遍，年轻时总是压在枕头下面才睡得踏实。柳青一生践行深入生活心系百姓，陈忠实是忠实的效仿躬行者。《创业史》写蛤蟆滩稻地沿一村的故事，反映中国农村变迁和农民精神的嬗变。相比之下，新时期《白鹿原》视野的宽度、思想的厚度与历史的跨度都有了新的追求和突破。两部不朽之作，都是中国农村的村史、中华民族的秘史。长途接力的两棒，两代作家的领跑者，堪称双子星座。一次，我谈了这个观点，先生立即“纠正”说，这话不对，应当说我们当代陕西作家都是柳青、杜鹏程、王汶石那一辈作家的学生，我充其量也就是个“入室弟子”，因为我进了作协的院子，勉强算是入了“室”。他的品格中，总令你感受到有一种中华优秀传统文化的底蕴和魅力。比如谦虚谨慎与与人为善，言谈话语中时常体现出常人容易忽略更难以做到的清醒与自律。这使我常常想到，颗粒越饱满的谷子，腰总是弯得更低。

很长一个时期，陈忠实都是陕西文坛在全国产生重大影响的作家。他不是一举成名，而是属于那种一步一个脚印艰难步入文坛又攀上高峰的实力派作家。此前可以说他一直“无权无势”。路遥开玩笑说他时常扛一袋子面粉上作协院子逢人便问:“谁要白面？”回头看，他也的确是白手起家，没有当过文学期刊或出版社编辑。有这个经历，这在一个作家起步阶段无疑是最大的优势和捷径。他也没有当过什么桃李满天下的著名教授，甚至开始好长时间都不在文学圈子里面。陈忠实开始是真正的农村业余作者，属于那种高中毕业没有考取大学而不得不回乡劳动，连一张稿纸都要自己掏钱去买的地道的农民作者。他就像自己的父老乡亲，在土地上劳作首先是为了生计和争一口气，更是为自己找到了一种生存理由。这或许也是天意，使得他同柳青经历了大致相同的成长轨迹，把根脉深深地扎进了农村和农民中间，一生不离不弃。

《白鹿原》的出版、引起轰动与获得茅奖，给陈先生带来了荣誉与各种实际的好处，也使他经受了某种压力与困惑。他担任陕西省作协主席，我还在延安市委工作。一天陈先生来电话说，培元，我现在给作协管事，不管事不知道难。作协这些人，只有一辆破桑塔纳，都快开不动了。我一上任，大家对我提的第一个要求，就是想办法换一辆新车。你说我到哪里给弄新车呀，唉，想来想去，我只有给你打电话。我理解先生的意思，当即表态说，车我给你想办法协调。放下电话，我就分别同书记、市长商量，决定在炼油厂平调一辆新奥迪给省作协用。我当即告诉陈先生，不料他却说，奥迪我不敢要，你还是给我弄个桑塔纳。我问为啥，他说车太好费钱不说，还怕有人说闲话。我说那就桑塔纳吧。过了几个月，我陪一批客人去炼油厂参观。厂长问我，怎么省作协要的车还没人来提。我事后问陈先生，他说，唉，这事别提了，车还没回来，就有人告状，我就莫敢要。陈先生就是这样一个人，在为人处世上处处谨慎小心，也俨然是一个老实本分的农民。其实就他当时的影响力，直接找省长书记批一辆新车也是很容易的。先生品格的另一方面由此可见。如今回忆起这些鲜为人知的往事，真想再为先生吼几声老腔，听他喝彩大笑：

不苟言笑冷幽默，开言铿锵乃随和。
炯然如炬穿浮泛，时有箴金似鸣铎。
文章千古不朽事，陈公呕心铸奇书。
白鹿未老青春在，浐灞长流追三苏。

四

陈先生为人重情重义，但是原则性却很强。见不得蝇营狗苟，更不喜欢拍马逢迎的官场习气。但是，作家中，包括文学新人谁出了一本好书，他总是热情鼓励，大力推介。记得拙作《耕耘者：修军评传》出版前，先生看了稿子，认为不错，还欣然应邀题写了书名。后设计者没有采用，先生也不计较。书出版时我已经离开陕西，但是先生看到书，就提议在西安举办一次研讨会。由省作协、省美协和中国传记文学学会、中国美术出版社联合开。那次会议，由于陈先生的积极张罗推动，开得十分成功。陕西主要作家、评论家和美协大画家几乎都来了。研讨很深入，为以后作品获全国大奖起到了重要评定和宣传作用。先生评价一部作品和一个作家，既热情洋溢，也很注重实事求是。既不失热情鼓励，也不会无原则胡乱热捧。每次都认真读书准备，体现了一个文学大家的热忱、正义与良知。陕西许多中青年作家的成长里，都浸润了先生的热情与心血。难怪人们在纪念他时最为深切的重点还在于他对陕西文学新人成长的巨大贡献。这是许多名家很难做到的。

如今，先生的灵魂，正同那令人静穆的高山古原化为了一体……也终于解脱了文学劳作与纠结的痛苦，可以安静地长眠休息了。作家这碗饭，本来就不好吃，更何况先生对自己的严格与苛求都是远超常人。他时常谦虚地说，咱这行当本来就劳人，再加上咱人笨，就更得笨鸟勤飞。他的每一个字，都是全身心投入所为，那其中的每一句，都是属于他“自己的句子”。从一开始创作，他就不会取巧偷懒。他没有像不少作家那样，在起步阶段或多或少都依赖过“模仿”这根拐杖。从作品看得出，先生从一开始写作，就确立了自己的独立人格。先生不愧是作家中的劳动模范。鲁迅先生享年五十六岁，先生七十三岁还多，也算是功成名就，善始善终了。先生真正是一生没有停笔，这在中国作家中，也许是空前的。据说即将倒下的那一刻，即所谓弥留之际，他的手中还紧紧握着笔在写。显然是视力已经模糊，字已经分不出行了，重重叠叠地书写，最后留下可以辨认的文字竟然是：生命活力！这真是一个奇迹，就像是太阳落山时努力留给大地的一道绚丽晚霞。“生命活力”！多么精准的一个呼唤，这说明直到最后一刻，陈先生头脑还是清醒的。“生命活力”，这是先生留给这个世界和亲人、文友的最后遗言。是一个充满活力的生命，在最后一瞬间的灵光爆破！在这鲜花盛开的季节定格了下来。这样也好，一条硬汉倒下了，我们面前又耸立起一座大山。他生于秦岭脚下，如今又化作了秦岭一部分。同陈先生最后一次通话，大约是去年年初，先生在电话里，声音低沉而沙哑，吐字已经有些含糊不清。这令我十分担忧。我说，陈老师，你关心的《苍生三部曲》，由中央文献出版社出了。先生说，好呀，向你祝贺……我泪水盈盈，无话可说。

人世间有许多名不副实的事物，但陈忠实的确是一个名副其实的人民作家。作家这个行当，没有才情智慧不行，但作家最难能可贵的倒还不仅仅是才智而更要看德行。陈忠实，他笔下的白嘉轩、朱先生和蓝袍先生们同作者本人一样，都是植根于同一片土壤的佳木奇树。我因此而为先生再吼老腔，以示永恒纪念：

风雨骤来胸有壑，满目烟霞多困惑。
生前常忧身后事，最盼生民久康乐。
桑苍雕就中华范，除尽粉装余贞坚。
洞天深邃不见底，丘壑川原貌森然。
一世勤奋当代稀，劳模却未过五一。
大家忍痛撒手去，恩公含笑在梦里。

原载 2016 年 5 月 7 日《光明日报》

创作不能丧失心灵的本真

——从陈忠实文学创作谈起

冯肖华

在秦地作家中，陈忠实的文学创作可谓是厚积薄发；而其秘诀为守住心灵，以写实的严谨，还原生活本真，观照人生的存在。

作为茅盾文学奖的获得者陈忠实，之所以能有如此文学成就，究其原因就在于他有一颗守住心灵的平常心态，这在上世纪八十年代中期以来喧闹的文学市场尤为重要。最终陈忠实创作了揭示历史沉浮、直逼生活真实的长篇小说《白鹿原》，实现了其“死后有一部可以垫枕头的书”之夙愿。由此，陈忠实穿越历史求真的梦想成为文学经典。

陈忠实的创作起步较早，饮誉文坛较晚，真正达到创作巅峰是在上世纪九十年代初。这个漫长的过程，评论家李建军概括为三个阶段，即前期阶段、过渡阶段和后期阶段。其创作的三阶段，有一个基本形态，以写实的严谨，还原生活本真，观照人生存在，是他全部作品的特征。由于不同时代，生活事象、物象的质表各有不同，作者还原生活本真，观照人生存在也就有着明显的时代之别，所昭示的内容具有不同历史时期的差异，因而在本真和写实上也就具有两个层面意义的区别。

陈忠实创作的前期，中国社会正处在坚冰解冻的过渡时期。那时具有强大惯性的政治意志弥漫于意识形态领域。政党文学、阶级文学所形成的理想主义一体化范式成为创作的主要热点。于是，作家们为时代而歌，集时代主流、生活本质、英雄人物塑造为一笔，真实地描写着社会积极向上、远大的理想主义时代蓝图。正是在这种社会背景下，陈忠实立足特定时代的生活真实，还原那个时期的生活面貌，观照当时人们的生命存在，揭示出了特定历史时期的社会生活内容。比如《信任》(1979年)《南北寨》《七爷》(1981年)《石头记》(1980年)《猪的喜剧》(1980年)《尤代表轶事》(1980年)。这些作品无疑源于作者对农村生活的长期体认和观察，所以都是写实的、真实的。荣获1979年全国优秀短篇小说奖的《信任》，写一位重新上任的大队支部书记，在新长征途中不计前嫌，团结全村人，创造安定局面向前看的故事。《南北寨》《七爷》《小河边》表现对共产党忠诚分子的歌颂与赞美;《徐家园三老汉》《苦恼》《心事重重》《尤代表轶事》展示活跃在农村中的基层干部及群众和时代前进的理想;《立身篇》《猪的喜剧》《石头记》揭示了各种生活矛盾，表现了庄稼人的乖蹇命运和丰富复杂的人生过程。

可以看出，前期的创作，作者的视点始终关注着农村的变化，展示着庄稼人心灵深处的苦与乐、爱与恨，尽可能将亲身经历和感同身受的诸多事象描绘出来，予以深切的关怀。对典型形象的塑造着眼于能体现民族精神和时代风貌的人物形象上，从而塑造出了一批活跃在农村的先进农民形象，比如新任书记罗坤(《信任》)，含冤十八年，上任后不计恩怨，集心思于全村人的致富上。老党员徐长林(《徐家图三老汉》)，怀着“共产党员就是要团结教育人”的崇高理念，言传身教，化解矛盾，扶持后进，体现出农村党员的应有力量。还有忍辱负重的田学厚(《七爷》)、勤劳善良的来福老汉(《猪的喜剧》)等。前期作品中的这些形象，无疑体现着一定的时代精神，是作者寻觅美好、开掘农民精神美，向往积极人生人文理想的展现。这就是说，作为作家，紧追时代要求，陈忠实是敏锐而清醒的。在关于《信任》创作体会中说：“新的生活命题需要努力去开掘。新的创业者的精神美需要我们去揭示，生活中新的矛盾需要我们去认识。我想还是深入到农村实际生活中去，争取有所发现，争取写得多些，深一些，好一些。”熟悉农村，描写农村，并力求还原农村生活之真，尽可能观照农民生存状态，是陈忠实的强项，是他前期创作的一个基本亮点。

但是，此时创作中政治文学模本的痕迹还是明显的。比如对某些现实存在的观照，生活本相的还原，仍停留在平面的描摹、廉价的粉饰、空泛理想的企盼上，而且创作视角狭窄，单一的英雄、先进人事视界、时代主流、生活本质的造构，与十七年理想主义一体化文学、与五十年代王汶石“微笑着看生活”的文学形态似有相通。这不能不说是前期文界创作的时代缺憾，也是陈忠实前期创作中的文本缺憾。因此，从这个意义说，前期的所谓“还原生活本真”“观照人生存在”的“写实”，多少带有时代印记和泡沫式的成分。

随着时代变革的演进，政治意志日渐消解，多元观念的呈现，推动着陈忠实的后期创作从泡沫式的“本真”和“写实”向完全意义上的历史的本真与写实深化。于是，以1985年中篇小说《蓝袍先生》创作为标志，作者跳出了农村新人新事的题材，笔触由简单浮泛的歌颂伸向民族命运、人性解放的深层思考，揭示历史的本真，观照人的生存的永恒。由此引发了代表后期创作高峰的《白鹿原》。准确地讲，《白鹿原》是《蓝袍先生》人性主题思考的延伸。“这个人物的命运涉及我对民族命运的思考”，“也把我过去的一些生活素材激活了”，“所以《蓝袍先生》发表后，而这个思考并没有停止过。有关民族命运大话题的思考更逐渐深刻起来，促发了一个非常认真的更大的思考，就是去探求我们这个民族近代以来的发展历程。”陈忠实的这个跨越是巨大的，这自然取决于其创作观念的质变。即他确立的三个历史观：重史实，多体验，不唯旗号招牌；民族利益大于阶级利益的尺度；秉笔直书的史家心态。

可以说，这三个历史观在上世纪八十年代文学创作中是独特趋前的、大胆新颖的。于是，一个遵从“读耕传家”祖训，做好“人师”，从小抑制天性，又以丑妻相配以淡色念的人性压抑的悲剧性人物徐慎行出现在文坛。这是一个一改旧辙、令人心酸的悲剧形象，一曲悲凉的故事，标志着陈忠实创作思想中悲剧意识的升层。徐慎行人性压抑之沉重，体现着作者企望人性解放、人性自由，以及对社会戕害人性的否定态度。陈忠实这一思想深度在《白鹿原》中全面爆发，真正揭示勾画出了诸多历史本真和观照人的存在的真实轨迹，揭示出民族的许多悲怆之隐痛。比如农人的本能生存，天然的疏离政治党派，自我生息、自我存在的历史本真问题；传统文化的正教正德以及对民族群体道德伦理形成的历史制约问题；旧时族长的善恶人性两面观的客观存在问题；旧社会东家与长工的利益动态平衡关系问题，及双方的亲和相处问题；宗法礼教的仁义与残酷并存问题；有情无爱、无情无爱的畸形性风俗问题；国共两党正统与非正统的政治之争，善与恶、好与坏的殴斗问题等，这些还原历史本真、观照真实存在的新写法，都是作者跳出阶级党派的包围圈，着眼于“第三种真实”的结果。可以说，在陕西文坛，陈忠实实现着穿越历史的创作，从反映阶级政党文学的真实，进入了揭示民族、历史、人类文学的真实，真正体现着还原历史本真，观照本真存在的人文思想的昭示意义。

守住自己的心灵，走现实主义文学的路，这是陈忠实文学观的又一亮点。

陈忠实曾写过一篇题为《我信服柳青三个学校的主张》的文章（《陕西日报》，1980 年 4 月 23 日）。这是他承续前辈柳青现实主义文学观的确认，也是自身现实主义创作的起点。他的作品在创作方法上、小说结构上及故事叙述上明显深受柳青的影响，字里行间流贯着热情高亢的理想主义情怀和对现实社会的冷静思考。

陈忠实从事文学是十分忠实认真的。这里的忠实有两层意思，即创作态度上的平稳持重，处理历史生活事象上的真实忠诚。作为长期置身于农民行列中的一位作家，有着深厚农民文化、农民意识和农民理想的心理积淀。他生于西安农村，长在白鹿原下，曾较长时间担任农村基层干部，又在乡村学校做过教员。在他的周围不论同事、朋友，抑或是亲戚、街坊都在同一文化的熏陶下经历着各种不尽相同的生命体验。中国的农民有一种未定成俗的人生价值观，那就是“忠实”“实在”。做人处事戒浮华，守住心，憋住气，鼓足劲干成一件事，这种体现中国农人生命意识的人生观，毫无疑问地映现在陈忠实的创作中，形成了他“守住自己心灵”，完成既定文学理想的坚定信念。

在当今文学创作样态纷繁呈示的时代，如有论者所讲，作家从精神类型上也分化为两种：一种是真正在饥寒交迫中写作，视文学为生命，为了文学理想置生死于不顾，以文殉身，如路遥；另一种是视文学为解决生存的手段，当作谋取功名利益的桥梁，应利而作，为名而文，对方要什么样的文字便写什么样的作品。

对此，陈忠实不敢苟同。他认为“作家应该守住自己的心灵，‘从心到心’，首先是一个优秀、正直、健康的人，再才是一个作家。服从内心的召唤和体验，不要强求自己，中篇、短篇、长篇，怎样的体裁更接近作家的内心愿望就采用哪一种体裁写作”，“而任何非艺术、非文学的因素只能损害文学本身，人为的操作帮不上任何忙。”“处在我们的现在，充斥文坛的非文学因素太多了，这就需要作家能够守住自己。”作家“为什么会浮躁，从根本上讲大多是作家的自身原因。对文学这项劳动的理解差异太大”，“如果作家自己对创作的理解深刻，没有文学外的因素影响，他就不会受非文学的干扰而苦恼，能够静下心来搞创作。”“忠实于自己的内心，表现自己作为一个人对这个时代的爱和恨。”这些表述，今天看来无不有其永恒的参照价值。

正如柳青守住心灵，落户皇甫十四年；杜鹏程守住心灵，从严酷战争到和平年代；路遥守住心灵，辗转于城乡交叉之间；贾平凹守住心灵，多转移多成就的创作推进一样，陈忠实的创作同样印证了这一深刻的文学创作的至理。“作品失败的原因”在于“作家丧失了一种精神”。“创作是个人内心的一种需要，体验观察都是个人化的，没有真正地体验社会，提供再好的环境，他也写不出好作品。”这种来自于现实创作中的生命体认，不仅是陈忠实的穿越历史的现实文学观，更是秦地文学中作家们的共识。

本文系作者 2016 年 7 月 1 日
在“山西省图书馆文源论坛”的讲话

我眼中的陈忠实
——封面新闻专访文艺社编辑孙学良

何晞宇

“化疗使我失却记忆，也失去思维”

在病床上，他将生前最后授权散文集的目录又看了一遍。

“所选散文目录，在我都是没有异议的……短序待后，争取写成。化疗使我失却记忆，也失去思维……我再争取，请您谅解。”

2016 年 2 月底，四川文艺出版社文学编辑孙学良收到陈忠实寄来的合同还附着一张短笺。

没想到一等竟是永别。4 月 29 日早上，陈忠实在西安去世。

6 月，陈忠实最后授权审定的散文集《白鹿原头信马行》付印，孙学良特意留了一页空白，为着陈忠实那篇再也等不到的短序。

从 2015 年 5 月第一次向陈老约前一本书《白鹿原纪事》的序时，孙学良就有所察觉。当时陈忠实回绝了孙学良的请求，告诉他，“写不了了，身体不好，现在在医院。”

那时候孙学良觉得可能老人家年纪大了，难免有些病痛。直到 2015 年秋，孙学良打电话给陈忠实，告诉他稿费寄去了，“当时他说话就有些不清楚了”。后来，孙学良向陈忠实提出可不可以做一个面访，陈忠实也表示不方便接受采访。

但孙学良依然没有往更坏的方向想，他觉得现代医学这么发达，老人有什么病医院应该能治好。再后来着手散文集的工作，与老人电话、书信往来，孙学良都觉得老人的思路很清楚。于是孙学良再次向老人邀约，希望他能为新的散文集作个短序。

2016 年 2 月底，孙学良收到陈忠实寄来的合同和一张写着上述文字的短笺。

孙学良看到“化疗”两个字，当下里觉得心中不安，后来也再没向老人提写序的事情。他不愿意再去催促先生，甚至有些于心不忍，“但我还是一直等着先生把序寄来”。

“其实我心里一直想着有机会能去拜见一下先生。”交往四年多，终未能得见先生一面，成了孙学良永远的遗憾。

不太满意乡土化标签

孙学良第一次和陈忠实合作是在 2014 年。

2014 年底，文艺社开始策划经典文学作品系列，孙学良想到了陈忠实。

对于陈忠实这样一位在文坛地位很高的大作家来说，能否约到稿件，孙学良心里还是有点忐忑。

出乎意料的是，陈忠实爽快答应了这位年轻编辑的邀约。“礼貌”“真诚”“没有架子”就是孙学良对这位“文坛大人物”的最初印象。

孙学良翻出许多陈忠实早年出的短篇小说，并按他与大众对陈忠实作品一贯的印象，将文集定名为“乡村”，后又改为“土地诗篇”。当孙学良兴冲冲地拉出篇目来，尤其是把文集名告诉陈忠实的时候，陈忠实在电话里沉吟道:“书名我再考虑考虑。”孙学良回忆。

“连他自己都不太满意这种传统的（乡土化）标签了”，孙学良说。

编辑部决定重新开会讨论文集的书名。

孙学良在大量阅读陈忠实作品这一期间发现，虽然在大众印象中陈忠实一直描绘的都是他对陕西农村的所见所闻所感，但对陈忠实本人来说，这个地方很具体，就是白鹿原。“他这些故事都是在白鹿原上写的，写得都是白鹿原上的人和事。白鹿原是一个地方，它的历史很长。《白鹿原》只写了这个地方的一段历史，（这段历史之外）他在其他的小说里写的范围更广”。

既然写的都是白鹿原上的故事，孙学良觉得索性就叫白鹿原的故事好了。最后，这本斟酌良久的短篇小说集被定名为《白鹿原纪事》。孙学良将新选定的书名发给陈忠实，小心翼翼地问这个名字怎么样。

陈忠实回答：“可以。”

原外之原

按照新题目的主题，孙学良重新调整了篇目，去掉了一些太旧的文章。“年代太久远的，由于社会现实的原因，风格和后面的不很统一”。

在做《白鹿原纪事》案头工作的过程中，孙学良发现了一个意想不到的乐趣，“不知不觉”地看完了他能找到的所有作品。尤其是那本“盖棺垫枕”的《白鹿原》，孙学良还用的是业余时间，又“细细地”看了一遍。

孙学良一边看还一边与正在编辑的短篇小说比较，对照当中的细节，觉得越看越有意思。“在《白鹿原》中有提到‘轱辘子客’，第一次读到的时候不知道指的是什么，但是看了这篇《轱辘子客》，就非常清楚了，不仅理解了这一个词，而且一下明白了关中方言里给一类人命名的方式……”孙学良在与记者交谈期间，一直显得比较讷言，但一讲起自己对陈忠实的研究发现，立刻眉飞色舞起来。

孙学良把对陈忠实短篇小说和长篇小说的比较后的心得用到了短篇集的策划里。最后，《白鹿原纪事》所选文章被限定在“长篇小说写作同一时期所发表的短篇小说”里，当中许多短文都能与《白鹿原》形成“互文”之妙，同时也最大程度呈现了陈忠实在小说创作最巅峰时期的笔力。

写的就是他自己的生活

2015 年 8 月左右，《白鹿原纪事》出版，陈忠实很满意。孙学良介绍，陈忠实和他谈话很简练，一般就是寥寥数语。而他之所以知道陈忠实满意，是因为当年底，他和陈忠实提起想再做一本散文集的时候，陈忠实不但同意，而且告诉他，“篇目由你来定”。

孙学良觉得，各个作家虽然习惯不同，但出文集一般来说都会对篇目把把关。

对于很多读者来说，陈忠实散文是相对陌生的一个领域，但孙学良知道陈忠实的散文极好。孙学良记得陈忠实先生曾说过“《白鹿原》完书后，我对小说一下子失去了兴趣……这几年，倒对散文产生了激情”……上世纪九十年代以后，陈忠实将笔力主要都投入到了散文和随笔中。

“这些书里的每一篇散文我都仔细读了。”孙学良将他在编辑陈忠实散文集的过程中参考的一摞陈忠实作品一本本摊在记者面前，直到大会议桌的一角被完全铺满，“这几本是九十年代的，这本是二十一世纪初的，这本是新出的……”

孙学良觉得陈忠实的散文最重要的特色就是真，坦白，不浮夸，就像是把他脑海里个体记忆直接摊开成文字。因此一开始向陈忠实约稿时，孙学良当时建议散文集可以叫《我的记忆》。

孙学良谈道，陈忠实的散文大概有往事追溯、自然动物、关中风土、家庭琐记、游记等几大类。孙学良在每个类别里面都选择了最有代表性的，“这些文章以生活类的为主，涵盖时间范围也比较广”，孙学良说。这样的话贴近生活，让更多的读者觉得亲切，也可以让读者对陈忠实的散文风格有一个概括性的了解。

因为从第一篇有点忏悔性质的《第一次投稿》到最后一篇《难忘一渠清泉》再回到初心，孙学良最重要的参考标准就是够“真”。

孙学良一共选了七十篇散文，在陈忠实出过的散文单行本里，也算体量颇大的了。篇目出来的时候，名字也定下来了，就叫《白鹿原头信马行》。这个标题来自于白居易的诗，也来自于孙学良对陈忠实和他作品的印象，“仿佛他就在白鹿原上信马由缰，看到什么就写了什么”，孙学良说，“如果《白鹿原纪事》还是在写别人的故事，这本散文集实实在在写的就是他自己的生活”。

2016 年 2 月，孙学良将书名与篇目发给陈忠实，陈忠实表示同意，并寄回授权合同。3 月，《白鹿原纪事》加印，孙学良给陈忠实寄了样书去，陈还特意打电话来致谢。

但孙学良没有想到，这却是他和陈忠实的最后一通电话。4 月 29 日早上，同事给他信息说陈忠实去世了，孙学良不敢相信，一边赶往单位，一边查看网上的消息，确认陈老真的走了，“眼泪唰的一下就下来了”。

原载 2016 年 7 月 24 日新华文轩

探寻陈忠实的现实主义法度

何 平

和此前符号化、抽象化、概念化的“文化的人”不同，《白鹿原》是陈忠实从阅读史志和走访见证人出发的生命体验的结果，触摸到文化制约下的“心灵史”。

经由《白鹿原》，一种基于反思现实主义文学传统，亦反思我们国家民族传统和现实的，新的对未来中国文学有影响的现实主义法度被陈忠实确立起来，而这一变法和立法之际正是现实主义的理论思考转入深化的阶段。

《白鹿原》的批判和反思意识是成就这部现实主义文学经典的重要缘由，《白鹿原》的意义不只是为一种新的现实主义“立法”，而是它恰恰被历史选择处在一个时间的节点上，其前后构成一个中国当代新的现实主义流变的链条，作家对我们的历史和现实的反思成果、他们的突围和拘囿如何成为我们今天精神建构的一部分，值得我们反思。

《白鹿原》是现实主义的创作。陈忠实自己也是这样体认的：“在我来说，不可能一夜之间从现实主义一步跳到现代主义的宇航器上。但我对自己原先所遵循的现实主义原则，起码可以说已经不再完全忠诚。我觉得现实主义原有的模式或范本不应该框死后来的作家，现实主义必须发展，以一种新的叙事形式展示作家所能意识到的历史内容，或者说独特的生命体验。”1985年11月写完《蓝袍先生》后，陈忠实写作长篇小说的欲念被突然激发出来了。《蓝袍先生》的写作好像突然打开了陈忠实生活记忆中从未触及过的一块。对比《蓝袍先生》和陈忠实以前的创作，从1979年获全国优秀短篇小说的《信任》以来，陈忠实小说关注的是自己“同时代”，而《蓝袍先生》则写1949年前的乡村生活，写1949年乡村传统文化对蓝袍先生的规约，而且小说的结构“以人的心理和精神经历来建构”。《蓝袍先生》的内容和形式是《白鹿原》某些部分的具体而微。从陈忠实的一个人的文学史看，无疑，《蓝袍先生》是“变法”之作，而经由《白鹿原》，一种基于反思现实主义文学传统，亦反思我们国家民族的传统和现实的，新的对未来中国文学有影响的现实主义法度被陈忠实确立起来。

“文学观”的修订

陈忠实对现实主义的领悟以及他写作中现实主义的变法和立法恰恰呼应着新时期现实主义的理论反思。也就是在陈忠实表现出现实主义自觉的这十年左右，文艺理论界激荡着现实主义反思的潮流。其中，涉及现实主义传统的批判现实主义、革命现实主义、社会主义现实主义和社会主义批判现实主义，涉及典型的个性、共性和阶级性以及“复杂性格”组合，涉及文艺的真实性的“写真实”与真实性的政治性和倾向性等，所有和现实主义相关的问题都被重新拿出来检讨和反思。二十一世纪以来，文学也关注理论问题，比如底层写作，但类似的理论问题却缺少“文学”的含量，甚至是在“非文学”领域展开。

陈忠实酝酿现实主义的变法和立法之际正是现实主义的理论思考转入深化的阶段。1985年4月，吴岳添翻译了罗杰·加洛蒂的《论无边的现实主义》。按照罗杰·加洛蒂的理解，“从斯丹达尔和巴尔扎克、库尔贝和列宾、托尔斯泰和马丁·杜·加尔、高尔基和马雅可夫斯基的作品里，可以得出一种伟大的现实主义的标准，但是如果卡夫卡、圣琼·佩斯或者毕加索的作品不符合这些标准，我们怎么办？应该把他们排斥于现实主义亦即艺术之外吗？还是相反，应该开放和扩大现实主义的定义，根据这些当代特有的作品，赋予现实主义以新的尺度，从而使我们能够把这一切新的贡献同过去的遗产融为一体”？“我们毫不犹豫地走了第二条道路”。柳鸣九主编的《二十世纪现实主义》基本上就是按照“无边”的原则去想象中国和世界当代的现实主义。有意思的是，这本书从组稿到出版的时间恰恰是陈忠实从田野调查到完成《白鹿原》创作的时间。事后看，新时期“无边的现实主义”在中国的实现正是理论批评界和创作界彼此策应、共同完成的。

陈忠实对当时文学界正在发生的这一切有着“自觉”的敏感，充分分享着上世纪八十年代“争论”的成果，“学到了长处”。但“理论的自觉”不一定要通过“理论”来完成。从“十七年”到“文革”社会主义现实主义的僵化，然后在新时期现实主义艰难的挣扎、复苏和拓展，最终走向开放的现实主义，陈忠实的写作是一个完整的、“过程性”的现实主义文学创作实践在上世纪八十年代中国的典型样本。正是从《白鹿原》开始，陈忠实“决心彻底摆脱作为老师的柳青的阴影，彻底到连语言形式也必须摆脱，努力建立自己的语言结构方式”。虽然，《白鹿原》仍然属于现实主义范畴，但与柳青受特定时代政治影响的有限度的现实主义不同，陈忠实所体认的现实主义是“现实主义者也应该放开艺术视野，博采各种流派之长，创造出色彩斑斓的现实主义；现实主义者应该放宽胸襟，容纳各种风貌的现实主义”。如果观察这一批出生于20世纪四五十年代，在“文革”后走上文学创作道路的中国作家，像贾平凹、张炜、莫言、王安忆、范小青、黄蓓佳、阎连科、韩少功、刘醒龙等，都有类似陈忠实的，从回到“文革”之前的“十七年文学”，到逐渐摆脱“阴影”，进而寻找到属于自己的现实主义道路的过程。因而，可以进一步地认为这是一条中国当代现实主义文学经过曲折发展后找到的“中国经验”的创作道路。

可再生文学原型与母题

那么，我们可以进一步追问，什么是陈忠实确立的现实主义法度？按照我的理解，作为一个可以成为经典的文学文本，除了自身具有可以经得起反复阐释的经典性，还要具有可持续再生的原型或母题意义。

《白鹿原》意识到，中国人的心理结构就是我们传统文化的心理结构——儒家。具体到西安及其周边，则把儒家文化发展成一个关中学派，并衍生出《乡约》等规范，以条文教化民众，对人的行为规范得非常具体。正是这些东西结构着人的心理和心态。而小说中的“白鹿原”是陈忠实的桑梓之地。他所写的二十世纪前五十年，原上原下能够接受教育的人可能只有1%，大部分都是文盲。文盲的文化心理结构跟乡村的中等知识分子是一致的。他们虽然没有接受正规教育的机会，但却接受了一代一代传下来的那些约定俗成的礼仪和审美标准，支撑起自身的心理结构。

正是基于这样的认识，《白鹿原》既可以“摆脱”特定时代政治对文学的规约，也使得小说的现实主义“写真实”不只是写二十世纪前五十年以西安为中心的关中土地上的政治、经济、社会、自然、瘟疫事件，如西安的辛亥革命、民国十八年的大饥荒、刘镇华围西安，等等。这些事件之所以被写，包括小说涉及的白鹿原上国共两党错综复杂的关系，只是因为这些事件作为小说中人物的“当代”影响并改写着传统文化以及传统文化规约下的“人”。白嘉轩、鹿子霖、鹿三、朱先生、冷先生和他们的下一代，以及没有被他们这个家族网所牵扯进来的白鹿原上的芸芸众生，像田福贤、田小娥等，他们共享着一个“文化”。在那个时代，他们或被文化规训、收编成为文化的传人，像白嘉轩、朱先生、冷先生和年轻一代的白孝武；或反抗文化对他们的压抑成为文化的叛徒，像黑娃、田小娥、白灵、鹿兆鹏、鹿兆海和白孝文；或者征用文化为自己所用而成为文化的投机者，像鹿子霖。

文化跨越具体的政治信仰、阶级阶层，几乎笼盖所有。《白鹿原》触摸到的“一个民族的秘史”，正是这种文化制约下的“心灵史”。而且，我们身处的今天是一个未完成的文化转型时代，变动不居的文化带来了人和人性的变动不居，写“文化”的人将为现实主义的典型人物的刻画带来契机。

值得一提的是，和此前的寻根文学、先锋文学中符号化、抽象化、概念化的“文化的人”不同，《白鹿原》是从阅读史志和走访见证人出发的生命体验的结果。这种田野调查不是预设了观念的“主题先行”，而是寻找生命之间的对话和共鸣，朱先生和田小娥就是如此被想象出来的。不只是陈忠实，几乎所有成功的当代的长篇小说作家都经历过类似的田野调查。

批判和反思的主体意识

不仅如此，如果我们进一步深入研究，陈忠实作为现实主义文学写作主体所自觉的，不只是文学观或者具体创作实践上的技术更新，更在于《白鹿原》的批判和反思意识，并最终成就这部现实主义文学作品成为经典。写作《白鹿原》的陈忠实是一个有独立判断能力的精神个体。也正是因为存在这个独立的精神个体，陈忠实可以从容开阔地接纳马尔克斯、卡彭铁尔，也可以坦荡地面对同时代的《活动变人形》和《古船》。“取今复古，别立新宗”，也正是从这种意义上，我们观察《白鹿原》之后的中国文学，观察在《白鹿原》同一个主题上展开的《尘埃落定》《空山》《伪满洲国》《长恨歌》《古炉》《老生》《圣天门口》《受活》《笨花》《丰乳肥臀》《生死疲劳》《兄弟》《1948》《江南三部曲》《河岸》《平原》《花腔》《赤脚医生万泉和》，等等。我们发现在世纪之交，中国文学忽然出现一个长篇小说蜂起的时代。

我认为，这个时代的出现不是偶然的，支撑这些优秀现实主义作品的文学时代是像陈忠实这样感时忧世，有责任和担当的独立的人。而这个现实主义传统，最近的起点应该是上世纪八十年代的中后期，《白鹿原》之前，由贾平凹的《浮躁》、路遥的《平凡的世界》、王蒙的《活动变人形》、张炜的《古船》、张承志的《心灵史》和杨绛的《洗澡》等共同推进的，而至《白鹿原》则成为一个集大成的“综合体”。现在，我们意识到，《白鹿原》的意义，不只是为一种新的现实主义“立法”，而是它恰恰被历史选择处在一个时间的节点上，其前后构成一个中国当代新的现实主义流变的链条。文学以其独特的方式参与到历史的建构早已经是一个常识，那么，当我们阅读《白鹿原》这一个已经逐渐成为文学传统的现实主义谱系上的“文学”——作家对我们的历史和现实的反思成果，他们的突围和拘囿如何成为我们今天精神建构的一部分，值得我们反思。

原载2016年7月15日《人民日报》

去南海栽一棵树

刘醒龙

认识陈忠实是在海边。

那是2004年12月底，俗称圣诞节的日子里，一百万字的长篇小说《圣天门口》终于完成了，带着闭关六年间对家人的亏欠，偕妻子和女儿到海南岛休息。本意是想悄悄地不惊动朋友，直到一家人离开海口时，才发短信给蒋子丹，告诉她我来了，不想打扰她，但还是知会一声，现在去三亚了。谁知蒋子丹马上来短信和电话，说她正在三亚陪着陈忠实，还有李国平等人。且不由分说，在我们一家到达三亚后，硬是接到与陈忠实等人同住的一家酒店。原计划私下的家庭休闲变成了公开的文学活动。印象很深的是，女儿见到陈忠实后非要喊爷爷，我不同意，让喊伯伯，女儿又不同意，觉得陈忠实比爸爸老很多，只能喊爷爷。实在没办法只好由她去。那天我们搭乘警备区的交通艇去了一座没有对外开放、全部由部队驻守的小岛，从满是贝壳的沙滩码头上岸后，一队被海风吹得黑亮的年轻士兵在木栈道上列队迎接，他们冲着走在最前面的陈忠实齐声喊道："首长好！"背着一只黑色单肩包的陈忠实一时没有反应过来，陪同上岛的警备区政委在他身后小心提醒一句，陈忠实才像有点羞涩地大声说了一句："该干什么干什么去！"惹得跟在身后的我们想笑又不敢笑。

那座神秘小岛除了军人再无他人。动物也只有两条狗，一条是公的，一条是母的，士兵们给这两条狗取了台湾岛上那对中华民族永远公敌的名字。我们如此叫着那两条狗，它们马上跑过来。陈忠实也学着叫，那两条狗却不大听他的。大家就笑说，陈忠实的陕西话很深奥，它们听不懂，正如那时台湾岛上的有些人听不懂我们的善意。

岛四周的海却是懂得一切。女儿在环岛的沙滩上，欢天喜地地拣着贝壳珊瑚，大人们面对深蓝的大海唯一的选择是沉默。天水茫茫，巨浪无边，那些不同于别处的海水，仿佛看得见年年月月台风刮过的痕迹。一般人上不了这岛，上了岛后任何人都要种下一棵树，这既是责任，也是纪念。我们一起在岛上的人工树林中合力栽下一棵树，那次，是这辈子栽树事例中最神圣的一次。能在祖国的最南端，栽下一棵将个体荣耀与民族兴盛紧紧联系在一起的命运之树，实在令人激动，也令人感慨。只是女儿还不到五岁，不懂得人间还有比快乐淘气更为紧要的庄重与庄严，硬是从一脸严肃认真的部队首长那里拎过那如黄金般珍贵的淡水，用自己的小手浇灌给小树，弄得在场的官兵们不知如何是好。半年后，陈忠实成为我们一应作家的团长，率队重走长征路，从南昌出发，翻过贵州境内的梵净山后，我们在住处的院子里，面对一棵小小的红枫叶树，突然说起在南太平洋的小岛上一起种下的那棵树，还有我那淘气的女儿。女儿的情况我当然尽知，但是那棵树，那棵我们一起种下的树，我们一起种在国土最南端的那棵神圣而庄严的树，虽然相隔只有半年，却无从尽知。那些摧毁力超乎想象的风雨对我们栽下的那棵树有过何种的滋润？那里的海涛对我们栽下的那棵树有过怎样的侵袭？我们共同的想法是，只要那棵树能活下来就好。

2006 年 4 月 20 日在汉口百步亭又见到陈忠实，之所以要特别提及这个日子，是因为那天他从东湖边归来，冲着我发了一声感叹，说东湖哪里是湖，完全是海！屋里的人很多，陈忠实是看着我说的，他一定是又想起南太平洋空阔无边的波涛，还有被波涛团团围住的那棵由我们四只大手栽下去、再由我女儿那双小手浇水灌溉过的杳无音讯的树。当时我没有反应，多年之后，我才想起，在那一刻，我本当要回答一句的，却没有回答。也是在这次见面的前前后后，因为《圣天门口》的出版，我接受了不少于百次的访谈与采访，我多次说过自己读书的真相，却没有一家媒体如实登载过，这是为了我好，害怕我这大实话一出来，会得罪一排人。我说过这样的话，当代中国作家的作品我读过三遍的只有《白鹿原》。那次见面后二十天，陈忠实寄来我代朋友索要的他的书法：胸中云梦波澜阔，眼底沧浪宇宙宽。丙戌书古诗原下陈忠实。这样的诗句也是海一样的情怀了。当陈忠实说东湖是海时，我本当要告诉他，《白鹿原》的文气像海洋一样！

为人当胸怀江海！生长在滴水如金的黄土高原上的陈忠实，慨叹东湖如大海时，是用自己的心胸装着宽广的海洋。

2008年1月7日正好是周一，我在西宁参加由《芳草》杂志推出来的青年作家龙仁青的作品研讨会，早上9点整，正是北京那边的上班时间，忽然一连串地接到中国作家协会几个朋友的电话。几位一上班就分别收到由武汉市钟家村邮局寄出的匿名信。经历过“文革”等种种运动的他们，普遍痛恨写匿名信的行为，也不相信匿名信，所以才告诉我当心小人。元旦前后，中国作家协会颁布了第七届茅盾文学奖评奖条例，面对与此相关的不正常的文坛躁动，我只能说无聊，甚至连无德都不想说。话虽这么说，心情还是相当不好，曾经很自信，这辈子没做什么能遭人泼污水的事，却还是遇上了。原本打算回家的，却改了行程，第二天去了九曲黄河第一弯的循化，忽然发现黄河之水也能如此清澈。所住的循化宾馆201室，隔着两堵墙就是十一世班禅参拜十世班禅故居时住过的 205 房。那天下午，我们一起前往十世班禅母亲的家。接下来的一些事情，当地人评价说，是非常吉祥的。于十分复杂的心情下，我写了一首歌不是歌，词不是词的文字：雪山想念天鹅，哈达想念卓玛，彩云一样梦幻的姑娘，是雪莲中的雪莲。酥油灯点亮千年高原，吉祥湖畔开满花朵，啊雪莲中的雪莲，你的眼睛是我的错，你的泪水是我的错。草原想念羊群，白云想念情歌。羊圈中生下你的阿妈，是卓玛中的卓玛，小小女儿要牵苍老的手，忧伤的爱经不起祝福。啊卓玛中的卓玛，你的泪水是我的错，你的眼睛是我的错。写完之后，也不知为什么，忽然想起来发短信给陈忠实。陈忠实不会发短信，他马上来电话，说自己高原反应严重，一直不敢来这些地方。听说我们回程要路过西安时，他很高兴，还特别说，很想见见与我同行的朱小如。他那一声“多年不见朱小如了”，不知有多少情怀在其中。

2008 年 1 月 10 日从西宁飞西安的航班一再延误，一直到傍晚 6 点 20 分才起飞，到西安后，正在取托运行李，女儿来电话，祝爸爸生日快乐。机场外，也在三亚认识的李国平已等候多时，陕西省作家协会办公室主任杨毅亲自驾车进城。到了市内，径直去餐馆，陈忠实率红柯、周燕芬和李清霞等已等候多时。

见面后我将在西宁机场买的一盒雪茄送给陈忠实。刚寒暄了一会儿，陈忠实就主动提及《圣天门口》，他用那天下独一份的陕西方言，说起马上要评的第七届茅盾文学奖，并说《圣天门口》肯定会如何。可以肯定陈忠实说这些，不是一盒雪茄的原因，在陈忠实眼里，天下雪茄都不如被关停的宝鸡卷烟厂出产的七元钱一盒的雪茄好。借着高兴，我先说，第四届时，我的长篇小说处女作《威风凛凛》就与《白鹿原》一道入围初评的前二十部。接下来我再将前几天有人写匿名信的事当众说了，形容这是前途险恶的凶兆。陈忠实闻听哈哈大笑，然后说了两个字：喝酒！

一杯酒喝下来，陈忠实再次冲着我笑，这一次的笑却是意味深长。2011年8月，《圣天门口》之后创作的长篇小说《天行者》获第八届茅盾文学奖之际，想起当初陈忠实的笑声，顿时明了个中滋味。

说话间，朱小如透露今天是我的生日。陈忠实连忙让李国平安排，人在旅途，遇上这样一群好朋友，既吃上了寿面，又吃了蛋糕，一位在西安很红的民间歌手，追着陈忠实而来，也顺便唱了一首生日歌，真的很是惬意，一时间就将那匿名信的不快丢到九霄云外。在西安的第二天，李国平带我们去陕西省作家协会转了一圈，得知陈忠实的办公室是当年“西安事变”时，张学良用来关押蒋介石的地方。我也找到机会难得大笑地说，这就对了，这样的房子只有像陈忠实这样的人住在里面才镇得住，别的人待在里面怕是要出问题的。2008年10月28日下午，从北京传来第七届茅盾文学奖终评结果的消息，在许多打来宽慰的电话中，让我既觉得意外、又觉得感动的是陈忠实。正在和妻子儿女们一起吃晚饭，陈忠实的电话来了，在话筒里长叹一声，说简直不敢相信，前些时，他还在《西安晚报》的访谈中，预估《圣天门口》最有可能获奖。陈忠实也不知说些什么才好，只是一声接一声叹息不停，就这样持续了近十分钟，一直不肯放下电话。那样子就像是陈忠实自己犯了错，明明公开对记者们发布了个人预测，而今又没有兑现，陈忠实说，这叫我如何与记者们说呀！到头来反而是我劝他，说自己的作品，一定有写得不好的地方，让人揪住了，而当初敢于替《白鹿原》担当的像陈涌先生那样的人又没能出现第二个，出现如此结局也是可能理解的。这一次，我算是又与陈忠实合力栽下又一棵树，只是这棵树是无形的，用肉眼看不了，用文字也难叙述，但它是文学的风骨气韵，更是人格的清洁爽朗。

曾经收到一封电邮，落款是陈忠实，内容则是推荐某个青年作家的作品，粗读一遍发现不是那么回事，再细看更发觉多有不对，比如对方称我为“您”，这显然不符合我与陈忠实一向交流的语境。于是打电话过去问。陈忠实没有直接表示什么，只是说曾向一些青年作家推荐我编的杂志，却从未推荐过具体的作品。这种事情换了别人可能会不高兴，发发脾气也是正常的，陈忠实在电话那边不轻不重地说了几句，就将此事一笔带过，再没有表示要追究对方的意思。如何对待这种成功心切、时常使些小手段的青年作家，陈忠实又像在海边栽小树一样，在风狂雨暴的季节，重要的是呵护。

2012年5月26日，我开车去甘肃参加一个文学活动，要经过西安，途中约陈忠实，到西延路上的一家酒店小聚。我刚到，陈忠实就来了，还令人惊艳地带来一箱白鹿原出产的樱桃。正是收获高峰季节，那樱桃特别红艳，而我又是格外喜欢樱桃的味道，一口气吃下许多，甚至还约有机会去白鹿原，坐在树下吃那樱桃。陈忠实很高兴，历数陈世旭、刘兆林、舒婷、张炜等朋友，都去他家塬上吃过樱桃。第二天一早，我开车继续去往兰州。天黑前，到达兰州城外一处度假村，一帮当地与外地的作家先到了，在那里美美吃着烤羊肉，喝着鲜啤酒。我将自己吃剩下的半篮子红樱桃拿出来，初时无人动手，待我说起这是陈忠实在白鹿原上亲手摘下的樱桃时，不知从哪里伸出来那么多的手，眨眼之间就被抢得精光。吃完以后还有人盯着汽车后备厢，以为那里面还有。

2014年8月19日，《芳草》杂志到西安办一个活动。那天西安城内发生了一件令人啼笑皆非的事情，有两拨人在同一酒店喝酒，因为口角进而互相打起来，其中一方打了对方的人后，发现被打的人是区委要员，打的人是个小官员，也没有人逼他，自个主动下跪道歉，而那区委要员也下跪请对方起来等。大家说笑话时，我给陈忠实打电话，告知自己来了西安，因为日程太满，只有第二天中午有空，问能否见面聊一下。陈忠实稍一迟疑还是同意了，我找好地点后，告诉他，他说自己会准时来。回头再给李国平打电话，要他届时也到场聚一下。李国平听后，一连两遍问是不是明天中午，还说老陈中午有午休习惯，是绝对不见任何人的。听到我绝对肯定的回答后，李国平很感叹，说你的面子太大了，这是他认识老陈以来，头一回见他中午出来见朋友。李国平的话说得很严重，我想想也觉得太严重，为什么要生生破坏他人多年养成的良好习惯呢，第二天早餐后我发短信给陈忠实："中午就不打扰你了，你先好好休息，我们在酒店吃过自助餐后赶着去华山看看！醒龙。"那天上午我有讲座，9 点 30 分结束时，陈忠实刚好来电话，遗憾地表示，然后约下次见。中午李国平来小坐，说起来才知，老陈情况不太好，陕西作协党组正要向省委报告，催促老陈到医院仔细检查一下。那一刻，我们的心情突然沉重起来，当然，也更加觉得，自己主动取消的本该是中午的小聚，不管成与不成，于情谊是何等珍贵。

2015 年 7 月 7 日，我去北京参加中宣部一个活动，在八大处报到以后，朋友熟人之间乱串门时，红柯拖着行李进来，三言两语之后，便告诉大家，陈忠实患口腔癌了，正在做化疗，吃东西很困难，完全靠鼻饲。我心里一着急，明知自己没办法帮忙，但还是请红柯回西安时，带去几句话。几天后的晚上 9 点，红柯来电话，他将我托转的癌症靶向治疗方法转告给陈忠实，陈忠实要他一定代表感谢，这时候还有朋友惦记。红柯当时在电话里说，老陈对治疗很有信心。再往后，与知情的朋友打听，也说情况恢复得不错。却不知，再得到消息时，自己只能沉重地写上一句：西去永西安，大道送大贤！那天也是从游泳池里起来，得到消息，人着实有些不肯相信。时间不长，电话就不停地响起来，都是媒体的朋友，心知他们的意思，却不愿接听，我很清楚自己心里还没做好接受这一事实的准备。直到终于可以面对时，我终于接听了一家媒体记者的电话，刚刚开口，说我知道你是为什么事，接下来本要说陈忠实三个字，只是这名字还没说出来，自己已泪流满面哽咽着半天说不清一个字。

2009 年 11 月 6 日，陈忠实曾打电话，要我给他寄一本《天行者》，他说他当年也当过民办教师。在《天行者》的扉页上，有这样一句话：献给在中国大地上默默苦行的民间英雄。这句话用于陈忠实同样不错。2016 年 4 月 7 日下午，在江西于都红军长征纪念碑前，我代表重走长征路的作家们发言，开头的一段话是说给陈忠实的。我说：十年前重走长征路时，陈忠实是团长，十年后再次重走长征路，陈忠实身患重病无法成行，有于都这样曾经庇护过十万红军的偌大福地，希望于都将太多的奇迹赐予一些给陈忠实，希望能庇护长征精神的最好诠释者陈忠实平安长在，养好身体再当团长，再与我们一道继续这将政治与军事的长征融合为文学精神的长征。

这时候，我记起那些撒在兰州城外的来自白鹿原上的红樱桃核，按照童年的经验，那些从嘴里吐出来的红樱桃核不可能全部入土发芽，但也有足够的比例让这些来自白鹿原的红樱桃核长成小树苗。正如南海小岛上那棵由不同的手共同栽下的那棵树，有天地护佑，一定可以长成祖国最南端的最坚强的硕大之树。

我不记得南太平洋上那小岛的名字，也不记得与陈忠实共同栽下的那棵树的名字，更不记得那位同意我的不懂人间艰辛的幼小女儿将一桶如黄金般贵重的淡水浇在小树上的军人的名字，但是我无论如何也不可能忘记，白鹿原和大别山、东湖和南太平洋、南太平洋上不知名小岛上不知名的小树和在兰州城外被朋友们一抢而空的白鹿原上的红樱桃，它们都有一个共同的名字。

用我长江边故乡的话说，男人的泪水是金贵的，因为它是南太平洋上那能浇灌初生树苗的淡水，因为它是那被人生酸甜苦辣泡过的醇酒，因为它能够结出苍黄茫茫的北方大地上灿烂的红樱桃。天下文学莫不是在南海种下一棵树，天下人等莫不如艳丽的红樱桃，好看固然重要，还要做得到在北方黄土高原上也能好看，也能作为他人的生命营养。

2016 年 6 月 6 日于宜昌

原载《当代》2016 年第 4 期

好作家不会死

——怀念陈忠实

陈世旭

上午 9 点多，我正埋头在家务中，忽然见到刘兆林发的微信：陈忠实去世。

兆林说“这是一个令人悲痛的时刻”，“中国文坛又一棵大树倒下，又一位师友离去，不胜悲痛”，“他是一位大家！《白鹿原》不朽！向陈忠实致哀”云云。兆林是个多愁善感的人，他的伤感我是可以想象的。

但我很平静。不是因为薄情寡义、铁石心肠，也不是因为至少在一年多前就听说了陈忠实罹患重疾，有了思想准备，更不是这些年新时期作家的离世渐成常事，“忍看朋辈成新鬼”，已经麻木了，而是我觉得，一个真正的作家，更多的是一个精神存在。像陈忠实这样一位写出了《白鹿原》这样的杰出作品的作家，是不会死的。

多年来，因为一些偶然的机缘，我有幸认识陈忠实，有幸近距离地接触他，被他的执着、纯粹、真挚、宽厚以及睿智所深深打动。我先后就他的人品、他的襟怀、他的写作写过不算太少的文字，虽然拙劣浅薄，但充分表达了我对他的敬仰。

“四十四岁那年”，已经发表了“为数不少的中、短篇小说”，“多次在全国获奖”。但陈忠实觉得“从真实的文学意义上来审视便心虚”，觉得没有写出一部自己满意的作品。由此“经历了一次重大的心理危机，对即将来临的五十岁这个进入老年生命区段标志发生了强烈的恐惧”，“清晰地听到了生命的警钟”，担心“万一身体发生不可救治的灾变，死时真的连一本给自己做枕头的书都没有”，“正是在这种纯粹的个人兴趣的自我指向的悲哀中，激起了为自己做一本真的要告别世界也告别生命兴趣时可以做枕头的书的自信”。“一个重大的命题由开始产生到日趋激烈日趋深入”，那便是“关于我们这个民族命运的思考”。这个时候，《白鹿原》的基本构思刚刚完成，即将开笔起草。他已经下定了决心，“充分地利用和珍惜五十岁前这五六年的黄金岁月，把这个大命题的思考完成。”带上他认为必需的哲学、文学书籍，以及他这之前收集整理的史料，陈忠实静静地回到灞水河边已经完全破败的祖居的老屋。

“当新的一年的艳丽的太阳把阴坡上的积雪悄悄融化的时候，对生理不幸的畏怯心理完全被汹涌着的创造欲望彻底扫荡了。把那种只属于自己的独特体验倾泻出来展示出来，自信那种生命的和艺术的深沉而又鲜活的体验只属于自己，强烈的创造的欲望既使人心潮澎湃，又使人沉心静气，当我在草拟本上写下第一行字的时候，整个心里感觉已经进入我的父辈爷辈老老老爷辈生活过的这座古原的沉重的历史烟云之中了。”

负了写出民族秘史的沉重使命，陈忠实穿越了一条幽深漫长的似乎看不到尽头的历史隧道。《白鹿原》是生性沉重的陈忠实对一个沉重民族的沉重历史的沉重解读。不论对这解读怎样众说纷纭，但它的雄心，它的宏大，它的深邃，它的艰辛是谁也不至于稍置微词的。陈忠实将会因为这解读，随被他解读的历史同在。

“死去何所道，托体同山阿。”陈忠实把肉体托付给了自然，他的精神生命则会长久地存于世间。就他本人而言，死时真的有了“一本给自己做枕头的书”，我想，弥留之际，他应该是欣慰的而不是悲伤的吧。

2016年4月29日午时于岭南

原载2016年4月30日《中华读书报》

再见，白鹿原！

潘向黎

29日早上打开手机，看到陈忠实离去的消息，因为此前不知道他患病，所以以为是讹传——怎么会？从书架上取下《白鹿原》，看作者简历，生于1942年，才七十出头。不会吧？因为是节日前最后一个工作日，我早早进了报社，这时各大媒体都发布了消息，微信朋友圈里已经是一片惊呼和泪水，马上想到能做些什么。看到做微信的同事正急忙在我们报社的网上搜过去陈忠实发在我们这儿的文章，我过去一看，从我进报社起，他的文章都是我责编的。我说："今天微信的编者按我来写，我见过他。"

生平鄙视借写名人而自我拔高的人，也看多了这样的情景：一位大家离去，与他交往最久、相知最深的人还没写什么，那些有过一面之缘的三四流人物已经洋洋洒洒写了一大篇，让人啼笑皆非。我也深知陈忠实知音遍天下，而我们只是两面之缘，最近十年更几乎没有往来。我只是他千万读者中的一个，除此之外，我是他在《文汇报》的责任编辑，因为工作通过几封信，他很谦和很宽厚，我也认真尽心，如此而已。

如此而已。但是，怎么解释我此刻的心情？自从工作以来，已经无奈地习惯了在版面上送别文化界名人，每次也都深深浅浅地叹惜、伤感。可是这一次，一棵拔地参天、霜皮巨干、树冠黑郁的树，竟然倒下了，惊呼之后，一时间只能对着一块巨大的空地错愕失神。

作家陈彦在《陈忠实生命的最后三天》中这样写道："一个民族最伟大的书记员走了，我突然感到一种大地的空寂，尽管西京医院人山人海……在先生推车通过的电梯、路道、厅堂，我们行走甚至要贴身收腹，但还是感到一阵巨大的空旷与寂寥。"这位我从未谋面的作家，因为这篇我含泪读完、相信他也是含泪写下的文章，我记住了他的名字。

这么多年，因为作品所传递的淋漓元气和磅礴力量，竟然让人觉得陈忠实是岩石是土地是山峦，唯独不是个肉身。

可是早就有人明白，陈忠实与《白鹿原》——作家和他用来垫棺作枕的那部作品，其实竟是相生相克的。

看作家刘兆林的文章，当年有位青年作家读过《白鹿原》后，不知道陈忠实是否还在世，就给人民文学出版社的何启治（他是《白鹿原》的责编）写信，说："五十多万字的《白鹿原》，简直字字都是蘸血写出来的，即使作者活着，也该累吐几次血吧？"

字字看来皆是血，用血写，用命换。路遥、陈忠实皆如此。

陈忠实回忆写《白鹿原》的过程，有个细节："田小娥被公公鹿三用梭镖钢刃从后心捅杀的一瞬，我突然眼前一黑搁下钢笔。待我再睁开眼，顺手从一摞纸条上写下'生的痛苦，活的痛苦，死的痛苦'十二个字。"第一次读到这一段时，我也眼前一黑，太可怕了。"

在《白鹿原》里，陈忠实其实死了很多次。每一场死亡，他都陪着死一次；不但如此，每一次暴怒，每一次出走，每一次决裂，每一次绝望，他都死一次。

那样的煎熬、挣扎，那样的心灵历程，作家其实活成了一棵树，被雷劈过几次的树。也许被劈断了一枝分叉，还被劈成了两半，当中是巨大的一道焦黑伤口，两边的枝叶向不同方向生长——一边叶叶都是控诉旧秩序对人性的禁锢，一边枝枝都在质疑时代对伦理与个体的摧毁。被雷劈过的树依旧茂密深绿。人们赞叹着树的高度，欣赏着枝叶，可是谁知道树有多痛，有多难，有多苦？

想着心痛，但是又无奈，即使是近旁的亲友也肯定束手。有些人注定拿命换作品，谁都劝不了。皆因一个民族有一个民族的定数，到了某个时代，就出几位这样的作家；而一个作家有一个作家的使命，像陈忠实这样的作家，他的存在与他的写作，是上苍选定的，岂是地面上的人可以妄言的？

说我见过陈忠实两次，准确地说，是一次半。

完整的那一次，是 1998 年秋天。那时我虽然出了几本书，但刚刚开始发表小说，因此是纯粹以编辑的身份去拜访他的。那时候我刚进报社不久，作为副刊部最年轻的编辑，在西安全国书展期间去组稿。那次的书展真是名家云集，记得龙应台先生也来了，我还在一个饭桌上目睹了一位陕西文化人因为宣扬男尊女卑而使龙应台惊怒，他本人还浑然不知的有趣过程。那次去西安，有个重要内容就是向陈忠实组稿。

记不清有没有先通过哪位作家向陈忠实引见——如果有，可能是邢小利，反正我顺利地在作协院子里找到了陈忠实。第一印象，与他的《白鹿原》带来的惊心动魄、剑拔弩张迥异的是，他整个人非常质朴、平和与忠厚，脸上沟壑纵横的皱纹和深邃而明亮的眼睛又让人感到了与作品相通的一种力量。好像是作家红柯说的——“陈忠实那张脸，就是黄土高原。”那么陈忠实的那双眼睛，就是黄土高原上的启明星。

他对我们报纸印象不错，说了几句夸奖的话，后来我们谈起《白鹿原》，我按捺不住说起了读后感，他听得很专注，高高的个子，坐在一把椅子上，却没有向后靠，而是重心前倾，目光灼灼地盯着我，那表情好像要分辨我说的是不是真话。后来我想，那是因为我们在谈论作品，他进入了一种严肃讨论的状态。

我心里暗暗希望得到一本他签名的《白鹿原》，但是不好意思说，但是很神奇的，他中途突然说："你等一下，我送你一本《白鹿原》。"然后就从书桌边的一摞书中抽出一本《白鹿原》，翻到扉页，欲写我的名字又停下，拿起我的名片（我当时惭愧地想，我要是个名作家，他就省力了），逐字对照着题赠了，又拿起了印，然后在桌上略略翻了一下，在几张纸下面找出了印泥，一丝不苟、非常用力地盖了印，然后用一张边角料的宣纸夹进书中，好吸一吸未干的印油。我当时真是喜出望外。但是捧书在手，我马上发现是"修订版"，便说："其实没改过的那个版本更好。"他欲言又止，转而问我，他接受建议、做这么一个修订版，读者会不会觉得不好理解？谢天谢地，因为父亲对我常年进行的"做人要有大局观"的教育，当年呆而不萌的我总算没有说出不通人情的蠢话，我说：应该舍小就大，适当的让步是必要的，也是对的，这样也有利于这部作品的更好传播，让更多读者看到，也是好事。

当时真是年轻无知，初次见面，就这样当面肆无忌惮地谈论一位名作家的代表作，事后想起来自己都脸红。当时他没有多说什么，脸上一直是思考的表情。奇怪的是，虽然他话不多，但是依然让人觉得他对你的到来是欢迎的，对你的话是重视的。

这次见面给我留下两个印象：第一，陈忠实这个人很厚道很谦和，一点都没有架子，也一点都不装，更难得的是对年轻人也特别平等。第二，陈忠实是个特别认真的人，活得一点都不轻松。

我的约稿非常顺利，然后我觉得应该告辞了。就在整个"工作流程"接近尾声的时候，突然发生了一个插曲，就是我在他的书架上看到了一本杜鹏程的书（或者是研究杜鹏程的书），顺口说了句"我在我家见过他"之类的话，他很惊讶，一追问，于是引出了我父亲。"什么？你是潘旭澜的闺女？哎呀！”然后他脸上第一次露出了强烈的表情，那是一种庄稼汉“没承想在这儿遇到自家人”的笑容，声音也高了八度：“你是潘旭澜的闺女啊！你怎么不早说？！”我有点愕然，一方面我不觉得我父亲有多么了不起，名声能传到这里来；另一方面我曾经问过父亲，他说和陈忠实没有见过面。

陈忠实告诉我，因为我父亲和陕西作家特别有缘，研究过好几个陕西作家，然后他说了好几个名字，除了杜鹏程，好像还有王汶石和另外一位作家——名字记不得了，有的连我都不知道。当时我说，你真是博览群书，而且过目不忘。他用一种热烈到几乎是责怪的口气说：“你不知道，我们陕西的作家，谁要是能被你父亲评论一次，那就是不得了的事情！你不知道他在我们陕西作家心目中的地位！我早就想，说不定什么时候他也能写我一篇评论，也不知道他看过《白鹿原》没有。”

之所以不避嫌疑记下这些话，因为陈忠实赞美的并不是我，而是作为评论家的我父亲——他在教书、文学评论与学术研究几方面的工作早有定评，他离开已经十年了，依然受到许多人的尊敬；还因为当时陈忠实的表情和话语让我印象深刻而且至今感动，写出来，既为这位作家淳朴的品行与温润的性情做一个小小的见证，也为中国当代文学曾经的生态环境，增加一个细节。

当时，还没等我消化完我的惊讶，陈忠实已经站了起来，以一种不容拒绝的口吻说：“咱们还在办公室说什么哪？哎呀，什么约稿不约稿的，我请你吃饭去！走走走！”

去了哪家饭店，我已经记不起来了，但是记得出门后我提出吃羊肉泡馍就很好，被他断然否决，最后去的是一家中等规模、环境很好的餐厅，而且他点了五个菜一个汤，菜都很美味，加上那天没有吃早饭，我也饿了，就毫不拘束地吃了起来，他胃口也不错，但是后半程就不吃了，只有我一个人还在风卷残云。他在对面看，很自在很满意的样子。

回到上海，我对父亲说：这顿饭人家请的是你，我简直就是代吃的。父亲不理会我的玩笑，“陈忠实”，说完这个名字，父亲停顿了一会儿，然后很严谨很节制地说：“他的作品，那是非常什么的。”父亲晚年说话就这样，关键处“独创性”地用“什么”来做形容词，且运用广泛，比如说平辈——“（刘）锡诚兄做人真是很什么的”，说学生辈——“潘凯雄在出版社这几年，那是干得很什么的”；又如“王彬彬脾气大归大，但是对老师还是很什么的。”我母亲总是笑他“词汇贫乏”。

但是，人人都知道陈忠实抽雪茄，而且抽得凶，但是那天，我完全不记得有没有看到他抽雪茄。现在拼命想，也想不起来。莫非当时我终于见到了心目中了不起的作家，表面上对答如流，其实内心还是兴奋而略带紧张的吗？

后来还见过半面，是我们在北京的作家代表大会上，不记得是 2006 年还是 2011 年了，记得当时在会场里看到他的样子没什么变化，当时我心想：他好像从来没有年轻过，后来倒也不怎么老。我很高兴地走过去和他打招呼，他对我微笑着点了点头，然后等我说话。因为他给我们写得少了，我没有工作的话头可起，又不好意思班门弄斧说自己的写作，难道会好意思说出“我这几年也写小说了，如果你不嫌带回去麻烦，我想送您一本？”正在迟疑，有几个电视台的记者来找他了，我就逃也似的走开了。后来我才恍然大悟，他之所以不太热情，是因为时隔几年，在那个人山人海的环境，他没有认出我来。我真是个呆子，我不但应该自我介绍，而且应该直接说：“你还记得我吗？我是潘旭澜的闺女啊。”在他面前，这才是我的身份，他认定的。

如今，他题赠的厚厚的《白鹿原》，还好好地在我书架上，书上的满白文的“陈忠实印”也依然鲜红。可是他，不在了。

因为他，这两天的网上网下，一片惊呼、痛惜和哀悼。特别强烈，特别真。我的微信朋友圈里，每天刷屏的都是作家们对他的悼念和回忆。好多人回忆起和他的交往，有些并不密切，但是都真真切切地留在了心上。因为他是陈忠实，是一位用血写作的作家；在作品之外，也是一位实心实意对别人的人。

一个名作家，不一定是文学史范畴里的好作家；一个好作家，也不一定是日常意义上的好人。但是陈忠实，他是位真正的名作家，更是一位真正的好作家。难得的是，他还是一位真正的好人。

是不是这样的担负，让他太累了？——他走得太早了，让人不禁这样想，并且感到心痛和莫名的内疚。

陪伴他生命最后三天的陈彦，说陈忠实最后还在家人帮助下，用瘦弱的双手，勉强在一个本子上写个不停，字迹已经不清楚，句子压着句子，但他坚持写着，写着，不肯停下。

在一个微信群里，看到我的朋友、上海广播电台主持人欧楠转发的一段话，那是陈忠实 1993 年 10 月 28 日在北京写给评论家张锲一家的：

> 有幸与张锲兄结伴搭帮去意大利，行前出海关时，夫人景超及爱女苗苗到机场送行。最后挥手时，苗苗对我说："再见，白鹿原！"一个四岁孩子的机智令我心灵一震，恐怕终生难忘了，这也许是最值得作家珍重的话了。所有创作的艰辛都是合理的，这是苗苗的话给我的最好的慰藉。……

这就是悲伤中唯一的路了。就用他喜欢的方式与他道别吧，一起对他挥挥手，一起再说一遍："再见，白鹿原！"山鸣谷应，他一定会听见。

原载 2016 年 5 月 1 日腾讯网

山河形胜白鹿原

红　柯

5 月 5 日陈忠实老师的追悼会，省作家协会前几天就通知我 5 号早晨 6 点半到作协集中坐大巴去凤栖山殡仪馆。中国作协领导铁凝、李敬泽提前一天到西安。5 月 4 日我全天有课，一直上到晚上 9 点，正上课，远在兰州的大学同学吕志军打电话告诉我他正往飞机场赶，晚上 12 点到西安参加 5 日的陈老师追悼会，在网上订好了西安南郊一家快捷酒店，就在我家附近。在新校区上完课回家，匆匆准备，突然在书架上看到了 1992 年第 6 期《当代》和 2000 年第 1 期《延河》。2000 年元月我荣获首届冯牧文学奖，当时陈老师专门打电话告诉我这一喜讯，2000 年第 1 期《延河》头条“名家走廊”专栏重点推出陈老师和我的一组散文，配有照片。陈老师的文章是《何谓良师益友——我的责任编辑吕震岳》，配有陈老师 1979 年担任西安市郊区文化馆副馆长的照片，1993 年人到中年重上白鹿原的照片，1998 年跟陕西日报社文艺部的编辑吕震岳的合影。我的那组文章包括《大自然与大生命》《现代派文学的误读》《遥望江南》。另一篇《从黄土地走到马背》跟陈老师描述责编吕震岳一样，我写了西上天山十年责编李敬泽把我从《人民文学》推出的过程，也配发三张照片——1985 年夏天毕业时愣头愣脑的傻小子样，1992 年夏天与妻儿在天山脚下奎屯小城合影，1988 年秋重上天山在赛里木湖边，往事如梦。我放下《延河》，拿走《当代》。在西安南郊快捷酒店的大厅等吕志军，我翻开了 1992 年第 6 期《当代》。我曾写过一篇《移动的书房尘土飞扬》。我的许多书，包括这本《当代》，伴随我从天山到祁连山到秦岭，西域大漠的沙尘挥之不去。我还记得 1992 年冬天，风雪之夜在天山脚下奎屯小城读《当代》刊载的《白鹿原》的情景，许多精彩的句子我都画了又画，还写了眉批。我的眼睛湿了，大厅柜台的服务员不知所措，我出去让夜风吹了一会儿。半夜 1 点半，吕志军到了，我们没怎么睡觉，整夜在谈《白鹿原》。

第二天一大早，我和吕志军搭西北政法大学李清霞的车去凤栖山殡仪馆。原打算与省作协的人会合，一起进大厅。到了现场，人山人海，挤不过去，大多是各地自发来的群众，手持印有陈忠实肖像的报纸和各种各样版本的《白鹿原》。我原打算进大厅跟陈老师遗体告别时再拿出《当代》杂志。我发现人群中都是报纸和书，没有 1992 年第 6 期的老《当代》，我不由自主地从挎包里取出《当代》举了起来，尽量不露我的脸。大家马上发现了这本杂志，围上来跟老《当代》一起合影。有人要高价收买，肯定不行。熟人出现了，硬要，杂志封面有红印，盖着伊犁哈萨克自治州技工学校的印。当年技工学校校长知道我爱好文学，特准我每年订杂志时可以选十种文学杂志。《当代》《收获》《十月》《人民文学》《钟山》《上海文学》《北京文学》《花城》几乎成了我的私人杂志。我专门保存了 1992 年第 6 期《当代》。进了大厅，围观《当代》的人更多。

凤栖山又叫凤栖原，是西安东南秦岭脚下与白鹿原遥遥相望的古原，陈老师与他那本杰作与这块土地融为一体。他那张脸就是黄土高原，就是这块土地的历史沧桑。

“陕军东征”的六部长篇，我看过其中两部，《废都》和《白鹿原》。

《废都》中的西京，外地人也能看出那是古长安今西安，《白鹿原》中的白鹿原，我一直以为是作者虚构的一个地名，就像福克纳再现美国南方故人故事时创造出的并不存在的“邮票大的小镇”。我先居小城奎屯，后居小城宝鸡，当年上大学也是在宝鸡，大学毕业一年后西上天山，重归故里，与陈忠实老师相识，也一直把白鹿原当成一个文学地理名称。2004 年底迁居西安，2005 年秋天应邀去思源学院讲课，才知道大地上真有一个白鹿原，位于西安东南十五公里处，高三百多米，原面平坦开阔，南北宽十公里，东西长三十公里，浐河由西侧流过，灞河由东北绕过原脚，南靠秦岭终南山，地势雄伟险要。

阴阳交汇　长安居中

作为一个关中子弟，我生长求学于关中西府，偶尔去省城西安也是来去匆匆。我总有一个根深蒂固的观念，深沟大壑，险峻土原都在关中西府。

每次去西安，回宝鸡，武功杨陵是个分界线，武功杨陵以东全是大平原，杨陵以西开始出现西北黄土高原特有的一种地貌：貌似高原，但原顶又是十几公里到几十公里宽上百公里长的台地平原，这就是原。

我的故乡关中西府渭河北岸从武功杨陵向西到扶风岐山凤翔都是山岳一般险峻的台原，原下是渭河，原上是古老的周原，周秦王朝的龙兴之地。关中西府渭河北岸辽阔险峻气势逼人，南岸狭窄，最高的就算五丈原，诸葛亮当年屯兵北伐，司马懿雄居渭北周原，坚守不出，活活累死了诸葛孔明，五丈原成为孔明鞠躬尽瘁的地方。

周秦王朝在关中西部渭北原上积蓄力量，然后东进翦商扫六合。过了武功杨陵，渭北的台原消失了，关中平原一下子展开了，成为真正的大平原。周人先在岐山建岐邑，即中国最早的京邑，武王伐纣时周人先迁都沣镐，后过了渭河，在河南岸建新都，已经接近汉唐的长安了。秦人从西府周原的雍迁都咸阳，咸阳山南水北，阳气太足，大秦王朝一直欠缺阴气滋养，阴阳失调，“咸阳”只有阳没有阴，关中东部，渭河南岸辽阔肥沃富饶可以与关中西府渭河北岸古老的周原相媲美。

八水绕长安，长安南靠秦岭，秦岭与京都之间的台原有神禾原、少陵原、白鹿原、阳郭原、高塘原、孟原等。渭河在关中平原形成一个优美玄奥的太极图式，西府的周原，东府西安以南的诸多台原，西安即古长安正处在太极图式阴阳转换的交点上，渭河最宽阔的地域，关中的白菜心，人体的腰部肚脐眼部位，从西北高原崛起的任何一支力量只要沿渭河东进到达这个位置，就等于强壮的胳膊把女人的腰搂住了，周秦汉唐除秦外，都是三四百年的兴旺发达。

丹纳《艺术哲学》中阐述希腊艺术时提出种族环境时代的观点是有道理的，神州大地还有什么地方比关中平原更接近希腊、罗马的辉煌与文明？希腊、罗马是在两块土地上诞生的文明，如果说周是中国的希腊的话，秦就是以战功盖世的罗马，周秦竟然崛起于同一块土地——群山与高原之间的渭河谷地。

我很早就有看地图的习惯，中学时就收集各种地图册，纸上的地理与实地的地理还是差异很大。秦岭、祁连山、天山在地图上是三个地理概念，西域十年归来，又从宝鸡到西安，这三条山就是一条山，我才明白秦岭到西安南为何叫终南山，从中亚腹地奔向中原的巨龙般的神山在这里显灵了，长而安，我觉得长安借的不仅仅是八水环绕，更重要的是亚洲大陆这根最长最大的龙骨大梁：天山—祁连山—秦岭，这就是势，这就是地气。风水的科学叫法应该是环境地理学，丹纳的三元素中的地理环境更有说服力。

军事要塞　群雄逐鹿

2005年秋天，我登上西安东南的天然屏障白鹿原时，第一个强烈的感觉就是这是一个军事要塞，我首先回望原下的西安，几乎脱口而出，掌控白鹿原就等于掌控了整个西安，即古长安。

中学课本《鸿门宴》里“沛公还军灞上”的这个灞上，就是这个宽十公里长三十公里的白鹿原。秦失其鹿，群雄并起，先入关中者王，刘邦捷足先登先王关中，项羽后到，刘邦退出咸阳，但刘邦雄心未灭，驻军灞上，关中平原最宽阔最肥沃的白菜心还在掌控中，随时可以伸手去掏。然后鸿门宴，然后回灞上，先汉中后明修栈道重返关中。项羽火烧阿房宫，定都江东彭城，对关中的放弃就已经自断龙气，灭亡是迟早的事情。更早，王翦率六十万大军南下灭楚，秦王嬴政送至灞上的白鹿原，就是有名的老将军反复向秦王要房子要地以消除秦王猜疑的地方。估计是秦岭突出到关中平原的雄伟的台原白鹿原给秦王吃了定心丸，也给了老将王翦以勇气，秦军穿越秦岭灭了六国中面积最大人口最多的楚国。

比秦更早，周幽王与褒姒在白鹿原相邻的骊山烽火戏诸侯，西周灭亡，周平王东迁。史书记载，有白鹿出灞上，这应该是白鹿原正式名称的开始，白鹿游于原上，西周结束，东周开始，历史翻开新的一页。

白鹿原大放异彩应该是汉唐这个大时代。汉文帝和他的母亲、妻子的陵墓就在白鹿原上，就是有名的“顶妻背母汉文帝”。汉文帝的陵墓灞陵位于白鹿原北侧，陵墓依坡而成，如凤凰展翅，当地人叫凤凰嘴。文帝时与民休息，轻徭薄赋，社会安宁，秦末战乱所造成的破败荒凉萧条的局面得到恢复，与后来的景帝合称“文景之治”。汉文帝生活俭朴，陵墓借白鹿原地势而建，陪葬品都是泥土烧制的陶器，没有金银珠宝陪葬，连普通的青铜器都没有，送葬仪式也很简单，民间有“天葬汉文帝”之说。汉文帝平生孝敬父母，临终前叮嘱妻子窦皇后要厚待母亲薄太后，愿死后“顶妻背母”报其恩德。后来汉文帝陵与他的母亲薄太后南陵窦皇后陵按“顶妻背母”方位安置。

周人底色　汉唐先声

汉初行黄老之说，关中本是老子讲经著书的地方，文帝、景帝的风格更接近原始儒家。那个独尊儒术的汉武大帝雄才大略铺张浪费大兴土木与秦始皇并列，史称“秦皇汉武”，连同战国中晚期的楚国历代国王，给儿子迎娶秦女父亲夺之，于是有了伍子胥父子的一系列故事。

伍子胥借吴兵破楚国都，挖楚王墓鞭尸五百，后继者楚怀王也是为娶媳妇让张仪骗至秦国，西楚霸王项羽，世代为楚将，其行事风格得楚国贵族的真传。倒是刘邦这个楚国平民很适合关中这块土地。

我总以为陕西以至于大西北的底色是周人风格不是秦人风格。记得初到新疆第一次见到草原上的蒙古族人我大吃一惊，印象中成吉思汗的子孙们横扫欧亚大陆征服了世界是何等的强悍与凶猛。书本也告诉我游牧民族以狼为图腾，并以狼自称。可我眼前的蒙古族牧民十分淳朴，还有点腼腆、羞涩。在新疆生活久了才明白，狼不是草原的底色，草原人的底色是羊。《成吉思汗军歌》的第一句是“我们的队伍是群羊……”青海的诗人昌耀在《慈航》中写道：“爱的繁衍与生殖，比死亡的戕残更古老，更勇武百倍。”

周文化尤其周公一直是儒家的理想圣贤。我的故乡岐山为周宗庙所在，那些举世瞩目的青铜器大多都是“文革”后期平整土地修水利时农民挖出来的，大都献给国家了，近几年还不停地向国家捐献文物，别的地方连偷带挖都疯了。周人都是薄葬，根本没有王陵，秦的王陵、贵族陵又高又大专供后人挖，周人不是，史书记载：“周公，武王弟也，葬兄甚微。”周人奉行的原则是：“德弥厚者，葬弥薄，知愈深者，葬愈微，无德寡知，其葬愈厚。”

刘邦入关中算是接上原始儒家的地气了，汉武帝那种篡改过的儒术，还真是把儒变成了术，借儒的外壳行法家之术，武帝与秦始皇接轨，给西汉的崩溃打下伏笔。汉初几代帝王好不容易恢复了周的文明礼仪，改掉了秦的“免而无耻”。

到北宋张载关学兴起，陕西以至于西北，上上下下的文化心理模式基本稳定下来了：敦厚诚实不招摇不虚夸一直是西北人的基本特征。小说《白鹿原》的内涵也在于此。我喜欢小说初版时的封面，一个关中老汉活脱脱从黄土高原某一个台原的横断面雕刻出来的黄土雕像。我觉得小说中最成功的是一系列男人形象，感情深沉丰厚。写白嘉轩时总是强调：眼睛突出，下巴突出，这是典型的周人特征。

我一直生活在关中西部，西上天山十年迁居西安，才发现西安人的头型脸型比较混杂，连出租车司机也能一眼看出我是西府人。碰到在西安生活工作的西府乡党，大家都认为西安人一半是眼睛突出，下巴突出，这是从岐邑进沣镐的周人后裔，另一些西安人眼窝深，凹下去，脸部及头颅窄长有点斜，中亚胡人之后。关中是个大熔炉，南北朝五胡乱华，五代十国，关中的长安尤其是北方胡人的目标，唐代阿拉伯人、波斯人更多。小说对这种生理特征的强调应对了卷首语：一个民族的秘史。我记得我第一次见陈老师的情形。1995年底我举家迁回陕西，1996年我的小说《奔马》在《人民文学》发表，1997年我有幸在延安参加陕西青年作家座谈会，见到久仰已久的陈老师，背景是沟壑纵横的陕北高原，陈老师那张脸跟高原跟那本大书《白鹿原》浮雕一样刻在我的脑子里。2000年夏天我有幸参加“走马黄河”考察活动，在黄河上游甘肃东乡县书店见到《白鹿原》，老板告诉我这是东乡人喜欢的仅有的几本汉族作家作品。

东乡人大多是信仰伊斯兰教的蒙古血统人，血性剽悍有英雄气概，这也是《白鹿原》的魅力所在。有这样的书做枕头，就如同托尔斯泰以不朽的《哈吉穆拉特》当枕头一样。我一直认为《白鹿原》是一部男人的书，塑造了一群有血有肉的男人形象。白嘉轩、鹿三、鹿子霖、朱先生、白孝文、黑娃这些人物形象中我最喜欢黑娃。这大概跟我漫游西域大漠有关。我曾在《浪迹北疆》中写过关中的压抑与狭隘，走出关中走向大漠走向瀚海，跟汉唐时代的张骞、班超、苏轼、玄奘一样。黑娃应该成为西北大地的葛里高利，剽悍、血性、豪气冲天的哥萨克。1992 年冬天我在天山脚下读《白鹿原》时最打动我的就是我的乡党黑娃。1990 年我完成了长篇《百鸟朝凤》，算是向故乡告别。1991 年我完成《西去的骑手》初稿，一点也不自信。1992 年我在《白鹿原》中读到了来自故乡的草莽英雄黑娃。豪气冲天的尕司令马仲英就是大漠里的黑娃。集传统文化、现代文明与东北草莽豪气于一身的盛世才在西域大漠与马仲英的较量，所有的优势消失殆尽，只能依赖传统文化中最阴暗的力量苟延残喘。我的另一个梦想是以长篇《西去的骑手》向只有短篇没有长篇的巴别尔致敬，向我无限敬仰的草原圣典《蒙古秘史》致敬。回到陕西看到许多资料，发现柳青和陈老师都喜欢《静静的顿河》，葛里高利这个顿河哥萨克，哥萨克本来就是突厥语，自由勇士之意，与中亚的哈萨克与草原大漠的英雄豪杰血气相通，与西北高原的英雄豪杰血气相通。《西去的骑手》开篇就是一群西北汉子在天山脚下大战顿河哥萨克，时光闪回到盛唐，关中猛将薛仁贵三箭定天山。

安史之乱至宋以后长安及关中都不再是中心了，政治经济的中心位置丧失了，但文化及民族心理深处的关键性元素并未消失，按法国年鉴派史学大师布罗代尔的说法，思想文化传统属于“长时段”的结构性因素，与“结构”相比，“时局”与“事件”都是一些容易消失的历史表象。

美是一种心灵的内在需要，需要挖一口深井。渭河两岸的旱原打几十米的深井才有水，那都是甘美清凉沁人心脾的水。西域大漠几十米几百米几千米沙层的荒漠甘泉简直是上天的福音。古长安作为丝绸之路的起点也是沙漠之舟骆驼在中原的终点。唐代白鹿原作为京城东边的天然屏障由神策军驻守以驼队运水到大明宫。民国时冯玉祥的西北军在甘肃征数千峰骆驼，到西安还好好的，到洛阳骆驼全死掉了。丝绸之路与亚陆大陆的龙骨大梁秦岭、祁连山、天山相依相伴，很难想象没有西域的长安是什么样子。

长安从西周的沣镐开始就有天下意识国际意识，周人不但留下了《诗经》和原始儒家的“礼乐”文化，还留下了周穆王西巡昆仑会西母王的《穆天子传》，可以说是张骞通西域的先声，周人的世界目光为汉唐打下了基础。白居易在白鹿原上留下了诗句，唐的王公贵族在此狩猎游乐。唐末黄巢大军攻入长安，又退守白鹿原，在此屯兵养马。黄巢有霸气十足的豪言壮语，却无刘邦的胸怀与雄才大略，他的大军在岐山龙尾沟惨败，部将朱温背叛黄巢降唐又叛唐，朱温残暴比安禄山有过之而无不及，为营建后梁国都洛阳，朱温把长安拆得片瓦不留，砖瓦木梁顺渭河漂流而下，长安彻底毁掉，再也没恢复元气。

1924 年鲁迅先生来西安讲学，西安破败颓废，败了鲁迅写《杨贵妃》的兴致，倒是碑林以及西安周边汉唐王陵前的石雕，让先生感受到汉唐大时代的中国人的生命气象。

樱桃相伴　书院依旧

今天白鹿原最引人注目的是万亩樱桃园和思源学院白鹿书院。白鹿原东边有三万亩樱桃园。

土樱桃有近百年的历史，面积缩小，卖不出好价钱，但土樱桃开花早，3 月开花，生长期长，皮薄，味醇厚深长。洋樱桃个大，价钱好，4

月花开，5 月果红，每年 5 月 20 日的白鹿原都有樱桃节。西安人 3 月上原赏土樱桃花，4 月就是花的海洋了，三万亩洋樱桃花齐开放跟放焰火一样。5 月樱桃红，就是品尝果实的时候了。

与樱桃沟相连的鲸鱼沟全是竹林与水库，是游玩的好地方。相传共工怒触不周山，天崩地裂，两条大鲸鱼驮了七十个百姓，逃到白鹿原，有点诺亚方舟的味道。鲸鱼游回东海时在白鹿原东西两侧留下鱼鳞状的深沟和河流，雄鲸鱼从蓝田入灞河，雌鲸鱼入浐河，在渭河相会回归东海。陈忠实“文革”后期担任灞桥公社革委会副主任，领一帮民工修建灞河堤坝，这种水利工程的社会活动是否造就了以后创作长篇小说的结构能力?

有意思的是中国文坛两位大师级的作家都与水利工程有关系。贾平凹早年曾在陕西商洛修过水库，给工地写标语，练就了后来的书法功底与自然山水的道家风骨。

位于白鹿原西北半坡上的思源学院，近千亩大，校园绿化面积 90%，典型的园林式学校。思源学院前身是西安交大机械工程系培训中心，经过公办民助，民办公管，民办民营，形成占地近千亩十八个院系四万多学生的民办大学，跻身全国民办大学前十名。这里建有“陈忠实文学纪念馆”“白鹿书院”，许多专家学者作家评论家编辑家来讲学交流。陈老师去世后贾平凹在悼词中写道:“文坛扛鼎角色，关中正大人物。”我认为这是对陈老师最好的评价，关中自古王者之地。《白鹿原》与《废都》呈现一种互补关系，如果说《白鹿原》写了关中男人的强悍和阳刚,《废都》则写了文人的颓废与绝望，前者是托尔斯泰的阳光灿烂，后者是陀思妥耶夫斯基的阴沉与黑暗。

原载《当代》2016 年第 4 期

旌忠练实

吴克敬

在手机上写稿，于我是头一次。

这是陈忠实先生逼出来的。宝鸡文学六十年活动，安排在 2016 年 4 月 29 日，这天早晨起来，在省委组织部工作的妻子知道我与陈忠实先生的感情，她受组织部领导的委托，要与组织部的一位副部长，去西京医院看望住院治疗的陈先生，问我去不去。我给她说了宝鸡的事情，并遗憾地说我真该去医院看望先生的。我所以遗憾，是因为先生病情不好的时候，是怕人看望他的。我尊重先生的意愿，硬是忍着没去医院。妻子他们代表组织去，是和医院沟通了的，而且也已与省作协联系，由他们转告先生，先生也点头同意了的，机会难得，可我答应了故乡宝鸡的邀请，就只能驱车往宝鸡去了。汽车在高速公路上奔驰着，刚好入了宝鸡地界，我的手机响了，是妻子打来的，我把手机刚刚贴在耳朵上，就听到妻子哽咽着说:“陈先生仙逝了！”我被妻子的哽咽和言语，一下子弄蒙了，半天没有反应过来，我知道妻子不会说谎，但我还是本能地问了她一句:“是真的吗？”妻子仍然哽咽着说:“我们没有赶上。”妻子的话，到我从宝鸡回来，去省作协设就的灵堂祭拜时，得到了省作协常务副主席黄道峻的证实，他说他本来约好要陪我妻子他们去医院看望先生的，医院紧急电话打到了他的手机上，他没顾上等待他们，直接去了医院，先生就是在这个时候仙逝了。

这个时候就是先生的讣告里公布的时候。

妻子哽咽着挂断了手机，而我却没有，缓缓地从耳朵边拿下来，平放在右大腿上，来写纪念陈先生的文章了。悲伤之中，一切与先生有过的经历，瞬间涌入我的脑海，千言万语，我首先写下《在高山顶上》的题目，接着就从他发表《白鹿原》往下走，说他一部《白鹿原》，突兀地站在了“文学的高山顶”上。我这么说，虽然是我自己的体会与感受，但我相信，有太多太多陈先生的粉丝，会赞同我的观点的。我叮嘱开车的师傅，把车开慢一些，师傅心有灵犀地开慢了。我和妻子的通话，师傅听见了，在我于手机上写着文字时，他小心地问了我一句，“是写给陈老师的吗？”我点头回答了他，他便把汽车开得慢而平稳，使我在高速路上的汽车里，到下宝鸡出口的时候，写就了纪念陈先生的文章。可我在最后落下的日期时，不知怎么就落错了，把明明白白的29日，落成了128日。《小说月报》原创版的执行主编韩新枝，以编辑家的敏锐，首先发现了问题，发微信告我日期上的错误。此后还有细心的朋友，用微信、短信告诉了我的手误。我想不通怎么会出那样一个错，128日，纪年纪月纪日的时间里，哪里会有一个128日？这是荒唐的，我脸红了，想我其时是如何手书上那个日期的？我想不明白，于是就赖我的手指，还把手指伸进嘴里，在牙齿上咬了咬，咬着时一个念头蓦然浮现出来，以为我手书错了的日期，并不是错。我的手指在手书日期的那一刻，是一根别样的手指，灵魂地替我手书上去的。把29日减去1日，挪到这组数字的前面，就成了128日。所以如此，盖因为我们不愿意先生离去，而先生也不愿意离我们而去。

先生好！就让我们活在这个错误的日期里，生生息息，天长地久……

可是先生还是决然地走了。5 月 5 日，即是与先生告别的日子，我想我还有话要说。2007 年，我从供职的《西安日报》离开，没头蜂似的扎进文学的圈子，点灯熬油了近十年，一本书一本书地写，一本书一本书地出，除了数量的堆积，弄点儿小钱以外，还有什么呢？我不是妄自菲薄，告别先生，我是该有自己的觉悟的。我是不能只做个文学的劳模的，而是必须静下心来，向先生学习，做一个能给自己垫枕的东西出来呢！

告别先生，我说的是我的心声，就如我致祭先生的文章《在高山顶上》一样。那篇短文刊发出来后，凤凰网转载时想配发一幅我与先生的照片，此外，还有香港《大公报》等媒体，也要转发，也想要我与先生的照片，可我怎么都翻不出与先生的合照，只好无奈地作罢。我想我是和先生照过相的，正在无奈遗憾的时候，朋友于 3 日晚聚茶，说起陈先生，雁塔公安分局政委李会贤，告诉我他那里有我与陈先生的一幅合照。政委说了，还当即起身回他办公室，拿来了他已装进镜框的我和先生的合照。先生和我的这一幅合照，政委当时就在场，是他的另一位朋友照的，很有些专业的水平。先生和我并肩而立，笑得是那样的开心，那样的温暖。我把合照从政委手里接过来，抱在怀里，久久不忍放下。我抱着我们的合照，就像我抱着先生似的，有一股暖流，仿佛永不断流的温泉，正汩汩地浸润着我的身体，我流泪了，哗哗啦啦，我是该有这一场没遮没掩的痛哭的，我哭别先生，却在心里还为先生撰书了一副小联。

我为先生所写的联句，围绕的是他的名字，“旌忠练实”陈忠实。何谓旌忠，意即表彰忠节。《宋史・寇准传》有云：“皇祐四年诏翰林学士孙抃撰神道碑，帝为篆其首曰‘旌忠’。”《明史・英宗后纪》：“冬十月丁酉，赐王振祭葬，立祠曰‘旌忠’”；何谓练实，意即竹子开花后结的果实。《庄子・秋水》：“夫鹓雏发于南海，而飞于北海；非梧桐不止，非练实不食，非醴泉不饮。”这可是先生一生的写照？我想有点儿吧。

联曰：

旌忠随伴书一卷

练实可人花千秋

2016年5月4日于西安曲江

原载《延河》2016年第6期

伟大的作家都是思想家

李国平

陈忠实逝世后，我执笔了他的生平。这是一个公共行为，但也掩藏着我的感情，除此之外，没有写任何文字，没有勇气触碰心灵深处的东西。回顾他的创作道路，探索他的文学思考，整理他的精神遗产，情感上仍然不愿承认应该进行这样的工作了。

在当代中国，陈忠实这样的作家，无疑具有文化标本意义。他令人想起四川的周克芹，想起河北的贾大山，他们这一代或稍后的作家，星布于鲁豫和云贵，像陕西的路遥、贾平凹们，出身卑微，依托的背景就是大地和天空，拥有的资源就是乡村和田野，最应该接受知识的青春成长期却遭遇知识匮乏的时代，还无可避免地要面对“极左”思潮的影响，“文化大革命”的伤害，是改革开放、思想解放的时代变局使他们获得了文学新生。他们更新或者丰富了百年以来中国文学的主体结构，他们的创作，在相当长的一个时期内构成了当代文学的主要成就。因为命运时钟的安排，他们抵达的终点不同，但是他们的文学道路，累积着中国当代文学的丰富经验，折射着浓重的社会政治文化信息。

若追究陈忠实的文学接受，有一涓涓细流被人忽视，又极其重要，这就是新文学的传统。陈忠实早期的阅读，他自己记述有茅盾的作品，巴金的“激流三部曲”和“爱情三部曲”，柔石的小说，蒋光慈的作品，李广田的散文。陈忠实对鲁迅的《阿Q正传》和《风波》有作为一个作家独特的体悟和解读，发生于他对自己创作痛苦的思辨期，鲁迅的深广直接启迪着他的思考。陈忠实最直接的文学情感亲近者是赵树理，最直接的导师是柳青。赵树理的创作，本身就是新文学的一部分，是新文学在时代流变中生发的新的特征。柳青深受新文学的影响，陈忠实对柳青的师承，隐秘地铺垫着新文学的谱系。这里有着对文学传统的直接的接受和间接的让渡关系。现代意义上的新文学呼应的民族救亡的主题，引入的启蒙思想，寻求新思想、新生力的愿景，现实主义精神和人道主义思潮，是滋养陈忠实一生的思想营养。这一脉络，以对传统文化的思考为主要方式，集中于《白鹿原》中，形成了新的文学成果。

陈忠实的文学道路上，曾经发生过不止一次危机。他在心理层面和文学叙述层面用“苦闷”“痛苦”和“枯涩”进行描述。陈忠实记述过他创作史上作品人物弃他而去的“集体叛离”现象，这是他“从事写作以来所经历的最严重的痛苦”。如何处置自己的文学危机，将精神旧我蜕变为精神新我，在陈忠实也是一个激烈痛苦的过程，借喻阿·托尔斯泰的在血水里泡三次，碱水里泡三次，清水里泡三次也不过分。陈忠实称之为“剥离”，“无异于在心理上进行一种剥刮腐肉的手术”，进行“一次又一次从血肉到精神再到心理的剥离过程”。这个过程，陈忠实在文学层面有过剖析：“涤荡自己意识和思维中的极“左”话语，使自己从已经僵化的叙述模式中走出来。”在精神层面，陈忠实创作道路上所发生的跃升则可以说明，以最严酷的自我否定和自我批判精神和最积极的开放思想迎接时代精神的洗礼，从而赋予作品更大的思想格局。陈忠实的文化剥离和精神新生，在当代文学史上恐非个案，在道路意义上的探讨，也是一个普遍现象和普遍课题。

陈忠实的《白鹿原》已有共识。陈忠实对自己的创作却有清醒的认识："离高峰还很远，只能把这当做攀向另一个高峰的台阶，争取获得另一次突破的途径和力量。"陈忠实有文章记述自己对当代世界文学的阅读和接受，他热烈而诚实地认同《活动变人形》和《古船》对自己的启发，有一篇文章题目就叫《难忘 1985，打开自己》，他在对当代最前沿的思想成果和文学资源的吸纳中，在对中国当代文学成果、传统的尊重中，"强烈地意识到他自己的历史地位和当代价值"（艾略特语），以自己的创作给当代文学的动态体系增加了意义。更重要的是，他和当代作家一起，共同分享着这个时代的文学经验和思想成果。不断地背离和超越原来的思维，在更宽广的世界视野中打开自己，获得一种新的参照，这应该是陈忠实和中国当代作家一起开拓的当代中国文学新的道路。

陈忠实在文学道路上从来没有停止过思考，他读鲁迅，读出"要有穿透封建权力的思想和对独裁制度批判的力量"，他把当代作家置放于更宽广的文学传统中评价，说包括自己在内，还要追寻"五四"时代新文化先行者的思想穿透力。"文学依然神圣"是陈忠实提出的一个命题，是有感而发。"伟大的作家都是思想家"，是陈忠实创作后期的感悟，这一认知，今天已成习常，但在陈忠实却非轻易道出，几乎出自他一生的文学道路。"什么制约着作家不能进入一个新的创作境界？就是思想"，"如果没有形成独立的思想，不具备那种能够穿透历史和现实的独立精神力量的话，他就不能够把自己的精神上升到一个应有的高度"，和当代许多作家一样，在追寻思想家这个高度上，陈忠实意识到了，没有完成，在追攀这个目标的道路上，陈忠实停止了，倒下了，但是他的思考和追求，应该能获得当代作家的共鸣。

原载 2016 年 6 月 13 日《文艺报》

陈忠实对当今的启示意义

梁鸿鹰

一个作家所具有的不可替代性，在其离世之后会显得格外突出，今天对陈忠实及《白鹿原》现象与社会历史、文化思潮的联系进行解读，会面临语言和见解的双重匮乏，但可以启发我们深入思考与当今文学的一些联系。

文学与生活和人。陈忠实作为中国乡村的伟大之子，其文学创造为农村生活所砥砺和成就。他与农村这个文学的伟大学校没有过须臾疏离，他坚信深入生活最可靠，不仅可以丰富生活素材，还可以纠正偏见，到生活中去，点面结合，写起来才有根底，不会走大样，因而长期固执地在纷乱的农村生活中拨弄自己要寻找的东西，未曾有所动摇。他了解农民的全部落后庸俗但不厌恶背离他们，而是激赏他们对中国社会的支撑作用，这构成他所有创作的一大背景和前提。即使在写作最紧张的时候，他也不拒绝来自农民哪怕最微小的请求，甘愿放下宝贵的写作，去当那些芸芸众生们红白喜事的“账房先生”，因给逝去的乡党写挽联受到夸赞而欣喜，为给乡亲儿孙婚礼收份子钱记账而乐此不疲。他在农村公社当了十多年干部，一心一意搞好自己分担的工作，了解农村历史与现实，打下的厚实生活基础使创作游刃有余。他的作品和笔下人物，用王汶石的话讲，一看可知作者就是在农田基建大会战的工地上、在县三级干部会议中、在麦草铺垫的通铺上滚过多年的。

文学与时代的要求。陈忠实信奉美国作家杰克·伦敦的话，一个优秀的作家“从来都是将自己滚烫的手按在时代的脉搏上”。他把追随火热时代当成自己的使命。十一届三中全会以后有一段时间他曾非常苦恼，因为原来接受的文艺理论在对应和理解新生活时已经无能为力，而曾经有过的图解生活的经历更使他后怕，一度想躲到已有定论的生活中去，或写点回忆童年生活的东西算了，但最终还是无法超脱、无法背向时代，因此写了不少与时代同步共振而获得好评的作品，如《信任》《初夏》《四妹子》《康家小院》《蓝袍先生》《梆子老太》等，反映农民正在与昨天告别的艰难，时代的强烈冲击诞生了他笔下的人物。他依靠研究、发现时代给予的启示去化解创作中的一个个难题。《白鹿原》再现中国半个多世纪社会历史秩序的变化，反映人的心灵和精神蜕变的历史真实，回应的未尝不是时代的迫切要求。

作家和文学的志向。陈忠实过了四十岁以后感到写一部告慰自己一生的作品的紧迫性，为此他立下给全人类写一本书的志向，他谋深远，站高处，心无旁骛，不为琐碎欲望所左右。在他看来，真正的文学创造需要振奋艺术魄力，排斥“非文学因素”，文过饰非的花架子、错误文艺思想的引导、简单配合政治等等，作为非文学因素，都是振奋艺术魄力的最大障碍。他拒绝“非文学因素”干扰的法宝之一就是走进生活，沉潜到经典那里去进行广博的吸收借鉴，苏俄欧美拉美，现代当代精英通俗，他都如饥似渴，甚至为解决作品的可读性问题，研究过美国畅销书作家西德尼·谢尔顿的作品。《白鹿原》发展了《蓝袍先生》善于写人在时代中的变化之难的优势，激发出真正现实主义巨大的艺术说服力，让所意识到的历史和现实内容，以及独特的生命体验竞相迸发。作品在历史、文化、民俗等方面富于样本作用，集现实与魔幻、大善与大恶、大爱与大恨于一体。对话语言如生活中陕西方言的实录，鲜活且有劲道，叙述语言则严格按照白话文语法规则，显现了新文学传统的实绩。他让文学成为人类心灵沟通的最佳途径，如《白鹿原》的性描写是用理性的健全心理来展开的，深入解析和叙述了人物的性形态、性文化心理和性心理结构，但不以性作为诱饵诱惑读者，有助于打破人们对性的神秘感、羞耻感。

原载 2016 年 6 月 13 日《文艺报》

白鹿原上“风搅雪”，令人长忆陈忠实

张志忠

陈忠实先生溘然长逝，文坛震动，我的心情也数日难以平静。

比起许多高产的当代作家，陈忠实的作品不算多，引人瞩目者唯有一部《白鹿原》。但是，自从《白鹿原》问世后的二十余年，它的意义和价值，在赞扬、争议和争鸣中逐渐凸显，越来越展露出它对世纪风云的穿透力，它对白鹿原上诸多鲜活人物的精彩刻画，冠绝一时。就像蒋勋先生解说“孤篇压全唐”的《春江花月夜》一诗所言:“这个人作品不多，只有一两篇作品，所以叫孤篇;‘以孤篇压倒全唐之作’，是说比全部的唐诗还要好。做诗人做到这样真是很过瘾，平时不轻易出手，一出手就是最好。我基本上不把《春江花月夜》看做张若虚个人化的才气表现，而是强调初唐时期，人的精神有一种前所未有的辽阔，在空间和时间上，都开始有一种扩大”(《蒋勋说唐诗》)。这样的评价，也非常合适移用于评价陈忠实的《白鹿原》。

陈忠实的创作，从1960年代开始起步，进入1980年代中期开笔写作《白鹿原》，其间经历了荒芜与喧嚣并存的十年“文革”，经历了狂飙突进、追新逐异的1980年代，在文脉传承上，既得益于寻根文学开创的对民族文化与当代生活之关联的深度考察，也恰逢新时期文学之中短篇小说向长篇小说体裁延伸拓展的关节点上，文学的视野逐渐辽阔起来。长篇小说，不仅意味着篇幅的放大，在时间、空间和表现历史风云的广阔上，亦具有新的高度，新的气象。《白鹿原》在表现二十世纪中国历史进程上，前承张炜的《古船》，后引一大批铺叙百年历史长卷的长篇小说；而且，陈忠实又是个心中装着读者的作家，他在追求思想性与艺术性的创新的同时，力求强化作品的可读性，在赢取文学的市场化效应上用了很大心思，使得《白鹿原》实现了专家叫好，读者买账的双赢，具有标志性的文学史意义。

《白鹿原》从满清末年写起，西安古城的辛亥光复，白鹿原上的民主革命，国共两党从戮力同心，到决裂厮杀，“交农”与“风搅雪”，抗日大业与赈灾济贫等一系列关乎民族存亡与一方兴衰的重大事件尽收囊中，而归结于“文革”初期红卫兵对朱先生墓的掘骨扬灰。凡此种种大历史，汇聚于渭河流域之白鹿原上的白鹿村，与日常生活的春种秋收，宗族血缘，婚丧嫁娶，生老病死，民情风俗，儿女情长，融合在一起，写出了白鹿原上的众生百相，写出了壮阔的历史风云在关中黄土地上一个小小村落激起的大风大浪与阵阵涟漪，现代政治召唤出的狂暴之力对旧时代与传统文化的摧枯拉朽似的冲击与破坏。

白鹿村以仁义著称，儒家文化传承久远，是中国特有的乡绅政治的典范所在。关学大儒朱先生，在欧风美雨的侵蚀之下，信守本土传统，弘扬儒家之道：独身劝退围困西安的二十万清军，拯救古城及城民免于刀兵之灾；以“孔子修春秋，乱臣贼子惧”的方式撰写滋水县志，彰显历史正义；兴办白鹿书院，教化一方之地，主持赈灾两袖清风，禁毁罂粟种植不遗余力，成为护佑这一方土地的儒家精神象征。在他的人格熏陶和切实可行的指导下，白鹿村的村民，订立了符合儒家规范的村规民约，白鹿村的族长白嘉轩更是把从朱先生那里得到的教诲，转化为乡村生活的实践形态，不但把白鹿村管理得井然有序，而且带头捐资办学，体恤孤寡贫弱，恪守礼教精神，善待自家长工，确立了他在白鹿村的权威和声望。在同宗而不同姓的白鹿两姓中，白嘉轩作为农耕文化的优秀代表，与沾染了传统的商业文化之唯利是图的鹿子霖，处于既合作又有明争暗斗的紧张状态中，但行正严明的他，仍然经常处于上风，虽然纷争不断，却也于大局无碍。

由儒家文化主导下的乡村生活形态，却在现代历史进程中遭到颠覆和毁灭，白鹿两家的下一代人，白孝文、白灵、鹿兆鹏、鹿兆海、黑娃，以及外来的年轻女性田小娥，在时代风云的感召下，选择了各自的叛逆之路，反叛专制的大家长白嘉轩，反抗贫富悬殊损不足以奉有余的旧体制，反叛以维持现状保守平庸为要义的乡村生活形态。年轻的生命，各有自己的诉求，形而上的理想主义和青春生命的欲望冲动，一次又一次地席卷白鹿原的时代狂潮，则从根本上动摇和瓦解了朱先生和白嘉轩联手共建的乡村乌托邦。

还需要指出的是，尽管陈忠实对传统儒家文化和仁义观念充满了向往追慕之情，但是，他并不像今天的某些所谓新儒家那样，会被自己的激越情感遮蔽冷峻观察和思考的眼睛。对现实生活复杂性的深切体验，和文学特有的对复杂悖谬的社会现象、人物形态的浑厚涵容，使得《白鹿原》也揭示了儒家文化对底层、对妇女和边缘人的排斥压抑，乃至精神的和肉体的虐杀。一方面，儒家文化陈义太高，无法在现实中真正实施，白鹿原上鸦片种植一经泛滥就难以彻底禁毁，而白嘉轩竟然是首开其端者；朱先生是仅有的儒家“圣人”，但是，独善其身可以做到尽善尽美，“人皆可以为圣贤”毕竟只是一种浪漫想象的状态。一方面，作为以守成为其特征的文化，扼杀了青年人的生命冲动和变革愿望，更以庄严无比的名目，对黑娃、田小娥、白孝文等人，施以极其严厉的惩罚，将黑娃和白孝文推向了叛逆之路，也导致了可怜无辜的弱女子田小娥的意外死亡。而且她死后仍然不得安宁，遭到朱先生和白嘉轩的恶毒诅咒和密谋策划，令其尸骨无存。这样的笔墨，让我们看到了传统文化与乡村生活中吞噬青春，制造自己的牺牲者与反叛者的狰狞可怖。如果在“天不变，道亦不变”的时代，少数年轻人的孤独叛逆，掀不起大的波澜，但在二十世纪的时代巨变中，就形成“风搅雪”、浪滔天之势。陈忠实不仅是“爱而知其恶”，也体现了新旧世纪之交在回归传统文化的社会思潮中由衷向往与本能困惑的悖反心态，从而极大地提高了作品的思想和情感的价值。

纪念一个作家，最好的方式就是阅读其作品，在与作品的精神对话中，体验作家那不死的灵魂。白鹿原上“风搅雪”，令人长忆陈忠实，这个题目，是对李白诗句的拙劣模仿，“解道‘澄江净如练’，令人长忆谢玄晖”，借此表达我对陈忠实先生的悼念之情。

原载 2016 年 6 月 13 日《文艺报》

原上原下

白　描

一

这里是关中平原的边角地带，一方混沌苍茫的天地。

北边是河，南边是原，东边是山。河道里顽石遍布，细瘦的河水慵懒萎靡，流得无精打采。河堤之外是农田，土地不算肥沃，村落散布在原上原下，几乎都是一样的平庸、沧桑、灰头土脸。人们世世代代守着脚下的土地，在沉重的劳作中挣扎、喘息，年景不好时会怨天尤人，心气不顺时会骂人干仗，但更多的时候是心平气和，与世无争，也容易满足，但凡逢上风调雨顺，看见地里的麦穗饱满，豆荚鼓胀，他们便会笑逐颜开，额手相庆，日子过得倒也舒坦自在，有滋有味。

这里离西安不远，五十里地，但庄户人家，去那花花绿绿、闹闹哄哄的省城干啥？五十里地也要走路爬坡，过河涉水，来回一天都急急慌慌，耽误地里的活计不说，口袋里没银子，去了教人当叫花子看？乡下人就是乡下人，过自己的日子当紧，原坡下庄稼的长势，河堤柳梢上的春暖秋凉，圈里母猪下了几只猪崽，囤里的粮食能不能接到麦黄，土坯旧房能否遮风挡雨，黄鼠狼夜晚又叼走了几只鸡，东邻西舍媳妇的针线茶饭如何，谁家有了生老病死……只有这一切，才是他们心之所系，构成了日常的喜怒哀乐和最要紧的话题。这个世界被骊山、灞水和白鹿原围拢，距离城市五十里的距离，就是距离另一个世界的五十里鸿沟。这里的日出日落，与远方无关。

这是一个幽闭的穷地方。

还有大煞风景的事情。

康熙四十二年，皇上西巡陕西，经风陵，渡黄河，入潼关，进关中，路过骊山脚下，臣子们奏请乾隆帝游览骊山。此山远望如同一匹黑色骏马，故以骊山名之。上古时期，女娲在这里“炼石补天”；西周王室在这里建造烽火台，特别是秦始皇千挑万选，将他的陵寝建在骊山脚下。山上自然景观秀丽，文物胜迹众多：烽火台、老母殿、老君殿、晚照亭、上善湖、七夕桥、遇仙桥、三元洞……康熙在山脚下细细打量，传谕奉上笔墨，题诗一首，随后命御驾转头离去。诗曰：“骊山九破头，灞水向西流，民无百年富，官至二品休。”世人看骊山形如骏马，康熙却以为是乱峰破头。那山脚下的灞水，确是西向而流，康熙断定此地风水不佳，拒绝登山。康熙懂不懂风水，是不是真写了那首诗，值得怀疑，但这传说传播开来，便如同谶语，让这一方水土自惭形秽。

陈忠实就出生在这块土地上，村子叫西蒋村，村子东北方向就是骊山，村前就是向西流去的灞水。

山压原挤，僻远苍凉，又传说遭康熙帝厌弃，这地方实在有点让人丧气。

但还可以做梦。

若干年后，当陈忠实打开一本名叫《百年孤独》的书，读到被他视为“神人”的哥伦比亚作家马尔克斯的第一句话时，犹如受到电击：“多年以后，奥雷连诺上校站在行刑队面前，准会想起父亲带他去参观冰块的那个遥远的下午。”他眼前跳出的画面是父亲带他去看戏的那些遥远的日子。少年奥雷连诺看到吉普赛人表演杂耍，父亲带陈忠实看的却是秦地戏台班子的演出。他坐在父亲的肩膀上，在拥挤的人群里高高在上。每逢节庆或麦收忙罢农人短暂歇息的日子，原上原下一些村子就会搭台唱戏，十里八乡内的男女都会赶去看热闹。小小陈忠实不懂戏文，不明白那些红脸白脸吼呀唱呀说呀念呀扭呀晃呀在表达什么，不明白穿着戏袍的那些人甩胡须抖帽翅是想干啥，但在原上原下的土戏台前，在父亲的肩膀上，看到有人哭，有人笑，他获得了一个粗浅的认识：在没有他之前，这个世界上曾发生过很多让人高兴或让人悲伤的事情，这些事情铭刻在人们记忆里，穿过长长的光阴，一直被说着唱着念着想着，就像村前的灞河水一样，世代流淌。再过若干年后，他才明白，那叫历史。历史早已翻过，但历史不会泯灭。父亲带他去看戏，实际上在他懵懂的意识里已经种植下对历史好奇的心苗。

培养他好奇心的还有流传于原上原下的传说：周幽王戏诸侯，秦穆公称霸西戎改滋水为灞水，刘邦侥幸逃离鸿门宴亡命白鹿原，灞柳伤别，白鹿精灵……乡人把传播历史掌故叫“说古经”。“古经”点燃了少年陈忠实探究这个世界最初的兴趣。他在后院喂猪，背靠猪圈的短墙，呆呆地想：仓皇逃命的刘邦是不是就从他家后门这条小路逃回他在白鹿原的大本营？临近的铜人原是秦始皇焚书坑儒的现场，那些被活埋的读书人，尸骨还能挖出来吗？还有不远处的凤栖原上埋葬着汉文帝和汉宣帝，那被人称颂的“文景之治”好在哪里？一切仅仅是好奇，一切都还懵懵懂懂，但他的目光试探着越过灞水河道里的雾岚和白鹿原顶头的云朵，开始想象远方。

但直到十二岁前，他没有走出囿于他的那个封闭的世界。他生命中的第一次远足，发生在他的第一个本命年，我在《不能永远穿着没有后跟的破鞋走路》一文里记录了此事：他随着老师同学去三十里路外的小镇考初中。沙石路磨穿了他的破鞋底子，磨破了他的脚后跟，血肉模糊的双脚几乎无法支撑他走进考场，直到看见飞驶而过的火车，看到“世界上有那么多人不用脚走路”，他才奋然跃起，发誓“不能永远穿着没有后跟的破鞋走路”。这是走出家门，走出白鹿原的第一次努力，他还寄希望自己走得更远。但这希望夭折于六年后的高考。那是1962年，刚刚经历三年大饥荒，城市里养不起更多人口，全国大学招生名额大幅度降低，这一变故把他挡在希望的门槛之外。但在此前他发现了一条通道，一条充满魔力、勾人心魄的通道，是书籍，是文学。他从图书馆弄来好多小说，先是中国的，后是外国的，读书让他的目光突然延伸到很远的地方，那些地方他从不知晓，但在阅读里，他走进了魏、蜀、吴三国交锋的战场、水浒梁山的山寨、通往西天的取经路，走进了三里湾、黄甫村、柴达木盆地，走进了保卫延安的硝烟、渭北平原大木匠和卖菜者的村落，还有更远的地方——顿河哥萨克人的牧场、俄国中部的白净草原、塞纳河畔的城市和教堂、英国的呼啸山庄、西班牙执矛骑士挑战风车的荒原和旅店城堡……书籍里的世界是那么丰富多彩，那么奇幻迷人，能不能也来建造一个自己的世界呢？

他动手了，在他十六岁那年。全国都在大跃进，他造了一座山，他的心飞到了云端：“粮食堆如山，钢铁入云端。兵强马又壮，收复我台湾。”这首诗发表于《西安晚报》，很正规的公开发行的报纸，但此后他并不认可这是他的处女作。在创作年表上他把他的处女作向后推了七年——1965年3月8日发表于《西安晚报》副刊的散文《夜过流沙沟》。

白鹿原北坡下一个庄户人家的儿子，要走出这片苍茫混沌的土地，向着梦想飞翔了。

二

但随后突然发生的一切，让眼前的世界变得不可思议。革命、造反、火烧、炮打、摧毁、砸碎、大破、大立、狗头、画皮、游街、示众……一切全乱了套。他读过的那些书，那些让他心摇神荡带他走向另一个世界的书，一律遭到查禁，作家们都是“裴多菲俱乐部”里的人物，听说西安城里正批斗作家，那个一直驻守长安县黄甫村过着农民生活的柳青，他最为崇敬的陕北老头，也被揪了回去，脖子上挂着牌牌，押在大卡车上，游遍了西安城东西南北四条大街，他的常识遭到颠覆，他顿觉周身寒彻，心灰意冷——看来作家是当不成了。

但他不甘心。

当民办教师，他私下给学生们仍在讲中国的“小二黑结婚”和俄国的“小公务员之死”；当公社卫生院院长，他带领赤脚医生去秦岭的深山老林里挖药，帆布挎包里仍塞着《创业史》。后来形势稍微松动，文学出现复苏的迹象，早先埋藏在他心里那颗梦想的种子，也随之萌动，被堵死的路，在面前裂开一道缝隙，有光亮从那缝隙里透射过来，他循着这光亮，试探性地迈开步子。

在陕西后起的青年作家中，陈忠实是兄长，是这票人马重要的领军人物。1973年、1974年、1975年连续三年，陈忠实一年一炮，推出小说《接班以后》《高家兄弟》《公社书记》，让发表他的作品的《陕西文艺》洛阳纸贵。这是后来被称作文学陕军这支队伍的开山炮，并由此为其后整个青年作家群体的创作奠定了基调，涂抹上最初的底色，让青年作家们看到在当时浓重的“文革”氛围下，把柳青等老一代作家主张的现实主义创作方法和精神熔铸到自己创作实践中的可能性和实现通道。

那一阵子人们对陈忠实刮目相看，他的影响越过陕西地面，越过潼关，引起全国文坛瞩目。但后来，一位陕北后生平地突起，光芒四射，成为比陈忠实名声更响亮的陕西文学又一领军人物。

这是路遥。

其实，二十世纪七八十年代的陕西文坛，谁站到青年作家队伍的前列都不奇怪。那时冒出很多人：徐建铭、陈忠实、邹志安、京夫、路遥、王蓬、沙石、贾平凹、莫伸、程海、李康美、李天芳、李佩芝、李凤杰、蒋金彦、王晓新、张子良、王宝成、王吉呈、张敏、申晓、魏雅华、韩起、周矢……这个名单还可以列出很长。1986 年中国作协筹备全国第三次青年作家创作会议，让各省市自治区摸底三十五岁以下的青年作者情况，在陕西作协书记处内，我分管青年作家培养和刊物工作，统计的结果是，在全国公开发行的报纸、刊物上发表过作品的青年作者近千人。这个数字和人名报上去，中国作协不信，一个省哪会有这么多青年文学人才？我们拿出发表作品情况登记表，他们才觉得陕西实在了不起。陕西人经商不如晋人，做官不如湘人，出门闯荡不如豫人，年轻人中，选择文学作为出路的人很多。路遥脱颖而出，不是什么意外的事情。

陈忠实见证了路遥的崛起。1982 年，两人同时进入陕西作协创作组，成为专业作家，白鹿原下的陈忠实在作协大院里安了家。那一年路遥的《人生》发表，陕西作协办公和住宅在一个院子，在这个早先国民党高级将领高桂滋的公馆里，人们习惯下班晚饭后，从家走出，在院子里聊天闲谈。院子有几进，青砖铺地，栽植各种花木，人们从办公室拉一把藤椅出来，再捧一杯清茶，可以聊到很晚。那一段时间，《人生》和路遥成为主要话题。陈忠实去门房拿报纸信件，作协一位司机拦住他，绘声绘色给他讲《人生》里的故事和情节，弄得他听也无心，走也不是。同一时期，他先后发表了《尤代表轶事》《信任》《乡村》《初夏时节》等小说，出版了短篇小说集《乡村》，短篇小说《信任》先是发表在 1979

年 6 月 3 日的《陕西日报》副刊，随即被《人民文学》七月号、《青年文学》创刊号转载，也产生过不小的影响，但这些成就，相对于《人生》投射在路遥身上的光芒，自是暗淡了许多。

一个小兄弟，跃身冲到了他的前边，他必须调整好心态，适应这种格局的变化，重新确定自己的姿态。

他回到了原下。

1985 年，陕西作协召开“陕西长篇小说创作促进会”，这是新时期陕西文学发展道路上具有重要意义的一次会议。我是会议组织者之一。我主编《延河》，《延河》作者中有位部队军官，我请他帮忙从解放军西安政治学院借来一辆豪华大轿车，会议的安排是从西安出发去陕北，在延安和榆林两地召开。这次会议是陕西作家向长篇小说领域进军的准备会、探讨会、动员会，但结束的时候，已经有点誓师会的味道了。我清楚地记得那天是 1985 年中秋节，在榆林毛乌素沙漠，我们设计了一场别开生面的篝火晚会。全体与会者乘车行进到大漠深处一片“海子”边，事前已从当地人家那里购得柴火、嫩玉米棒之类，也带了酒水来，人员在此集结后，先是宣布了晚会的“律条”：不分职务高低，不分男女长幼，不分名头大小，今夜，我们都是文学的信徒；这个群体，是“大漠文学酋长国”。大家推举白洁、封筱梅两位女作家为“取火女神”，王观胜和朱玉葆两位壮汉为“圣火保护神”，贾平凹为“大漠文学酋长国巫师”。当两位“保护神”护卫着两位“女神”走向摞起的木材堆，在点燃“圣火”的那一刻，全体人员齐刷刷跪倒，“巫师”贾平凹用一种颤抖的巫气十足的声音念诵“咒语”——那一刻，原本带有轻松玩耍性质的篝火晚会，在每个人心中倏然转为肃穆隆重的仪式，也许不少人在那一刻已在心中立誓。

在我后来的记述文章中，把这次篝火晚会，称作文学陕军的“大漠盟誓”。

但陈忠实是个例外。

会议结束前，要做统计，让大家填表报告长篇创作计划，陈忠实没有填。其时路遥已经完成《平凡的世界》的详细提纲，这次会议一结束，他就一头扎到铜川陈家山煤矿开笔写作了；贾平凹有了“商州系列”的构想，一年多后拿出了《浮躁》；京夫在酝酿《八里情仇》；邹志安打算写农村男女爱情生活，后来推出《多情最数男人》；我报的计划是长篇小说《苍凉青春》，后来改变计划写成纪实文学。陈忠实明确表示他没有写长篇的打算，近几年里他的中短篇写得很顺手，《康家小院》《初夏》《梆子老太》《地窖》《十八岁的哥哥》《罗马大叔》《夭折》……一系列作品陆续发表于《当代》《长城》《延河》《飞天》等刊物上，他不想中断这种势头。大家理解他的想法，但终觉有些遗憾，在向长篇领域进发的陕西文学队伍中，少了陈忠实，声威肯定会打折扣。

但这一年底，在他写作中篇小说《蓝袍先生》时，一道火光突然在他眼前升腾而起，一种冲动被引燃了。

“在小说主要人物蓝袍先生出台亮相的千把字序幕之后，我的笔刚刚触及他生存的古老的南原，尤其是当笔尖撞开徐家镂刻着‘耕读传家’的青砖门楼下的两扇黑漆木门的时候，我的心里瞬间发生了一阵惊悚的战栗，那是一方幽深难透的宅第。也就在这一瞬，我的生活记忆的门板也同时打开，连自己都惊讶有这样丰厚的尚未触摸过的库存……长篇小说创作的欲念，竟然是在这种不经意的状态下发生了。”这是陈忠实后来的回忆文字。

由此，陈忠实开始了他文学生涯中一次至关重要的长征。

1986年冬，路遥《平凡的世界》第一部在《花城》杂志首发。刊物出来后，陕西作协、《花城》杂志，还有出版图书的中国文联出版公司，联合在北京召开《平凡的世界》第一部研讨会。我是这个会议的组织者之一。会后回到西安，一天陈忠实从乡下回到作协大院家里，晚上叫我去他家一趟。我们两家在一个单元，他住四楼，我住五楼。去了他那里，才知道他要打听的是北京怎样评价《平凡的世界》。北京的研讨会大部分人不看好《平凡的世界》，有激烈的青年评论家甚至说：《平凡的世界》手法陈旧，思想平庸，叙事老套，怎么都不会相信这种作品出自《人生》作者路遥之手。陈忠实听后眼睛一瞪："咋能这么说？太过分了！太过分了！"聊了一会儿，他从五斗柜里拿出一瓶"城固特曲"，没有佐酒菜，只从厨房拿出两块蒸熟但放凉了的红薯，一瓶水蜜桃罐头。两人开始小酌。两杯下肚，他舒了一口气，说他把《花城》看了，看过后心里轻松了一大截子，他最担心的是他的长篇会和《平凡的世界》撞车，现在看来是不会了。我理解他这一刻的心情。他的轻松，绝无轻视《平凡的世界》的意思，相反觉得北京的评价对路遥不公。他和路遥，都视柳青为精神教父和文学导师，两人早期有些作品，有着明显追随柳青笔法的痕迹，两人现在都开始弄长篇，他真的是担心走进一个模子里去，包括时代背景的选择，所要表达的思想，行文叙事的风格。他心里放下了一块石头，心平气静地又回到了他的白鹿原。

陈忠实对他的长篇有信心，但母鸡罩窝却迟迟下不出蛋来。贾平凹的《浮躁》，躲在户县两个月就写完了，路遥的《平凡的世界》，虽说准备时间很长，但写作速度是一年一部。他的《白鹿原》1986年准备，1988年动笔，却迟迟出不了手。于是就有了这样那样的议论。这些议论倒不会影响陈忠实按自己计划行事，但这是一个极为看重尊严的人，终归他曾经是陕西中青年作家中的"大哥大"，但这个时候聚光灯已经转移到路遥身上。过去常有人到作协找他，现在来人都是找路遥的，有时在院子里碰见他，会问："师傅，路遥办公室在哪里？"或："路遥家在哪个单元？”陈忠实苦笑自嘲：“咱现在就是一个指路的。”

1991年春，《平凡的世界》荣获茅盾文学奖。路遥从北京领奖回到西安，省上又隆重召开了庆贺表彰大会。那天会后，陈忠实进了我的办公室，脸色发青，什么也不说，坐在我对面的沙发上，掏出雪茄点着。我知道他感到了压力。作家们之间较劲再正常不过，陕西作家大都闷不吭声，但彼此瞅着瞪着飙着，你弄出响动，我要弄出更大的响动，只要不在背地暗处向对方打黑枪、使绊子，这便可以看作是一种良性的相互竞争，有益的相互砥砺。成片林子里的树木总会比单株独苗长得高。其时我举家正要调往北京，我和陈忠实曾经有约，他的长篇写完，《延河》首先选发部分章节。《延河》有选发长篇的传统，“文革”前十七年文学史上的“三红一创”（《红岩》《红日》《红旗谱》《创业史》），有“两红一创”（《红日》《红旗谱》《创业史》），是在《延河》上首发的。我在《延河》主编任上的日子屈指可数，当然希望这部作品首先在我手上与读者见面。这一天重提早前的约定，陈忠实深深吸了口雪茄，埋下的头从弥漫的青色烟雾中抬起来，慢慢地说：“不急，急啥哩，路遥都获奖了，我过去不急，现在更不用着急了。”实际上，据我所知，此时他手里的长篇，已经基本完稿，但他重新调整了自己将要跨越的标杆尺度，那是一个更高的目标。

陈忠实撂下这句话，又一头扎回白鹿原，重新收拾他的稿子，有些章节几乎是重写，这一拼，差不多整整一年。

1978年柳青逝世。在他生病住院期间，作协派人去医院看望他，他在病床上寄语陕西青年作家，重申了他的一贯主张：作家要甘于寂寞；提出文学创作必须是“六十年一个单元”。柳青的话传达到陕西青年作家当中，对大家启迪和鼓励很大。陈忠实知道他干的是什么活，必须耐得住寂寞，六十年一个单元，那就是一辈子的事情，眼光放长远，急有何用？急功近利弄不成大事。

三

陈忠实去过很多地方，但我敢说，他与任何一个家乡之外的地方都格格不入，他只属于他的白鹿原。

他不知到过北京多少次，但北京对他永远是一个陌生的城市。来开会，开会就是开会，除了宾馆、会场，此外没有兴趣去任何地方。刊物、出版社、有关单位为作品的事情请他来，谈完事就走人，人家过意不去，要安排一些游玩的活动，他会一口谢绝。他没有兴趣看景点、逛大街、转商场，他搞不清崇文和宣武、海淀和朝阳的方位，他以为后海在颐和园或者圆明园里，儿子海力考入北方交大，他让海力找我，告诉说："白描叔叔的家在东直门外的新街口豁口。"一次他来京住空军招待所，一名女记者采访他，我和他在一块。他讲的有些陕西方言女记者听不懂，我在一旁帮着翻译，他抱歉地告诉女记者他不会讲普通话，夸女记者的北京话好听、地道，说他就爱听公共汽车上售票员报站。那女记者明显带有东北口音，他的夸奖让对方产生误解："陈老师，不带这样埋汰人的啊。"他却莫名其妙，他是真心夸女记者，在他听来，东北话与北京话没有什么区别。

他曾经专心专意地逛过一次北京城。1994 年夏，中国作协安排他去北戴河创作之家疗养，他特意带上妻子一同前往。妻子王翠英是陈忠实事业的后盾，他在原下老家写作《白鹿原》的那几年，妻子是他的粮秣官，每周一次，从西安城里赶到西蒋村，送去擀好的面条，蒸好的馒头，把冰箱装满，为丈夫提供后勤保障。她留守在城里的家中，照顾三个正在读书的孩子，操持一应家务，《白鹿原》的成功，她既有苦劳也有功劳。她没出过远门，更没见过大海，这番去北戴河，陈忠实是想犒劳她一回。

从北戴河返程，陈忠实特意在北京多待了几天，他要陪妻子逛逛北京城。他不愿意麻烦作协和出版社，悄悄给我说了他的打算，于是我陪着他们夫妇，用了三天时间，去了天安门、故宫、八达岭长城、十三陵水库、颐和园、圆明园等一些标志性景点。妻子知道他对游览兴趣不大，各处奔跑都是为了陪她，所以每到一个景点，也就是匆匆一看就要走，遇到一些必须另外购票才能进入的场所，说什么也不愿意进去。我说这样的游览过于浮光掠影，陈忠实笑笑说："她说行就行，总算是来过了。"

陈忠实出过国，全国大部分地方也都跑过，但"在外千日好，不如在家一顿饱"，在外即使面对山珍海味，珍馐美馔，他也吃不饱，因为没有家乡的面条。他每次来京，北京的老陕们聚会，都选择陕西风味馆子，这里有秦地氛围，感觉亲近，吃得顺口。

这样一个人，是不是有点"土"？是不是视野窄狭，活得寡淡无趣？如果这样想，那就错了。他可以给你讲俄国的列夫·托尔斯泰、涅克拉索夫，苏联的柯切托夫，讲法国的莫泊桑、福楼拜、巴尔扎克，英国的狄更斯、毛姆，美国的马克·吐温、海明威，古巴的卡彭铁尔。他会给你讲东瀛伊豆的歌女，讲西班牙第二共和国的内战，讲乞力马扎罗的雪山；讲巴西的桑托斯和弗拉门戈球队，讲阿根廷的河床，讲意大利的巴乔、荷兰的古力特、法国的亨利；讲芭蕾舞台上的乌兰诺娃，拳坛的阿里和泰森；他热爱秦腔，但在二十世纪七十年代，他会在天寒地冻的三九天，骑自行车顶风赶路去镇子上看小泽征尔率领波士顿交响乐团来华演出的纪录片；他喜欢下棋，着迷足球，甚至做过这样的表白："我首先是个球迷，其次才是个作家。"……

这个白鹿原下的男人，深沉如潭，丰赡如秋天的田野，你一眼两眼绝对看不透，这是一个复杂的矛盾体。他那张标志性的脸，布满皱纹，如黄土高原上沟壑纵横，那是岁月沧桑的雕刻，是人生历练的呈现。读不懂那皱纹的苍凉，就读不懂他的秘密。

早年，陈忠实和父亲，在他家大门外的场塄上栽植了一棵椿树。那椿树嫩枝刚抽条，便遭人拦头击断。小树苗似乎憋了气，硬是要长出一番模样来，从折断的地方新生出两根小杈，一直长开去。父亲没再修剪它，它就一直保留着双枝分杈的形态，数十年过去，当初遭到断头打击的小苗已长成合抱不拢的大树，双枝擎天，浓荫如盖。每年麦收之后，这椿树满枝头便绣集起一团团米粒一样的小白花，飘散着清新的花香，引来一片蜂鸣，竟成为一道醒目的风景，甚至成为一种标志。有人找陈忠实家问路，最明了的回答就是：往前走，门口有一棵双杈大椿树。

这树像陈忠实。这树就是一个隐喻。它有着强韧的生命力，历劫难而最终成大景象，是因为它把根深扎进生养它的土地里，而那土地，是一块埋藏着传说的土地，是白鹿的精灵佑护的土地。

2016 年 5 月 29 日于课石山房

原载《当代》2016 年第 4 期

永生的忠实

何启治

二十三年前，长篇小说《白鹿原》连载于《当代》杂志 1992 年第 6 期和 1993 年第 1 期（审稿编辑依次为洪清波、常振家、何启治、朱盛昌），其单行本于 1993 年 6 月由人民文学出版社出版（责任编辑为：刘会军、高贤均、何启治）。首印 14850 册。如今，其作者陈忠实同志却永远离开了我们，离开了这个热闹、喧嚣的世界，让我们想起来就感到无比的难过和忧伤。

我约请陈忠实写农村题材的长篇小说，始于 1973 年的冬天。那时我刚从湖北咸宁“五七干校”回到人民文学出版社，在现代文学编辑室的小说北组当编辑，分工管西北片，西安自然是工作的重点。我在 1973 年的隆冬去找陈忠实约稿，既因为省作协向我推荐了他，也因为我刚看到了他刊发在《陕西文艺》上的两万字的短篇小说《接班以后》，还因为那时候还没有可供发表中短篇小说的《当代》杂志（《当代》创刊于 1979 年）。在西安郊区工委所在地小寨的街角上，我拦住了推着一辆破旧的自行车出来的陈忠实，就在寒风中向他约稿。在陈忠实听起来，这几乎就像老虎吃天一样不可思议。而我却强调《接班以后》已经具备了可以扩展为长篇的基础，依陈忠实在农村摸爬滚打十几年的阅历完全可以做成，又以韦君宜亲自选定的两位北京知青（沈小艺、马慧）已经写成知青题材小说《延河在召唤》作为佐证。总之，陈忠实还是记住了我这个从人民文学出版社这个“高门楼”来向他约稿的编辑。以后，我们时断时续地联系，他也始终信守着和我的约定。

到了八十年代，陈忠实的代表作之一的中篇小说《初夏》几经修改，终于经我之手刊发于《当代》1984 年第 4 期。陈忠实的《初夏》，可以视为他创作长篇小说之前必要的过渡。他的创作上了一个新的台阶。

终于，他可以向我谈及自己的长篇创作了。在 1990 年 10 月 24 日，忠实在给我的回信中谈道：“关于长篇的内容……作品未成之前，我不想泄露太多，以免松劲。……这个作品，我是倾其生活储备的全部以及艺术的全部能力而为之的。究竟怎样，尚无把握，只能等写完后交您评阅。”又说，“此书稿八七年酝酿，八八年拉出初稿，八九年计划修改完成，不料学潮之后清查搞了几个月，搁置到今春，修改了一部分，又因登记党员再搁置。……我争取今冬再拼一下。”最后表示，“待成稿后我即与您联系。您不要惦记，我已给朱（盛昌）应诺过，不会见异变卦的。也不要催，我承受不了催迫，需要平和的心绪作此事。”

我们当然对这未披露书名但倾注全力的长篇充满期待。后来的实际情况就是：1992 年 2 月下旬，我接到忠实的来信，询问是由他送稿到北京还是由我们派人去取稿。我们决定派当代文学一编室的负责人高贤均和《当代》杂志的洪清波到西安去取稿。忠实说，大约 3 月 25 日，“在作家协会的客房里，我只是把书稿从兜里取出来交给他们，竟然连一句话也说不出来，那时突然涌到嘴边一句话，我连生命都交给你们了，最后关头还是压到喉咙以下而没有说出，却憋得几乎涌出泪来”。而“出乎意料的是，在高、洪拿着书稿离开西安之后的二十天，我接到了高贤均的来信。我匆匆读完信后嗷嗷叫了三声就跌倒在沙发上，把在他面前交稿时没有流出的眼泪倾溅出来了。这是一封足以使我癫狂的信。信中说了他和洪清波从西安到成都再回北京的旅程中相继读完了书稿，回到北京的当天就给我写信。他俩阅读的兴奋使我感到了期待的效果，他俩共同的评价使我战栗”。（引自《我与人民文学出版社·何谓益友》，人民文学出版社 2001 年 3 月北京第 1 版）

就这样，陈忠实著长篇小说《白鹿原》经过人民文学出版社六位编辑的阅读和编发稿件的劳动，终于横空出世，与读者见面了。

《白鹿原》面世迄今，累计印数已达二百多万册（主要是人文社出版的 1993 年原版本、修订本、精装本、手稿本、茅盾文学奖获奖书系、“百年百种中国优秀文学图书”书系以及北京十月文艺出版社、作家出版社和文化艺术出版社出版的“陈忠实集”、宣纸本、点评本等）。盗印本已接近三十种，其印数也与正版相近。可见，说《白鹿原》的实际总印数已达四百多万册，当不为过。

《白鹿原》一出世，评论界欢呼，新闻界惊叹，读者争相购阅，一时“洛阳纸贵”。

前辈评论家朱寨指出：“《白鹿原》给人突出的印象是：凝重。全书写得深沉而凝练，酣畅而严谨。就作品生活内容的厚重和思想力度来说，可谓扛鼎之作，其艺术杼轴针脚的细密，又如织锦。”（引自《〈白鹿原〉评论集》第 40 页，人民文学出版社 2000 年 7 月第 1 版）

张锲说：“《白鹿原》给了我多年来未曾有过的阅读快感和享受。”有“初读《静静的顿河》《战争与和平》《红楼梦》时那种感觉”。（见 1993 年 7 月 16 日《白鹿原》北京讨论会纪要）

范曾读《白鹿原》后即赋七律一首：“白鹿灵辞渭水陂，荒原陌上隳宗祠。旌旗五色凫成隼，史倒千秋智变痴。仰首青天人去后，镇身危塔娥飞时。奇书一卷非春梦，浩叹化为酒漏卮。”并附言，“陈忠实先生所著《白鹿原》，一代奇书也。方之欧西，虽巴尔扎克、斯汤达尔，未肯轻让。甲戌秋，余于巴黎读之，感极悲生，不能自已，夜半披衣吟成七绝一首，所谓天涯知己，斯足证矣。”（据范曾赠《白鹿原》作者手迹）

海外评论者梁亮指出：“由作品的深度与小说的技巧来看，《白鹿原》肯定是大陆当代最好的小说之一，比之那些获得诺贝尔文学奖的小说并不逊色。”（《从〈白鹿原〉和〈废都〉看大陆文学》，载《交流》1994年第14期）

不必再征引了。仅此数例，可见海内外读者对《白鹿原》评价之高和反响之热烈。

据陈忠实介绍，国内至今已出版了十三部《白鹿原》的评论研究专著，单篇评论三百多篇。《白鹿原》在香港出了天地图书版，在台湾先后有两家出版社出版，韩国出了韩文版，日本出了日文版，越南没有跟作者打招呼出了越文版。不久前出版了法文版，英文版正在翻译中。

我们当然还可以从小说的基本要素来考察《白鹿原》。例如说，它有精心的结构，有诸如白嘉轩、鹿三、田小娥、朱先生等独一无二的艺术形象，有好看的堪称经典的故事，有个性鲜明的、有张力的语言，等等。

但是，推崇、肯定《白鹿原》的最重要的依据，我认为还是要从它对中国当代文学的开拓性、突破性来寻找。从这个角度来看，《白鹿原》对历史的反思是有空前深度的。《白鹿原》真实准确地描写了大动荡、大变革的时代生活，描写了中国人在二十世纪前半叶的生存状态和心路历程，波澜壮阔、惊心动魄。它通过对我们这个民族“秘史”的书写，让读者陷入深深的思索：我们为什么几十年来都在风风雨雨、恩怨情仇中厮杀与折腾？中华民族如何才能走向真正的繁荣昌盛与达致现代文明社会？

社会历史在进步演变的过程中，会使人们对一些事物或一部重要作品有新的认识。关于《白鹿原》也同样有这种现象。1997年12月，茅盾文学奖的部分评委坚持要陈忠实对《白鹿原》作修订的两点意见，大约十年以后都有了不同的反响。

其一，是车宝仁在《〈白鹿原〉修订版与原版删改比较研究》一文中指出，修订版删改原版2260多个文字符号，修订版比原版少了1900多个文字符号。对朱先生指国共斗争翻鏊子折腾老百姓的说法的修改，"显得生硬不自然"，"这里的修改很难说修改得很好"。对这种删改的合理性显然是存疑的。至于对性描写的删改，则认为"随着社会和时代向前推进，社会观念的变化，将来人们会更多地看重原版的价值。此书在二十世纪九十年代前期出版时一些人批评其性描写，而新世纪以来已未见此类批评，也能说明读者评论家观念的推进。"（参见《说不尽的〈白鹿原〉》第712页—729页，陕西人民出版社2006年11月第1版）

其二，是陈忠实自己明白无误的表述。关于《白鹿原》中朱先生的"鏊子说"，他指出"这里有一个常识性的界限，作品人物对某个事件的看法和表态，是这个人物以他的是非标准和价值判断做出的表述，不是作者我的是非标准和价值判断的表述。……这些人物对同一事件大相径庭的判断和看法，只属于他们自己，而不属于作者。……读者和批评家可以严格挑剔朱先生等人物刻画过程里的准确性和合理性，包括他的'鏊子说'，是否于他是准确的合理的，而不应该把他的'鏊子说'误认为是作者我的观点"。面对有人认为"鏊子说"表明作者缺乏智慧的批评，陈忠实的回答是："把智慧耗费到机巧上，且不说合算不合算，恐怕创作都难以为继了，如果还有作家的道德和良知的话。"（引自《寻找属于自己的句子——〈白鹿原〉写作手记》，载《小说评论》2008年第1期）陈忠实毫不含糊的反批评的态度再鲜明不过了。

我不可能就中国当代长篇小说的排序做正式的调查，但最近我在相熟的评论家、编辑和作家中提出这样的问题：当代中国长篇小说中，如果要排个座次，你们认为谁该坐这第一把交椅呢？有意思的是，他们不约而同地认为，《白鹿原》当之无愧地该坐这第一把交椅。如果再按二三四五排座次，那意见分歧可就大了。

2012 年 5 月，我又从到延安参加毛泽东《在延安文艺座谈会上的讲话》发表七十周年纪念活动的评论家朋友白烨那里，听到关于《白鹿原》在当代中国长篇小说中地位的信息。其一，据说在深圳某报举办的包括网络、电话等形式的评选活动中，在“改革开放 30 年对中国影响最大的 30 部书”的评选中，入选的长篇小说只有两部，即拉美马尔克斯的《百年孤独》和陈忠实的《白鹿原》；其二，是南京的某大型文学刊物邀约一批有影响的中青年评论家评选当代中国的最佳长篇小说，陈忠实的《白鹿原》毫无争议地当选。

这些信息，可以说起码没有出乎我的意料。高大全式的人物和没有缺点的作品是没有的，优秀乃至伟大的作品却肯定是有的。

自 1988 年 4 月起笔写《白鹿原》，陈忠实几乎耗尽了他的全部心血。每周，他回城一趟，从家里带吃的馍回到白鹿原下的祖屋里，靠着冬天一盆火、夏天一盆凉水写作。屋门前十米手植的一棵梧桐树，从大拇指粗长到胳膊粗，有了可以给主人遮挡阳光的绿荫。梧桐树见证了陈忠实写《白鹿原》付出的一切艰辛。为了完成《白鹿原》的创作，陈忠实不知经受过怎样的心灵的煎熬，付出多少心血与牺牲。石家庄的一位医生或护士在给陈忠实的信里说：“我想写出这本书的人不累死也得吐血……不知你是否活着，还能看到我的信吗？”

所以，作为《白鹿原》的组稿人、终审人和责任编辑之一，我和我的同事们说过，一个编辑，一生中能遇到陈忠实和他的《白鹿原》，是我的幸运。关键在于你遇到这样厚重的文学经典（在文学史上不管有多少争议都是无法回避、绕不过去的作品）时，不管有多大的压力，都要敢于为它拍胸脯、做保证，甚至立下“军令状”，愿与这样优秀的作品共荣辱，与它的作者同进退。

陈忠实当然是重友情、讲信义的作家。对我，对咱们《当代》杂志和人民文学出版社，从相识、相交以来，一直如此。

2012 年 5 月，我和辽宁省作协主席刘兆林、江西省作协主席陈世旭，应陈忠实之邀访问白鹿原。我们参观陈忠实文学馆，在思源学院白鹿讲堂讲课，在白鹿书院座谈、题词，到原上采摘樱桃……老朋友聚在一起度过了几天愉快的时光。

其间，陈忠实和我商讨了在人民文学出版社设置“白鹿当代文学编辑奖”的事。我们在一起商量了初步的方案，如章程草案之类。我曾建议就以“陈忠实”冠名，他却以“白鹿”取代了自己的名字。

我回到社里便向当时的社长潘凯雄和总编辑管士光报告了。他们俩都表示积极支持。其后，潘凯雄调任中国出版集团副总裁，“白鹿奖”的事便由新社长管士光主持。

2013 年 1 月 7 日，由社长管士光主持召开“白鹿当代文学编辑奖”评委会。评委还有付如初、赵萍、杨柳和我，参与其事的还有当时的社长助理——我们戏称之为“秘书长”的周绚隆。会议确定了具体的奖项、获奖者名单和有关事项的安排。

3 月 20 日，因健康原因极少外出的陈忠实亲自来到了北京，和管士光一起向荣获“白鹿当代文学编辑奖”的编辑颁奖。颁奖会由新到任的主持当代文学编辑工作的副总编应红主持。我获得了“《白鹿原》出版纪念奖 · 特别奖”；刘会军、洪清波、常振家、朱盛昌荣获“《白鹿原》出版纪念奖 · 荣誉奖”；于砚章、王建国、刘会军、刘海虹、刘炜、刘稚、包兰英、王鸿谟、许显卿、杨柳、脚印、周达宝、周昌义、胡玉萍、彭沁阳、赵水金等包括我在内的十七人荣获“白鹿当代文学编辑奖·特殊贡献奖”；杨柳、孔令燕荣获首届“白鹿当代文学编辑奖”。前三项其实就是奖励二十年前组织、编辑、出版《白鹿原》的有功人员，以及奖励《白鹿原》面世二十年来人文社在出版当代优秀文学作品方面有突出贡献的人。“白鹿当代文学编辑奖”则从现在起两年评选一次，奖金由陈忠实提供，新闻发布会等活动经费则由人文社负责，奖励人文社在当代文学编辑工作中有突出贡献的人，借以激励当代文学编辑的工作热情，不断提高人文社当代文学原创作品的品质和社会影响力。

我最清楚，陈忠实是一位忠厚实诚的、对当代文学的繁荣发展有使命感的大作家，是对咱们人民文学出版社有真感情的大作家。新闻界、文学界对此也是认同的。“白鹿当代文学编辑奖”颁奖会后，经媒体广为报道，文坛一时传为佳话。

列夫·托尔斯泰在他的文学札记中说：“人一生的幸福，是能为人类写一部书。”这里的“一”当然只是泛指的数量词。他自己的传世之作就有《安娜·卡列尼娜》《复活》和《战争与和平》等。同样，法国的伟大作家雨果，也因为他的《巴黎圣母院》《悲惨世界》和《九三年》而彪炳史册。那么，我想我们可以毫不夸张地说，陈忠实的《白鹿原》当然也属于“为人类写（的）一部书”。

去年 10 月 23 日，我和人民文学出版社的周绚隆、刘稚到西安去看望病中的陈忠实，给他带去散发着油墨清香的十卷本《陈忠实文集》（包含他的所有文学作品，共 380 多万字）。不久，又看到了邢小利著《陈忠实传》（陕西人民出版社 2015 年 11 月第 1 版）正式面世。我想，这些对病中的忠实都是一种安慰吧。

1936 年 10 月 19 日鲁迅病逝于上海。10 月 24 日郁达夫在《怀鲁迅》一文中十分沉痛地说：“没有伟大的人物出现的民族，是世界上最可怜的生物之群；有了伟大的人物而不知拥护、爱戴、崇仰的国家，是没有希望的奴隶之邦。”我们当然不会简单地把忠实与鲁迅相比，但就应该懂得拥护、爱戴、崇仰我们这个民族、国家出类拔萃的杰出、伟大的人物来说，其精神是完全一致的。好在我们已经跨过了那个不幸的时代，我们已经知道爱戴、崇仰我们的大作家陈忠实。

书比人长寿。精神的影响比物质的东西更深远。

有陈忠实的作品在，有《白鹿原》在，陈忠实就是永生的。我们真挚的朋友、我们敬爱的大作家陈忠实同志永远活在我们心里，永远活在千千万万读者之间。

是的，我们一定会记住永生的陈忠实。

啊，白鹿远行，呦呦鹿鸣。精魂犹在，长留人境。

2016年5月1日写于寓所北窗下

其时我的视力已下降至0.1

原载《当代》2016年第4期

先睹为快

洪清波

陈忠实去世的时间，是 7 点 45 分。

1992 年 3 月，我和高贤均去成都作家邓贤处组稿。邓贤那几年在人文社和《当代》杂志连续出版发表了《大国之魂》《中国知青梦》，正红遍全国。对他当时即将完成的新作，我们也充满期待。临行前，时任《当代》杂志的副主编何启治告知我们，中途在西安停一下，取回陕西作家陈忠实刚刚杀青的长篇小说。

当时，关于陈忠实，我只有些耳闻。听前辈说，八十年代，他曾获过《当代》主办的全国中篇小说奖。那时获奖没什么奖金，但足以改变作家的命运。陈忠实从此就踏上专业作家和作协领导的坦途。对陈忠实刚刚完成的作品，我也是有期待的。首先这是他第一部长篇；其次，这部作品虽未面世，江湖上就有了相关的传说。

记得 1990 年，我和同事周昌义去西安陕西作协组稿。当时周昌义连续发表陕西几位青年作家的作品，反应很好。为了趁热打铁，进一步扩大他们在文坛的影响力，我们专程前往拜访。结果令人失望，到了作协，竟然一个人都没找到。记得作协领导尴尬地说，年轻人都到海南淘金去了。

当时的背景是，坊间传闻海南继深圳之后，要成立经济特区。消息传出后，有几十万青年知识精英横渡琼州海峡。去海南成了年轻人的时尚，没想到特立独行的文学人也没能幸免。现在看来，那几年就正是文学由盛到衰的历史拐点。

其实，在我们一踏进位于西安建国路的陕西作协大院时就感受到了这种气氛。作协大院豪华气派，显然是王府豪门的故居。而眼下，大院里所有房间的门窗紧闭，除了收发室的大爷，空无一人，只有一些纸片随风飘荡。当时的情景酷似主人全家逃难去了，留下老用人看守老宅。

作协领导看出我们的失望，安慰似的说，陈忠实正在家乡灞桥写他的长篇，已经有两年多了，应该是你们想要的。现在想来，当时我们的感受一定如同听了时下流行的话术套路，一个坏消息，一个好消息。至于二者能否对冲，我已经记不清了，但老陈的长篇工程，印象却无比深刻。

所以，当何启治让我们去西安取老陈的书稿时，我多少有些悬念终于要揭晓了的兴奋。记得火车到西安时，是上午八九点钟。未曾谋面的陈忠实一下认出了我们，想必是我们特征突出。高贤均轻车熟路地与老陈寒暄着，我在一旁观看着这个熟悉的陌生人。

他的面相，以城里人的标准，该有六七十了，脸上岁月的痕迹彰显。但他的身手矫健，拎着我们的行李还能健步如飞谈笑风生。当得知他其实与我们差不多是同龄人时，我才真的震撼了。这也许就是写《白鹿原》和看《白鹿原》的差距。

后来看了老陈关于这段回忆的文章得知，不单是我们在观察他，他也在观察我们，只是老陈的表达更给力，叫作，一个迷人，另一个更迷人。我理解老陈之所以用如此稍显香艳的表述，是他对我们第一印象不错，认为我们是值得信任的可托之人，可见他当时对自己那部呕心沥血的作品即将被裁决时的复杂情感。

老陈安排我们下榻作协招待所之后，先问了我们的行程安排，得知我们来去共三天时，好像松了口气。他给了我们几本他的旧作，说长篇还要修改和复印，走之前一定给我们。老陈照例问我们有什么要求，小高说就是想先睹为快。老陈抱歉地笑笑，说不急，这两天让作协同志陪你们转转。我去忙稿件的复印，就不陪你们了。

应该说，接下来的三天，是我们出差史上最无聊的三天。虽说有老陈安排的作协同志循例陪着吃饭逛景点，但失去了进一步了解老陈和他的作品的机会，一切就都味同嚼蜡。后来高贤均索性推辞了一切活动安排，说是要研读老陈既往的作品。记得老陈的作品集真不少，现在还有印象的是《四妹子》和《蓝袍先生》。读了一天作品，我俩面面相觑，但都明白对方的意思了。当然，我们担心的并不是这些作品，而是那篇至今神秘兮兮的长篇。接下来，等待就变得更漫长。

关于这几天的等待，我和高贤均也分析过，为什么老陈通知我们来取稿，可又保密又要等三天。直到老陈的“枕头工程”大获全胜之后，我们还认为当初，他可能是不清楚自己的美丑，不好见公婆呢！后来，看了老陈亲密文友的回忆文章，才知道，老陈写《白鹿原》的五年多，关于书的一切对任何人都只字不提。

书稿也不让任何人碰。老陈自己的解释就是，蒸馍不能透气，透了气就蒸不熟了。最近我又看到老陈关于那段往事的回忆，编辑来西安取稿，恰逢母亲住院，分身乏术，未尽地主之谊，连何启治曾经盛赞过的葫芦鸡都没请他们吃。原来如此，只可惜，得知这一切原委时，高贤均已经去世十多年了。好在他理解老陈，理解好事多磨。

终于到了要走的时候了，老陈风尘仆仆赶来，说去他家吃晚饭算是饯行。老陈家就在作协宿舍，离招待所很近。那天请我们吃了什么，一点印象都没了。没印象就说明老陈为接待我们，付出了巨大的努力。为了写《白鹿原》，老陈家的经济濒临破产。用老陈的话就是，那阵子他不怕请客，就怕客人吃不下家里的饭。

我对老陈家的宴请没有印象，可是对他家的印象太深刻了。一个副厅级的作协副主席，家里的状况可以诠释一句成语：家徒四壁。我吃饭时只记得房间墙角里散乱堆了些空啤酒瓶，这是我看到老陈家唯一能与现代社会接轨的标志物。当时全国人民都不富裕，但像老陈家这种情况的还是令人唏嘘。

终于到了分手的时刻。在作协送站的车前，老陈将厚厚一摞稿件交给我，却又不松手，表情看上去分明有些重要的交代，可到底没说什么。后来，老陈在回忆文章中说，当时他想说我可是要把生命交给你们了。或许是担心交浅言深，怕吓着我们；或许是看我一副去心似箭的样子，不具备表达历史嘱托所需的氛围。总之，后来老陈只是在稿件上拍了几下，就完成了他酝酿良久的交接仪式。现在想来那种情景太像是多情总被无情恼了，为此我至今对老陈心存歉意。

说老实话，登上开往成都的火车，我们无比轻松。三天的清修留在车窗的后面，想得到的繁华就在前方等着我们，但十几个小时的车程还是让人百无聊赖。我就是在这种心态下开始阅读《白鹿原》的。结果，是地球人都可以预料得到的。后来，我拿了看过的稿子找到高贤均，顶着他疑惑的神情，向他保证这是货真价实的先睹为快。

果然，到了下火车的时候，高贤均就变得不那么淡定了，只要有时间就跟我开聊读后感。我都担心这样会让不明就里的四川作家朋友感到我们的移情别恋了。确实，以往看邓贤初稿的标配是，白天看稿谈稿，晚上一票作家朋友，在来了就不想离开的城市里声色犬马。而这次，白天看稿谈稿依旧，晚上高贤均要求邓贤不要有任何安排，说是回宾馆看

《白鹿原》。作家裘山山后来写过这段反常，那是在《白鹿原》成功之后。我们的四川作家朋友们，一起经历了这一见证奇迹的历史时刻。

回到北京，高贤均和我分别走出书和出刊的三审程序，依旧是一路盛赞。特别是我的复审，时任《当代》杂志副主任的常振家，阅稿后评价甚高，甚至有失于一贯的稳重冷静，要知道那可是《当代》老主编秦兆阳激赏他特有的工作气质。终审何启治副主编的评价自不必说。据陈忠实回忆，他写中短篇小说小有成就之后，就进入了创作的瓶颈期，是老何建议他写长篇实现突破，并顺便约了稿。老陈为此请老何吃了葫芦鸡，以为君子协定。

高贤均那边也一路顺风，人文社决定出版《白鹿原》。后来听高贤均说，老陈在接到用稿信之后，取消了一万只鸡苗的订单。原来如此，当初老陈的讳莫如深是因为面临着如此的生死抉择。后来看老陈的回忆文章，不似高贤均版本那么八卦，而是更文学地表达，一屁股坐在沙发上大吼三声。老陈是华阴老腔的票友，所以如此表达心情更可信。

《当代》于1992年底和1993年初，分两期刊发了《白鹿原》，反响久违的热烈。出书却不那么顺利。高贤均说新华书店首次征订才九百多本，为此他诟病了传统的发行体制。好在不久“陕军东征”的旗号被文坛打出，凭着双璧《废都》和《白鹿原》的引领，陕西作家的五本小说创出了当时纯文学的销售高峰。我由衷替老陈高兴，至少他的财政困难终于彻底解决了。

刊发《白鹿原》不久，老陈约我写篇书评，说写好他负责联系发表。当时文评界对《白鹿原》盛赞有加，但权威人士也有不同意见。既然是权威，所以影响也蛮大的。老何甚至要我们所有审稿编辑做好最坏的准备。我想如果我简单写篇颂歌，人微言轻对老陈也无益。我考虑再三还是针对当时文论界二元对立的评判现象，找个新的视角评价《白鹿原》

的价值。于是我写了《第三种真实》，指出现实主义小说，在建国后十七年间，表现出的是政党的真实;新时期开始，表现出了人民的真实;而《白鹿原》表现的是人类的真实。三种真实是视角的关系，无关是非对错。

我的目的是赞《白鹿原》又不否定其他层次真实的作品。其实现在想来，所谓的人类真实就是今天所说的普世的价值观，只不过在二十世纪九十年代初还没人提倡这种价值观。这篇评论发表在《当代作家评论》上。关于我的观点，我没同老陈正面交流过。后来，常振家从西安《白鹿原》讨论会上带回老陈的反馈，他说“小洪那篇评论写得有点意思”。我听后当时没太当回事，这点意思要当真不就没意思了嘛。直到 2001 年的一天，我才感到老陈不是随口应付。

记得那天下午，编辑部来了一个真称得上是美女的韩国人。她找到我，说自己是研究《白鹿原》的留学生。她去西安见到陈忠实问询《白鹿原》研究的问题。后来老陈告诉她可找《当代》洪清波。该女生之所以对《白鹿原》有兴趣，是因为韩国当年有本写民族历史的小说，历史观与《白鹿原》相似。由于小说写于军人政府时期，所以成为禁书，最近才解禁。我与女生探讨，在社会动荡期，作家如有远见，不受当时意识形态所囿，才能写出具有生命力的文学。这件事不大，只是间接证明老陈认可了我对《白鹿原》的看法。

《白鹿原》问世后，我与老陈交往很少，只是不断从各种渠道得到他的信息。2005 年，我突然收到来自人艺的一封信。信封里有两张票和一张便笺，说遵陈忠实老师所托，送上《白鹿原》话剧首演票两张。看戏时我见到了被簇拥着的老陈，我们相互点头致意。后来，《白鹿原》又被改成舞剧、电影，老陈一律支持鼓励，哪怕改编遭到舆情非议。我知道，老陈超自信，有原著在长销，还担心什么呢!

与老陈打交道二十年，我们几乎没有面对面地交谈过，直到 2013 年的某天，突然接到出版社的通知，晚上参加宴请陈忠实的宴会。人文社刚刚与陈忠实签了新的版权合同，要宴请他，老陈提出让我也出席。餐桌上见了面，我们分别说对方没什么变化。说实在的，我真没恭维老陈，我一直认为他透支了苍老，就没见他年轻过。

不知为什么，一见老陈，有关《白鹿原》的脑细胞就被激活。我跟他聊了《白鹿原》的最新心得。老陈在作品题记上交代，小说是关于一个民族的秘史。这大致不错。但今天的社会背景下，我更觉得《白鹿原》生动地展示了，在中国实行了两千多年的封建宗法制度，是如何在最后的四十年（1910—1949）里解体的。老陈同意我这样的概括。我说其实中国南方明中期这种解体就开始了。陕西关中由于地理文化上的封闭性，成为最后解体的地区之一，就像大熊猫是古代动物的活化石一样，关中便是旧制度的活化石。老陈看上去很开心。我明白，他开心不是认可我的言论，而是《白鹿原》成为我们谈话永恒的主题，颇有些开谈不说《白鹿原》，纵读诗书也枉然的意思。

当时我并不清楚，这次就是我和老陈最后的晚餐了！2016 年 4 月 29 日，陈忠实病逝了。接下来，史上最隆重的追思追悼活动就开始了。人文社派出了阵容庞大的吊唁团队前往西安主会场。我没能去现场送老陈最后一程。我知道，老陈与我从来都是神交的关系。好在，老陈是枕着第一版《白鹿原》走的，现场还有作家红柯高举着当年的那本《当代》杂志。

老陈将来再见时，我们还可以聊聊《白鹿原》。

原载《当代》2016 年第 4 期

文学依然神圣，为陈忠实送行

叶咏梅

那个日子对我有特殊的记忆——1993年春天的一天下午，人民文学出版社的副社长何启治“破例”让他的部下孙顺林给我送来最先发表在《当代》杂志上的《白鹿原》，这是他们出版社要重点推出的长篇小说，要马上出版发行。中央台的“小说连播”节目与人民文学出版社有着长期合作的特殊友谊，人文社为广播、为受众提供的优秀作品最多。

真的，不知是什么神奇的力量，陈忠实的《白鹿原》读来一气呵成，心里暗暗赞叹我的第二故乡黄土地出人才！我以为《白鹿原》应该是中国文坛上里程碑式的作品啊！我便以最神速的时间，一边送审，一边联系李野墨，一边做录音前的案头准备。

我和李野墨连续奋战，在出版当月，中央人民广播电台就录制播出了《白鹿原》四十二集的小说连播节目，陈忠实他们在进京参加研讨会时，在火车上已发现了盗版的《白鹿原》。而在那次作品研讨会上，出版社把最大的宣传功臣归功于广播，因为广播的影响力使作品当月销售达五万册。

我清晰地记得，那次在文采阁召开的作品研讨会开了整整一天，令人难忘。这亦是我十多年来参加作品研讨会绝无仅有的一次，从上午开到下午，从一层会议室开到二层平台，一直开到夜幕降临，大家仍不舍离去……

我还清晰地记得，在我们决定录制《白鹿原》时，陈忠实先生给我写来的信，他认为这是最高的创作报酬，信中这样写道："……你对《白鹿原》一书的由衷之情令人感动，这是我所期待的最高的创作报酬。在我来说，从开初构思到作品完成到发表面世，唯一萦绕于心的期待莫过于此，其实恐怕也是可以称为作家的所有作家的全部创造理想所在。评论家的评论重要，普通读者的喜欢才是最重要的。我非常看重这一点。能使你震撼首先恐怕不容易，因为你所涉猎的长篇太多了，关键在于使你震撼以后的结果太重要了也太珍贵了。你可以通过你的工作而使《白鹿原》一书得以与无以数计的听众交流，这不单是我所无能为力的，杂志的编辑和书的编辑都无法企及，杂志与书的发行量再大也不可企及，所以从这个意义上着眼，我也由衷地向你致以最虔诚的谢意……"

后来，陈忠实先生留给我的是一幕幕印象深刻的画面：我每每去西安，我们都会以各种方式进行文学交流。记得在 1997 年，全国小说连播研究会沿黄河长江拍摄"小说连播"五十周年的专题片时，当时中国文联出版公司的社长、编辑和我们同行，在抵达西安去延安大学时，陈忠实专程派了司机开车并由陕西作协的副主席莫伸陪同，送我们去延安大学，并到文汇山去拍摄路遥的墓地，又去拍摄壶口瀑布，回到西安又与陕西的作家、评论家们一起座谈。就在同年年底，陈忠实给我寄来的贺卡封面上是：文学依然神圣！贺卡里面写着，咏梅：史诗借您飞翔。因为我们四集电视专题片的名字就是《飞翔的史诗》。

后来凡是我在陕西文学界要办的事情他都给予支持和帮助。在我们"小说连播 60 周年"征文中，他还给我们写来了《添了一份踏实》的征文，也就是在这篇征文中，我得知了陕西人民广播电台里我们的同行朋友王晨，刚刚给他录制完成了《白鹿原》的关中方言小说连播节目。

也就在这次征文中，我还获悉了生活在最底层的赵凯，由于收听《白鹿原》，联系上了责任编辑何启治，由此又开始了何启治和赵凯延续至今的特殊的师生情缘——瘫痪的赵凯得到了救助治疗已能走路，还成为爱好文学的真正作者了。

“文学依然神圣！”这句话是陈忠实先生留给我最深刻的最难忘的一句话，它道出了陈忠实先生对文学的全部理想和追求、他的生命的全部价值和意义。当我今天连续不断地获悉他去世的消息时，我耳边和眼前出现的就是他的这句话，更幸运的是，他一直把我视为他的“乡党”。我永远不会忘记，在我告别广播生涯时，在我的二百二十万字三卷体的《天籁文库：中国长篇连播历史档案》的座谈会上，他发来了贺信《致叶咏梅》，并由李野墨为他宣读。

致叶咏梅

咏梅乡党：

您好。诚挚祝贺您编著的220万言的《天籁文库：中国长篇连播历史档案》出版。

我称您为乡党，想您不会惊诧。您在陕西生活多年，熟悉陕西人的语言习俗，把同乡人不称乡友或老乡，而称乡党。我称您乡党，不仅出于您有陕西生活的阅历，更在您对陕西这方地域的深厚而又深情到愈久弥新的情结，我便想以陕西人的习俗称您为乡党了。

我确凿感知到您对这方地域的情结，还有对这方地域的文学的关爱，路遥的杰作《平凡的世界》和拙作《白鹿原》，都是得您的慧眼赏识，并借助您的天籁之音，及时传播到陕西和陕西以外广阔的世界，与数以万计的读者实现交流，这是任何传统的和新生的传媒都难以替及的。我在致您的信中和为庆祝贵台“小说连播”六十周年所写的《添了一份踏实》的短文里，记述并表达了那种感人的情景和我的真实的感动。然而，那仅仅是我一个人的真实体验。您和贵台的“小说连播”的视野是面对中国文学，热情到倾心倾情的关注，把好作品及时输入中国广泛的读者听众，且不受阅读条件和时空的限制，不仅让作家的作品得以传播，而且让无以数计的读者得到声情并茂的听觉和心理的愉悦。应该说，您的用心用力和贵台持续六十余年的《小说连播》，对于作家和听众，都是功莫大焉。

您在中央人民广播电台成立七十周年之际，编著出版的220万言的《天籁文库：中国长篇连播历史档案》文集的出版，以“历史实录、历史回响、历史再现”了中国长篇连播小说的辉煌成就，显现着感人的足迹，更为小说连播未来的发展提供了具有示范意义的参照，同时，面对这套珍贵的大著，足以见得您对小说连播事业的倾情和专注，辛苦在您都忘记或者说不惜了，我却要向您表示庆祝的同时，说一声辛苦了，咏梅乡党。

祝座谈会成功举办。

陈忠实 2010.12.25 于西安

……一瞬间，多少往事历历在目：那是新千年的第二个春天，我们全国小说连播研究会在西安古城召开，陈忠实先生作为陕西省作协主席出席了我们的开幕式。我们在路遥去世的五周年、十周年、十五周年等纪念活动中相遇……记得在纪念改革开放三十周年的文学专题节目里，需要有他五分钟的访谈录，我委托省台采访录音，陈忠实先生不仅谈得好，时间上也毫秒不差，他懂我们广播。

今夜无眠，我不知怎样表达自己的哀悼之情，我仿佛又听到了那次我们聚会时陈忠实先生唱的《送战友》，那次让我吃惊的是他用深情的歌喉演唱了这首歌：“送战友，踏征程；默默无语两眼泪，耳边响起驼铃声。路漫漫，雾茫茫；革命生涯常分手，一样分别两样情。战友啊战友，亲爱的弟兄；当心夜半北风寒，一路多保重。……战友啊战友，亲爱的弟兄；待到春风传佳讯，我们再相逢。”

记得英年早逝的路遥，在他去世时，陕西作协让我们中央人民广播电台《今晚八点半》，点播他生前最喜欢的俄罗斯民歌《草原》为他送行。今夜，我想为陈忠实先生点播他生前唱过的《送战友》为乡党陈忠实送行。

著名演播艺术家李野墨说，他唯一的遗憾是限于当年的环境，小说没有能够完整地呈现：“当时特殊的形势以及播出时间的限制，没有能将这本书的全貌展现给听众，我其实一直希望把这本书完整地录一遍，这个愿望还没有实现，陈先生就离我们远去了，不过我想还会有很多人怀念他。”是的，陈忠实的送别会就去了各界三万人。

中央台文艺之声已于 5 月 2 日起重播《白鹿原》，我想这也是广大听众的心愿，聆听《白鹿原》是对陈忠实先生最好的纪念。“文学依然神圣”这句陈忠实的话，是一个作家对时代、对文学事业最深切的呼唤，也是他连同《白鹿原》留给这个世界最好的礼物。它告诉世人：陈忠实的离去绝不是一颗星辰的陨落，而是他正用文学精神的火炬点亮无数颗新星冉冉升起，是他正用生命理想的火炬照亮无数前行的人，这支民族之魂的火炬将燃亮整个文学界的新征程！

2016 年 5 月 28 日修订

原载《当代》2016 年第 4 期

和陈忠实相处的日子

赵　安

陈忠实走了，一代巨匠飘然仙逝。

听到这个消息，我木然坐了半天，脑袋里像断了片。他走了，我反复想着一个画面，白鹿原上，苍穹之下，陈忠实的背影，越走越远。我努力地想着，却始终想不出来他走着的背影，应该是什么样子。细细思量，每次，都是我从他那儿离开，他起身送我到门口，我几乎从来没有送过他。在陈老师家摆设的灵堂前，燃香伫立，鞠躬致哀。陈老师，今天我来送你了。

和陈老师相处十五六年，闹不清楚俺俩究竟是什么关系，说是朋友，少了一份亲密；师生，没有那一份传承；交往像蜻蜓点水。如果准确地用书面语言说，我们的关系是甲方乙方。

2001 年 7 月，我和赵军驱车到陈老师的故乡西安灞桥西蒋村去签《白鹿原》电视剧的改编合同。大约下午两三点，我们赶到了他那间前面平顶房后面窑洞的屋子。陈老师一个人在乡间写作，正准备吃午餐，两个馒头，一碗白菜熬豆腐，几块肥肉。那时我们拍的《121 枪杀大案》播得正火，陈老师饶有兴趣地问东问西，抽着他的黑杠子（巴山雪茄），兴致勃勃拿出一幅他刚刚收集到的照片，是书中朱先生的原型，牛兆濂先生的遗像，让我们看。这位民国先贤目光炯炯，不怒自威，我说跟陈老师有点像，陈老师哈哈笑出了声。那是一个愉快的下午，窑洞透着阴凉。当我们怀揣着合同，在白鹿原下，灞水河畔的公路上，迎着夕阳，开着白色的普桑一路狂奔时，感觉像梁山泊里一对劫了皇纲的土匪。

版权转让三年，期限很快就到期了，我们没有拿下电视剧的立项。

2004 年的 6 月，西安一个酷暑的晚上，我和陈老师坐在省作协一个空荡荡的办公室里谈判。陈老师想给我倒杯水，暖壶是空的。我滔滔不绝地说着三年的辛劳，企图继续续约。陈老师淡然地听着，表态像一个老农民一样简单直接：我听明白了，你说得舞马长枪的，还是拿不下这事。你不用给我解释，现在做啥事都难，你只要拿来国家批准的红头文件，哪怕是一张二指宽的条条，咱就继续。我企图舌灿莲花，嘴干舌燥了一个多小时，最后，和陈老师达成一份口头协议：你可以继续做，我也不能在一棵树上吊死，谁能批下来我就签给谁，这对大家都公平。我知道有不少影视公司虎视眈眈，但又无话可说。

陈老师把我送下楼，天黑了，我沮丧地走着，想起省作协这院子，大神云集，原来是军阀高桂滋的公馆，西安事变时羁押过蒋介石，挫败感让脊背上一个劲冒凉气。

人怕啥偏偏遇见啥，往后的日子里，经常在各种场合碰见陈老师，他偶尔会问一问我进展如何，我总是设法讲述自己的努力和辛苦。陈老师只是听着，一副不问耕耘，只问收获的淡然。我常常说到最后，就只剩下了支支吾吾。后来，就有点怕见他，怕他问起，不知该说些什么，又怕他不问，老怀疑是不是已经有人“截和”。最后发展到一看见他那张饱经风霜的脸，就心里打怵，一听见他说哪家影视公司又找他了，就心如刀绞。陈老师总是一脸淡然，皱纹深刻。记得有次省上开会，满共就二十余人，一进会场，就看见陈老师大马金刀地坐着，抽着他的黑杠子，我竟然借上厕所悄悄地溜了。这样的日子，过了五六年。

2010 年 10 月，金秋送爽。《白鹿原》电视剧的立项批下来了。第一时间，我给陈老师打电话。陈老师不相信，说你甭哄我老汉，把红头文件拿来。我说现在没有红头文件了，广电总局只在网上公示。他仍然不信。我说，陈老师，你不信我，没问题，你找个你信任的人，上网查查，如何？

晚上，陈老师电话来了。俺俩在长安一号找了个小包间，要了一瓶红酒，点了几个小菜，他很高兴，说十年了，你终于胜利了，过程能写一部长篇小说了。我也让陈老师教乖了，直奔主题，说版权咋办。他笑了，我说话算话，版权至今我谁也没签，你批下来，以后我就只认你了。我问他对改编有什么意见，应该注意些什么？对人选有什么建议。陈老师说，小说写完，我的事就完了。发表到社会上，那就陈忠实是陈忠实，《白鹿原》是《白鹿原》了。咋改，找谁改，那是你的事了。那天我们聊得很高兴，说了很多，说什么记不准了。我只记得陈老师满脸的皱纹都开了，慈祥得像个菩萨。还有，就是第一次感到，涩涩的干红，滋味那么隽永，好喝。

编剧申捷读了上百本书，又在白鹿原上转了半个月，做好了准备，想和陈忠实谈谈。陈老师很有意思，约他时，他总是说，咱找个中间点，都不远，你跑一半，我跑一半，于是我们又约到了长安一号。他俩坐在一张三人沙发上，一人靠一头。申捷圆头圆脑，像打足了气的皮球，说到创意就眉飞色舞；陈老师稳稳地坐在那里，像半截老榆木根雕，不紧不慢，让人想起《哈利·波特》里面的老树精。陈老师谈了对人物的想法，谈了他没有展开写朱先生只身退清兵的遗憾，谈了黑娃的命运等等。聊得很惬意，临走，我背过申捷，问陈老师，感觉咋样，陈老师又是淡然一笑，这是你的事，甭问我。临了又补了一句：我没想到他这么年轻。

在剧本创作的两年多里，陈老师打过几个电话，每次都问得很艺术，但总是一个借口，说他来了几个朋友，问到这事咋样了，所以，他问一下。我一边给他汇报着进度，一边暗自思忖，这可爱的老汉，是真有别人问了，才问一下，还是自己想催了，却不好意思。

申捷苦熬了两年半，剧本做完了。我给陈老师打了个电话，说剧本做完了，送审前，你要不要看看。陈老师说，你送吧，我不看了。语气感觉很大度，和一种已经落到你手里了，由着你糟蹋的无奈。过了三个月，省上专家研讨会开过几天后，我突然接到陈老师的电话。他说，哎，赵安，你把剧本做完也不送我一套看看？我有点蒙了。我说，陈老师，三个月前我就问你看不看，你说不看了，你可不敢冤枉我。陈老师笑了，说我忘了，赶快给我送一套。我心里有底，因为在研讨会上评价很好，著名评论家李星说，他终于发现了一个可以和陈忠实进行灵魂对话的编剧。过了大概半个月后，陈老师问我能不能约编剧一块坐坐。申捷欣然前往，在酒桌上，陈老师专门端起一杯茅台，走到申捷面前敬酒，说辛苦了，以后剧本修改，有啥事都可以找我。鬼机灵的申捷说道，陈老师，老赵说你看剧本，我紧张坏了，我就怕你骂我。陈老师笑了，说剧本你是专家，我还能骂你。大家都笑了，陈老师开心得像个孩子。

剧组紧张的筹备开始了，陈老师身体不佳的消息不停传来。张嘉译和刘进、申捷都几次提出来，要去看望陈忠实。我和陈老师联系，他说不用了，他在治疗，不方便，等他好一点，他一定会去看望大家。

开机前夕，我跑到陈老师的书房，想动员陈老师出席开机仪式。陈老师当时精神还好，就是说话吐词有些不太清楚，说几句，就要吐一口口水。我让陈老师看了演员的单人海报，陈老师看得很仔细，每一张都看半天，仿佛和自己心中的人物在对照，但他没有做品评。我说，陈老师，十几年了，终于开拍了，你这尊大神不就位，撑不起台面，哪怕去转一转，露个脸。陈老师拒绝了，说我给你写幅字吧，算是祝贺，你不是一直想要我的字嘛，我的字现在也很值钱了。陈老师笑着说，你说写什么词，我说我哪敢班门弄斧，你就给咱电视剧写一幅吧。于是俺俩商量起来，陈老师挥毫写下了“激荡百年国史，再铸白鹿精魂，祝贺《白鹿原》电视连续剧开拍”的四尺中堂。

电视剧开拍后，几次和张嘉译在一起喝酒，他都提到咱还是得去看看陈老师，总觉得咱不去不对劲。我又找陈老师联系了两次，他都拒绝了，他说，让大家好好拍戏，心领了，不麻烦了，我好点去看大家。电视剧前期拍完了后，我专程去给陈老师汇报，那次感觉陈老师好多了，说话也几乎正常了，而且已经在书房里又开始忙碌了，他对电视剧投资两个多亿有些吃惊，关心地问能卖回来不？我说这回赚了。他笑了：你拍九十集，还弄得大，赚了就好，再让你赔了，我还睡不安生了。我说陈老师要不要看看片花，陈老师说，我不看了，等你做好了，我再看。陈老师言谈举止，有一种病后释怀的泰然。

大概一个月前，我们为电视节剪辑了一个片花，大家还是想让陈老师看看。我又给他打电话，这回陈老师答应得很痛快，说，好，但这周不行，安排不过来，下周吧。到了下周，我再打电话，陈老师关机了。我问陈老师的办公室主任杨毅，杨老师说，陈老师要集中打半个月针，陈老师现在最操心的也就是《白鹿原》电视剧了，等打完针后再约吧。谁知道，等来的就是噩耗。

剧组管宣发的李晓说，陈忠实逝世，剧组要在官微上发一条消息，让我看看稿子，我加了一句话：您说过，《白鹿原》的改编，您寄希望于电视剧，没能让您看到电视剧播出，是我们永远痛彻心扉的遗憾。

陈老师公祭的灵堂设在省作协，就设在高桂滋公馆里。碰见的熟人都在说，陈老师最大的遗憾，就是没看见电视剧播出。灵堂内鲜花簇拥，简洁庄重。陈老师在相片上笑着。眼神交流，阴阳相隔。我想，陈老师，您上天了，成神了，求您保佑了，我们一定会尽全力做好电视剧《白鹿原》，完成我们甲乙双方这次意义深远的约定，为中国电视剧史献上一份扛鼎之作。

我为陈老师写了一副挽联：

忠实下笔写民族心灵秘史

白鹿有幸为百年精魂代言

原载《延河》2016 年第 6 期

说来话长

魏心宏

4 月 29 日清早起来，微信里看到陈忠实去世的消息，惊得我把手机都给扔了。三十八年前的 1978 年，我去西安，在陕西省第一次文代会上认识了他，从那时起，我就一直叫他老陈，很难改口。老陈那时候还在他老家西安近郊的灞桥区的一个人民公社当领导，业余写作。我印象中老陈当时刚好发表了一个小说，引起了全国文坛的关注。不过，那时老陈还不那么有名，写的也主要是一些短篇和散文。我也是在那次会上认识贾平凹的，平凹那时还在陕西人民出版社当编辑，和我是同行。那次会上，我最感幸运的是还结识了陕西的几位大作家，杜鹏程、王汶石、魏钢焰、李若冰、贺抒玉、胡采。尤其值得一提的是，我还去西安军医大学医院看望了柳青。我感到西安和陕西真是牛，竟然有这么多大作家。

从那以后，我们就一直联系着。那时候没有电脑和手机，也没有电子邮件，基本上都是靠写信。老陈给我的信，像是书法作品一样，让我爱不释手。有一次，老陈和我说了一个事。说的是陕西很早以前的一家庄稼人的故事。我听了，觉得新鲜传神。我对老陈说，这不就是一个小说吗？那时的中国文学还大都集中在反思当中，还没有人会去回望那么久远的事。后来，老陈把小说写好了寄给我，我一看拍案叫绝。这就是老陈的第一部中篇小说《康家小院》。很多年过去了，老陈还一直记着这件事，对我说，要不是你鼓励我写，我还真没那么想呢。那也是当时老陈写的最长的一个小说，有四万多字。八十年代末期，老陈写出了《白鹿原》。那时候，我在深圳，暂时脱离了文学编辑工作，可是我看了小说，还是给老陈写了信，激动无比。这个小说也是我的好友、人民文学出版社的高贤均和何启治编辑的，我后来看到了他们找老陈约稿的故事。说高贤均和洪清波去了西安找老陈，老陈很郑重地把稿子交给了他们，贤均带着稿子去成都，在火车上和宾馆里看完了稿子。那时正是夏天，成都的夏天又闷又热，贤均热得就剩下个背心，挥汗如雨地看完了稿子。贤均后来也得了不治之症，先走了。我眼睁睁地看着我的好朋友就这样一个个走了，心痛难言。

有一年，我们出版社在太湖搞了一个笔会，请了全国各地很多作家。我给老陈电话，江南这个地方最美的就是春天，更何况还有太湖，您一定要来。老陈答应了。我们一起在太湖边溜达，春风杨柳，和风拂煦。老陈说，哎呀，这个地方太好了，难怪人家都说江南好呢。结果溜达到一处歌房边，老陈提议进去看看，我本以为老陈对这些不感兴趣，却没想到，老陈拿起话筒就来了一曲《梦驼铃》。老陈平常是除了陕西话什么话都不说的，结果歌里却分明是普通话，感觉有点怪，但是，唱得完全出乎我的预料，震撼得很。第一次感觉老陈有点文学青年的劲儿。

老陈爱抽烟喝酒。老陈抽的那种土烟，大概也只有他们陕西才有，很冲。陕西还有一位也是我的好友的评论家王愚也是爱抽这种烟的。老陈让我抽，把我呛得直咳嗽。后来，老陈开始抽雪茄，我说老陈你要是真爱抽雪茄，我给你买好一点的。老陈一摆手，不用，就是这个好。巴老去世那一年，老陈作为中国作家协会的领导来上海，住在衡山路上的东亚酒店。晚上，我和修晓林一起去看他，结果老陈让我们陪他喝酒。

我们就在酒店的房间里推杯换盏，实际对我来说，喝酒几乎就是受罪。我劝老陈，烟酒不是好东西，还是戒了吧。后来，老陈真的把烟酒全都戒了。这时候，听他的嗓子似乎也干净了许多，脸色也红润了。真为他高兴。

2008年，我去了一次西安，老陈听说我来了，就一起吃饭。我那次想着再劝老陈一件事，就是希望他能写个自传。老陈跟我摆手，说，唉，那不行，我咋能写自传呢？我说了我的理由。老陈说，让我想想。后来老陈还是把我的意见听进去了，但是，写出来的文本却有些变化，是《寻找属于自己的句子》，一本创作谈。老陈之所以没有最后写自传或者回忆录，他自有他的理由。这件事到了今天让我尤其遗憾。2009年，这本书出版了，上海书展期间，我们把老陈请来上海，与上海的读者见面。老陈在上海图书馆做演讲时，很多听众尽管不能完全听懂老陈的陕西话，但是，大家都对这位朴实无华的大作家深感敬佩。却没料到，那一次，竟然是老陈最后一次来上海，是我们在一起的最后一次欢聚。

原载2016年7月8日《新民晚报》

《白鹿原》的第一次研讨会

常振家

二十多年前，正当严肃文学在商品经济大潮和俗文学冲击下备受冷落，不少作家为此困惑、莫衷一是而备感浮躁的时候，古老的关中大地却在悄悄地孕育着一位成熟的作家。

陈忠实用了整整六年时间，苦心经营，呕心沥血，终于在他那远离闹市的乡村老屋里熔铸出一部沉甸甸的大作品——《白鹿原》。

《当代》杂志1992年第6期和1993年第1期发表了这部鸿篇巨制。《白鹿原》一问世，便以其雄浑厚重、咄咄逼人的气势，深沉冷静的历史思考以及众多崭新饱满的艺术形象征服了读者。

《白鹿原》的成就首先表现在它独特的历史眼光和艺术表现的大胆突破上。陈忠实在经过了五六年痛苦的人生思考和艺术思考之后，以一个作家罕见的勇气和艺术胆魄，极为逼真自然地将艺术概括依附于对社会历史的深刻思考和理解，字里行间弥漫着一种历史的厚重和苍凉，从而形成了一种宏大深邃质朴的艺术风格，形象深刻地反映了半个世纪中华民族的苦难、悲剧和历史演变。沉实练达的笔触，撼人心魄的描述，令人荡气回肠。白嘉轩、朱先生让人耳目一新；鹿子霖、白孝文、小娥、黑娃、鹿三等个个鲜活饱满……对这些人物的描写不仅写出了旧时代中国农村道法文化的底蕴，而且展示了民族的精神和灵魂，写出了作家迄今为止所能理解到的历史和生活的必然。在小说创作中，陈忠实这种除了阶级斗争以外的，从人性、文化、伦理、道法、人格等多方面审视历史的眼光不仅是独特的，而且有着突破性意义。

《白鹿原》的发表，引起了社会的关注，首先是文坛的关注。

1993 年 3 月 23 日、24 日两日，中共陕西省委宣传部、陕西省作家协会联合在西安召开《白鹿原》研讨会。省委宣传部长、副部长亲自到会，来自陕西多地的评论家、作家五十余人参加了研讨会。何启治和我作为《当代》杂志的代表专程去西安参加了这次会议。

这是我记忆中有关《白鹿原》的第一次研讨会。

时间过去了二十多年，许多记忆已经模糊甚至失去，以下所述只是我记忆中的点点滴滴。

促膝长谈

何启治和我是开会的前一天到达西安的。这是我第一次来西安，一下车便受到陈忠实的热情接待。记得他当时心情非常好，为我们忙上忙下，安排房间，亲热得像见到了家里人。

我和老陈 1984 年就认识，那年他到北京来领“《当代》”奖，我们曾一同开会，一同游慕田峪长城。只是后来很多年没见过面，直到这次为《白鹿原》发稿才又联系上。

住下后，何启治晚上要去看朋友，陈忠实过来陪我聊天。我很高兴，我有许多话要同他讲。我和忠实算是同一辈人，都不善聊家常，没说几句，话题就转到了《白鹿原》上。老陈给我讲了这些年的写作经历，讲他为何去查县志，为何躲进乡村祖屋，为何既关注又不参与文坛各种流派的纷争……真讲得我热血沸腾。他讲的那一切，有些是我读作品时能看到或感觉到的，因此很容易产生共鸣。他对文学事业的那份执着，他不为外界诱惑影响的那股定力，他的坚韧不拔，他的牺牲精神无不使我感动。特别是听他讲到去灞桥乡村祖屋，为自己营造创作氛围，以及约法三章以保证“整个写作期间能聚住一锅气”时，我暗暗佩服他对于艺术真谛的深刻理解与感悟。不要看他外表似乎“土”，他真真的是个大艺术家呢!

为满足我的好奇心，也是为了证实我最初读稿时的种种猜测，我便开始问他创作前读过哪些书。

《古船》？读过。

《百年孤独》？读过。

《静静的顿河》？早年就读过。

我又一连串说了几本，其中有对也有错。我们不时发出笑声，那情景就像两个孩子在做猜谜游戏。

陕西三杰

在长达六年的时间里，陈忠实吃了那么多苦，付出了那么大的生命代价，才写出了这部《白鹿原》。可是按当时的稿费标准，千字最高才三十元。这样满打满算，陈忠实的稿费也只有一万多元。太不公平了!可我又想不出好办法，因为当时的稿费是国家规定的。《当代》杂志不做广告，也不拉赞助，我们没有钱弥补陈忠实的损失。我像个神经病似的不断重复着这个话题，而厚道的老陈却没有一句怨言，总是用真诚善意的笑面对我……

我们的话题渐渐转到“陕军东征”上。当时陕西的文学创作正处兴盛时期，陈忠实的《白鹿原》又为这兴盛加了一把火。路遥、陈忠实、贾平凹“三足鼎立”之势已经形成。这三位作家个个实力非凡，而且每个人后面都跟着一帮年轻人。他们你争我赶，互不服气……这种竞争也在一定程度上促进了陕西创作的发展和繁荣。

我和陈忠实都很兴奋，不知不觉竟聊了三个小时。老陈说话很朴实，很真诚，不做作，不铺张，实实在在。有些话很精辟，很形象又富有哲理。他很直率，几乎是有问必答，不躲闪，不回避。我很喜欢听他讲话，受益匪浅。

研讨会

第二天，研讨会正式举行。那场面自然是热烈的。全省评论界、学校以及各地作家都已到场。杨争光等一帮青年作家格外抢眼，楼道里不时传来一声声秦腔的长吼……

会议开始了，发言一个接着一个，对作品的分析也是头头是道，有理有据，很有水平。我也一边听，一边对照着自己看稿时的体会，不住地点头。

这是我第一次直接领略陕西评论界的风采。当畅广之、东星等人发言时，我仿佛置身于北京中科院的研讨会之中。陕西作家了得，陕西评论界的实力也同样了得！

该我发言了，会场热烈的气氛感染着我。我先说了自己阅读时的感受，接着介绍《白鹿原》发表时北京方面的一致反映。当我读到人们对作品的高度评价时，突然有人喊了一句："还不就是白烨一个人在那折腾……"我权作没听见，继续发言，会议照常进行。这声音不是很大，但与会场气氛极不和谐。会后冷静下来想一想，有不好声音也是自我的肯定。我似乎又隐隐感到了他们心中的那种"不服"。会场休息了，楼道里又响起了那一声惊天动地的秦腔。

深深的一鞠躬

研讨会开场很成功。陈忠实的创作实践、创作成果、变革精神以及《白鹿原》在新时期文学发展中具有的突破性意义，得到了人们广泛的认可。闭幕会时，陕西省委宣传部长王巨才做了热情洋溢的发言。讲话结束时，只见他转身向陈忠实恭恭敬敬地深深地鞠了一躬。至今，他讲话的内容我一句也记不清了，但他鞠躬时那无比诚恳、无比恭敬的神态却深深地印在我的记忆里。他对《白鹿原》以及作家陈忠实创作的心悦诚服，他对人类灵魂的铸造者——作家创作劳动的尊敬，都尽在这深深的一鞠躬之中。过去我从没见过这样的场面，后来也没听说过。

一张一次成像的照片

会议期间曾有一天空闲，安排何启治和我去看西安周围名胜古迹。结果前一天晚上，何启治说他要去会朋友，不想去了，这样就剩下我一个人。老陈知道我是第一次来西安，就决定陪我去。我说你那么忙，换个人陪我吧，他执意不肯。

第二天一大早我们就出发了，整整跑了一天。华清池、秦兵马俑、秦王坟、大雁塔……一路奔波，马不停蹄。老陈不停地为我解说着，十分热情、耐心。路过灞桥时，他一下子从座位上站起来，指着窗外那一片草原对我说，那就是我家祖屋的方向……参观兵马俑时，老陈站在当年美国总统卡特参观时的位置上，形象地描述了卡特当时被眼前的景象震撼、泪流满面的情景。从他那动情的讲述中，我感受到老陈骨子里的那种民族自尊和自豪。

从屋馆出来，我说要是在这儿合个影就好了。可是同行的人都说没有带相机，有点遗憾。我们继续往前参观，走着走着却发现老陈不见了。

就在我们四处寻找的时候，只见老陈从不远处领来一位摄影师。他的相机可一次成像，立等可取。我和老陈高兴地合了影，他对我说，这也是他的心愿。同老陈相识的三十年当中，我们也曾有过几次合影，但这张一次成像的照片却让我格外珍惜。

《白鹿原》在展示民族精神的同时也寄托了陈忠实的道法理念。而这也一定程度上影响了他做人的行为准则。他做人很认真，对自己要求很严格，重友情，重信誉，重名声。他为人真诚、谦和，不善张扬。他待人厚道，热情周全，常常为别人着想。与他接触过的人都对他有良好的印象。

再看陈忠实

陈忠实在一次访谈中这样说：“作为文学主体的作家，通过自己的体验和认识将国家和民族在多个历史时期所经历的痛苦和欢聚真实地再现出来是至关重要的。我曾在评论路遥的作品时，认为路遥就是取得这样成就的重要作家，也因为这一点，我很敬重他。”路遥比他小十多岁，但当时已写出《平凡的世界》那样的大作品，他再也坐不住了。他说：“我感到了一种巨大的无形压力，我下决心要奋斗，要超越，于是才有了《白鹿原》。”“要不是路遥，我没有这股劲。”忠实的话让我明白了很多。

文章最后，我想把陈忠实的一段话送给那些正在创作路上苦苦求学的作家们。陈忠实说：“苦闷是某个创作阶段上自我否定的必然过程。自我否定是一种内在的动力，是打破自己思维定式的一种力量。”“对于一个作家来说，可怕的不是苦闷而是思维呈现的太多的定式。思维定式妨碍吸取，排斥进取，导致作家洋洋得意自我欣赏，因而也导致作家思想和艺术生命的老化。”

陈忠实的智慧还表现在对自己生命的把握和安排上。他知道自己生命的价值在那里。他非常清醒自己什么时候该干什么，能做到什么。

他分析了，他安排了，他实现了。

陈忠实走了。他的生命已经定格。

一部沉甸甸的《白鹿原》摆在那里。他的人品、文品摆在那里。

不用多说。

2016 年 5 月于北京风度柏林

原载《当代》2016 年第 4 期

哭陈忠实老师

孔　明

我不想等噩耗，噩耗还是来了。

时间在 2016 年 4 月 29 日星期五早晨 7 点 45 分凝固：作家陈忠实老师的心脏停止了跳动。

噩耗并不意外。前天晚上，接到好友邢小利的电话，他语气沉重地说："孔明，告诉你一个不好的消息，你心里得有个准备：陈老师病危，正在抢救！"放下手机，我忍不住悲从中来。陈老师或者已在生死线上挣扎，而他的音容笑貌像幻灯片一样不断地在我脑际浮现。我忽然不想读书，不想写作，甚至不想上网了。泪水溢流，难以控制。不容回避的现实是中国将失去一位杰出的作家，三秦将失去一位赤子，我将失去一位良师。

我与陈老师交往并不密集，但几乎每一次往来都给我留下了美好的记忆。我知道他很早，读他的书却很晚。在他面前，绝对是小字辈。和所有读者一样，当年当我一口气读完《白鹿原》时，真有恍若隔世之感，于是提起笔来，写下了《梦读〈白鹿原〉》，1950 个字，发表在 1993 年 8 月 18 日《西安晚报》副刊上，头条。以此为契机，我认识了陈老师，责编并出版了他的小说《初夏》。我没有刻意走近他，但还是走近了，完全是受了他道德文章、友善人品的吸引。如果他能记住我是因为记忆力好，那么我愿意亲近他却纯粹是因为心灵不由自主地认同他。蓝田县政府委托我向他求字，当他听说是用于公益，便拒绝礼金。陕西人民出版社礼请他出席《最美女孩熊宁》首发式，我送他礼金，他的拒绝掷地有声，至今犹在我耳畔回荡："你是孔明吗，咋还不了解我？人家娃把钱往雪山藏区送呢，命都搭上了，我要钱我还是人吗？"他的决绝显示了他的真诚就像他的名字一样。人民教育出版社成立六十周年，陕西人民出版社拟送陈忠实题字作为贺礼，委托我周旋，八千元润笔已放在他的案头上，他仍坚拒不受，毫无通融之意。有人说人品与钱无关。当人们普遍崇拜金钱的时候，金钱恰可证明一个人的德行品性。

多年前我社策划出版《陈忠实传》，我约请他的挚友邢小利执笔，陈老师非常喜悦。传记写成后，是否出版，陈老师却犹豫了。我去找他，他说："孔明呀，我总觉得我写了《白鹿原》，读者看书就是了，我嘛，总感觉出版那个（指《陈忠实传》）像被人脱了衣服！"他觉得为健在的人写传，有点像为活人立碑的意思。作为朋友，我和小利只能尊重他，虽然"为活人立碑"的事早已司空见惯。去年，陈老师病了，旧话重提，他用微笑默认了。书出版后，他在病榻上仔细看了后，即给小利打电话，意思如下：一、写得客观；二、资料很丰富，真实，有很多资料他也是第一次见，很感动；三、分析冷静，切中实际；四、没有胡吹，十分赞赏。听到陈老师如此评价，作为策划编辑兼责任编辑，我如释重负。如今他已长行不归，《陈忠实传》的出版真可谓正当其时。能在生前看见自己身后的"丰碑"，陈老师在天之灵也当欣慰了！

陈老师的人品如山，喏，就在那儿矗立着，无须我多饶舌。对他的与世长辞，我痛定思痛，不无感伤与喟叹。一次，去看望陈老师，他的工作室里气味难闻，看见陈老师嘴里噙着卷烟，我忍不住劝他："陈老师呀，别抽烟了，烟不好！”陈老师笑呵呵地说：“都劝我戒烟，我就这个爱好嘛！”又顺手点燃了一根。归来，我去找他女儿陈勉力，她说她不敢劝她爸戒烟。我说：“给你爸房间买个空气清新机吧！”勉力说：“几次要买，我爸不让嘛！”真是严父呀！我说：“硬买吧，别征求他意见了！”勉力就买了空气清新机，强行搬进了她爸的工作室。

路遥去世时，我哭他早晨从中午开始，嗜烟，玩命。如今陈老师去世了，我泪流满面。陈老师啥都好，就是生活习惯上太随意了，太任性了，太不把自己身体当回事了。写作本来就是呕心沥血的事情，成名后陈老师即使隐居在南郊的工作室里，仍然为各种应酬所困扰。他人太好，求他的人就多不胜举，但凡人情上门，于公于私，只要无碍他的做人原则，他都一律应承。他常常一个上午赶三个会，都是“高情难却”。我觉得陈老师的去世，不仅仅是对健在作家的警示，也是对世道人心的警示。崇拜没有错，但得有尺度；尊重不能任性，否则流于形式。不能为一己虚荣，忍心去劳烦健在的陈忠实们！

《白鹿原》是一座山。陈忠实将因此而流芳百世。

2016 年 4 月 29 日

原载 2016 年 5 月 5 日《渤海早报》

附录：各媒体关于陈忠实去世消息的报道

我国当代著名作家、中国作家协会副主席陈忠实同志逝世

中国共产党优秀党员，中国作家协会副主席、陕西省作家协会名誉主席陈忠实同志，因病于2016年4月29日7时45分在西安逝世，享年74岁。

陈忠实同志1942年6月出生于陕西西安，是我国当代著名作家，中国作家协会第六、七、八届副主席，曾任陕西省作家协会主席，中共十三大、十四大代表。

陈忠实同志1965年开始发表作品，1979年加入中国作家协会，著有小说、散文、报告文学等多种，作品多次获全国优秀短篇小说奖、全国报告文学奖等。长篇小说《白鹿原》获第四届茅盾文学奖。《白鹿原》曾多次再版，并被改编成多种艺术形式，在读者和全社会中具有广泛影响。

陈忠实同志忠诚于党的文学事业，坚守艺术理想，他的创作高扬现实主义文学旗帜，饱含对祖国和人民的深情大爱，深刻描绘了现代中国

百年变迁的雄奇史诗和壮丽画卷，为中国文学事业做出了杰出贡献。陈忠实同志品格高洁，淡泊名利，谦逊质朴，真诚善良，热心扶持青年作家成长。他的作品深受广大读者喜爱，他的风范广为文学界称颂。

陈忠实同志病重住院期间和逝世后，中央领导同志，中央宣传部、中央组织部领导同志，中国作家协会主席铁凝同志等表示慰问和悼念，中国作家协会党组书记、副主席钱小芊同志专程前往医院看望。

陈忠实同志遗体告别仪式将于 5 月 5 日在西安举行。

原载 2016 年 5 月 2 日《文艺报》1 版

巨笔长眠黄土地，哀思永寄白鹿原

——文学界深切缅怀陈忠实

刘秀娟

作家陈忠实走了，在4月。

春暖花开，燕啼莺啭，他似乎特别钟情于这个时节。

1986年4月，他蹚过还有些冰冷的灞河，坐上公共汽车前往蓝田县搜集资料，为创作《白鹿原》做准备；1988年4月，他坐在乡村木匠打制的沙发上，把一个16开的硬皮本在膝头上摊开，写下《白鹿原》草拟稿第一行钢笔字；1992年4月，他把《白鹿原》交给《当代》杂志的编辑，只说了一句话，“我把命都交付给你们了……”此言不虚，从作品发表直至今天，《白鹿原》几乎就是“陈忠实”。

今年这个4月，因为陈忠实的辞世，变得凝重而感伤。从文学界到新闻媒体，再到微信朋友圈，追怀和悼念铺天盖地。这是一个时代对它的优秀作家最直接的褒奖，这也是一个时代的提问：我们为什么如此怀念陈忠实？

为文，《白鹿原》铸就一座高峰

常振家是《白鹿原》最早的责任编辑之一，他有机会最早读到这部作品并在第一时间写出评论文章。在文中，他作出了一个大胆的判断，预言“陈忠实的《白鹿原》将毫不逊色地扎扎实实地站在中国当代文学名著的书架上”。评论文章被退回，编辑认为他对《白鹿原》评价过高，常振家固执地不肯删掉这些预判。后来，作家刘茵将文章推荐给《文艺报》，以《一个民族的历史画卷》为题于 1993 年 5 月 1 日刊出。这篇文章可算是国家级报刊发表的第一篇《白鹿原》评论文章。

昙花易现，经典难求。《白鹿原》的出版轰动一时，但是直至今天，它依旧不断地再版、被改编，累计发行达二百多万册，被改编成话剧、舞剧、电影、电视剧等多种艺术形式。二十多年的时光流逝非但没有淘洗掉它当年的声名，反而将它冲洗得更加坚实、纯粹，使其成为研究者和读者心目中的“当代经典”之一。

这是一部来自历史、民间和大地的作品。虽然它姗姗来迟，但作者实际上一直在寻找和准备。

据评论家阎纲回忆，1981 年，文艺报社安排阎纲去西安与陕西作家促膝谈心，话题是农村题材创作的迫切性。陈忠实对阎纲说，我坚信深入生活是可靠的，我固执地在纷乱的现实中拨弄自己要寻找的东西。生活不仅可以丰富我们的素材，也可以纠正我们的偏见，这一点，我从不动摇，深入生活，点面结合，写起来才有根底，不会走大样。

“到生活中去”，这是陈忠实所敬仰的赵树理、柳青、杜鹏程等老一辈作家的创作理念，也是陈忠实的本性使然。1982 年冬，他调到陕西省作协专业创作组，终于“进城”的他却决定“干脆回老家，彻底清静下来，去读书，去回嚼二十年里在乡村基层工作的生活积蓄，去写属于自己的小说”。十年之后，他终于寻找到了“属于自己的句子”。此时，他年已半百，但他全部的生命，都被这部作品照亮。

得知陈忠实去世的消息，很多作家、评论家、普通读者都将重读《白鹿原》作为对陈忠实最好的纪念。

评论家陈晓明在《悼陈忠实：一部作品成就的非凡作家》中写到，中国当代文学很久以来没有出现如此气势恢弘、有大气象的长篇小说，《白鹿原》以它文化上的思考，富有现实感地回应了当时的思想焦虑。它确实是以史诗性的结构支撑二十世纪剧烈的社会变革和动荡不宁的社会矛盾，并且对传统文化进行了深入发掘，以现实主义笔法将二十世纪中国社会进入现代的困难和复杂提示出来，让人们去思考、争论、回应。一部作品能够提出这么多、这么深刻、这么尖锐的问题，对于作家来说是幸福的、骄傲的。

作家李鸣生说："在现当代小说中，《白鹿原》是唯一一部让我一口气读完还想再读的作品。我想，对陈忠实老师最好的悼念，就是去读《白鹿原》。"

得知陈忠实去世的消息，好友刘兆林、陈世旭说，伤怀中有一种平静和骄傲，一个真正的作家，还应该有一种精神性的存在，能枕着《白鹿原》这样的作品入棺，是作家的骄傲。

《白鹿原》在，陈忠实就在。

为人，朴实宽厚如黄土大地

脸上的沟壑，手中的雪茄，一口关中方言，是陈忠实的标志。在很多人眼里，陈忠实身为作家，却朴素憨厚如老农。他浑身上下都有黄土大地的气息，虽沧桑却丰饶，为陕西文学的生长提供滋养。

作家王巨才和陈忠实是老乡，也是相交几十年的朋友。他评价陈忠实"不但是一位成功的作家，还是一位优秀的文学组织工作者和领导者"。陈忠实对年轻作家、业余作者的爱护和扶持尽心尽力，"虽然他那么忙碌，有自己的创作计划，有诸多领导组织工作，但他仍然肯付出时间和精力为年轻作家和业余作者写评论、写序。而且，每一篇我看到的这类文章都写得非常认真，并不是应酬、搪塞的文字，这让我非常感动。"王巨才说，凡是与陈忠实有交往的人，哪怕只有一两次接触，对他正直、豪爽、正派、热情、大气的品质也会有所了解。“他也曾跟我一起去考察采访，到了任何一个地方，无论是接受记者的采访，还是朋友、同事一路上的交流，他都是以一个普通文学工作者和普通作家的身份与大家平等地交流，从不居高临下、盛气凌人。”

曾任陕西省作协党组书记的雷涛是陈忠实十四年的工作搭档，在雷涛眼里，“面冷”的陈忠实内心慈善而温暖，他的性格既有关中农民最淳朴最勤劳的一面，也有坚定倔强的一面，他既爱重声名，又有一颗善心。他把很多时间和精力花费在对中青年作家的发现和培养上。尤其是前些年，他突破体制的束缚，从基层发现作家，并且及时地调动、培养、扶持，千方百计为他们的成长提供帮助，赢得了陕西省文学爱好者和作家发自内心的感激。

“他激发起陕西作家的雄心和自信”，作家白描认为，陈忠实厚重坚实的现实主义书写，介入生活的热情和自觉意识，为文学理想忘我献身的精神，感染和影响了周围很多人。新时期文学陕军的精神面貌和风格基调，很大程度上是在他影响下确立起来的。

陈忠实去世后，梦野、杜文娟、杨则纬、徐祯霞等许多青年作家，都写文章感念文学之路上来自陈忠实的鼓励与扶助。儿童文学作家孙卫卫说：“我理解，这么多人怀念他，媒体这么隆重地纪念他，除了他创作了一部伟大作品，还有他做人的朴实，对年轻人的提携，对弱者的关爱，感动了大家。现在的社会，后者更稀缺。”

每个作家都有自己的使命。后半生里，陈忠实始终没能写出第二部“白鹿原”。但他对文学组织工作的勤勉奉献，他对青年作家的赤诚帮助，或许是他内心的另一种期盼——期盼当代文学尤其是陕西文学能够超越《白鹿原》。

原载 2016 年 5 月 2 日《文艺报》1 版

饱含深情地演出是对先生最真切的缅怀

徐　健

“学院版”话剧《白鹿原》即将亮相北京，导演兼主演吴京安表示——饱含深情地演出是对先生最真切的缅怀。

继北京人艺版、陕西人艺版之后，5月12日至14日，由“梅花奖”得主吴京安参与编剧、同时担任导演并主演的学院版话剧《白鹿原》将在北京保利剧院上演。该剧由吴京安领衔西安外事学院影视艺术学院师生演绎。当惊闻陈忠实先生逝世的消息后，吴京安悲伤地说，“白鹿归原，原在人去。惟有用心、饱含深情地演出，是对先生最真切的缅怀”。

不同于孟冰编剧的版本，学院版摈弃了灰色的主调，以说书人的讲述串联起二十个片段，随着这些经典场景与对白如读书般一页页翻过，一部原上的史诗画卷铺陈开来。“我们纠结的不仅仅是绝望、苦闷、挣扎、黑暗，更多的是惊人的浪漫、未见过的执著、阳光般的理想，以及如原一般坚实的信念。”吴京安介绍道。尽管《白鹿原》曾被不同的艺术形式多次改编，但其绵长的底蕴似乎还有极大的开掘空间。

为了此次创作，吴京安又重读了几遍原著，改编时还增加了白嘉轩因“养不教、父之过”而让儿子鞭责自己的情节。“《白鹿原》不只写了人性和性欲，还有如白灵一样给人以梦想和希望的角色。我们希望呈现的是一个不曾在以往版本中看到的《白鹿原》，其中有遏制不住的对土地的挚爱，更有深沉的盘道和凝重的禅意。”谈及此次出演白嘉轩，吴京安表示，这是他多次错过却又不愿错过的角色，是“一镢头掘出了一个深埋于黄土中的陈年旧梦，陈忠实特别希望后人解读时能够走出它”。

据介绍，学院版演出将采用普通话与陕西方言相结合的形式，其中夹杂着秦腔的韵律与叫板。舞台上近一百名群众演员，大部分是西安外事学院影视艺术学院大一刚入校的新生，这群以陕西和山西娃组成的学生军，将演绎剧中婚丧嫁娶、祭祖求雨的风俗画。

原载2016年5月2日《文艺报》4版

挥泪送别陈忠实

——陈忠实遗体告别仪式在陕西西安举行

李晓晨

八百里秦川云雾深锁，终南山下江河无言。5 月 5 日上午 8 时，中国共产党优秀党员、中国当代杰出作家、中国作家协会副主席、陕西省作家协会名誉主席、第四届茅盾文学奖获得者陈忠实遗体告别仪式在陕西省西安市殡仪馆举行。数千名文艺界人士和各界群众参加仪式。中国作家协会主席铁凝，中国作协党组成员、副主席、书记处书记李敬泽专程来到西安，代表全国文学界，与陈忠实深情作别。

陈忠实因病医治无效，于 2016 年 4 月 29 日在西安病逝，享年七十四岁。

陈忠实逝世后，党和国家领导同志通过各种方式对陈忠实逝世表示哀悼，对陈忠实家人表示慰问，并敬献花圈。陈忠实病重期间，中国作协党组书记、副主席钱小芊，陕西省委省政府领导同志专程到医院看望。

陈忠实 1942 年生于陕西西安灞桥区西蒋村，1965 年开始文学创作，迄今已出版《陈忠实文集》《陈忠实小说自选集》《白鹿原》《生命之雨》等著作一百余种。他的多部作品被翻译成英、法、俄、日、韩等多语种文字出版。《白鹿原》先后被改编为电影、电视剧、话剧、舞剧等多种艺术形式，是被改编最多的当代文学经典之一。

遗体告别仪式现场肃穆凝重，哀乐低回，大厅上方高悬着“沉痛悼念陈忠实同志”的黑色条幅，中间悬挂着遗像，两侧挽联低垂：“三秦文胆，华夏风骨，铸忠实人格，笔蕴千钧担天道”，“终南气象，灞原襟怀，育白鹿精魂，情含万汇传史音”，这是对陈忠实一生为人为文的贴切写照和总结。陈忠实静卧于白色鲜花丛中，遗体上覆盖着中国共产党党旗，颈下所枕的正是他的长篇小说《白鹿原》，鲜花制成的“永远怀念”四个大字置于遗体前，诉说着人们最真挚的敬意和最深切的怀念。

铁凝、李敬泽等在陈忠实遗体前肃立默哀，在哀乐中向遗体三鞠躬，并与陈忠实亲属一一握手，表示慰问。陕西省副省长姜锋主持遗体告别仪式，中共陕西省委常委、宣传部部长梁桂介绍了陈忠实生平。中央有关部门，陕西省委、省政府及有关方面负责同志马中平、韩勇、郭永平、魏民洲、毛万春、胡悦、白阿莹、孟祥林、黄道峻、贾平凹等参加告别仪式。

人们佩戴白花，排成长队，前来为陈忠实送行。其中有陕西省各界人士、文化艺术界代表，更多的则是操着陕西乡音的、来自陈忠实家乡的群众。大厅一侧的屏幕上渐次出现陈忠实生前的一张张照片，音容笑貌亲切如往昔。他笑得灿烂，总在田间地头和老乡们缠在一起；他写得辛苦，常常一拿起笔就到深更半夜；他善良豁达，热忱质朴，对登门拜访的乡里乡亲几乎有求必应……在他离开的时候，人们风尘仆仆从北京、上海、黑龙江、四川、甘肃等地以及陕西的各个地方赶来，送他最后一程。殡仪馆前的广场上挤满了前来送行的人们，大家带来了各种版本的《白鹿原》，有人展开了专门写的悼念长诗，表达哀思，更多人擎着报刊特别制作的“送别陈忠实专号”，一排连着一排，一片又一片，这是老百姓对一位作家最高的褒奖。人群中，不时有人高喊：“陈老师，我们送您来了！”“陈老师，您一路走好！”来自陈忠实家乡西安市灞桥区的七十四岁老人王吉仲在儿子的搀扶下来为陈忠实送行，他含着泪说：“上世纪六十年代，陈忠实作为下派干部在我们村工作过几年，他为人质朴诚恳，心里总是装着百姓。”这些凌晨即起、迎着晨曦赶来的人们就是为了今天再郑重地看看他，再向他深深鞠躬，记下他刀刻一般的皱纹，爽朗憨直的笑声，永远惦念他七十四载春秋大写的人生。

作别陈忠实的铁凝难掩哀痛，不时拭泪。就在前一天，铁凝和李敬泽代表中国作协专程前往陈忠实家中吊唁，悼念逝者，慰问亲属。铁凝回忆起与陈忠实交往共事的点滴，谈起陈忠实为中国文学事业繁荣发展和中国作协工作做出的贡献，以及他对中国文学的重要意义。她表示，陈忠实视写作为生命，一部《白鹿原》是他留给人们的杰出作品，他以不朽的作品捍卫着文学的神圣。以他端严正大、忠厚率真的人格品格，成为一个民族、一块土地上一个非常耀眼的文化标识，她相信这种精神力量会一代代延续下去，酝酿出优秀的高峰之作。

原载 2016 年 5 月 6 日《文艺报》1 版

他把一切献给了挚爱和信仰的文学

——陈忠实的创作道路研讨会在京举行

李晓晨

6月6日，中国作协在北京举办“陈忠实的创作道路研讨会”。中国作协主席铁凝出席会议并讲话。中国作协党组书记、副主席钱小芊主持会议。

一个多月前，七十四岁的陕西作家陈忠实溘然长逝，给人们留下无尽的哀思和追忆。5月5日，是送别他的日子，西安市殡仪馆里专程赶去的人越聚越多，其中大部分是普通读者，他们静默、肃然，一种震撼人心的哀恸和纪念令人动容。是什么力量把人们聚在一起，共同吊唁、缅怀一个作家的离去？因为《白鹿原》，更是因为陈忠实一直与那片土地在一起，一直与他的乡亲们在一起。6月6日，中国作协在北京举办陈忠实的创作道路研讨会。中国作协主席铁凝出席会议并讲话。中国作协党组书记、副主席钱小芊主持会议。中国作协副主席李敬泽，二十余位专家学者以及鲁院第二十九届中青年高研班学员参加会议。研讨会开始前，钱小芊提议全体与会者为陈忠实不幸逝世起立默哀。

自1965年首次发表作品直至生命垂危，陈忠实从来没有放下手中的笔。铁凝在讲话中谈到，对陈忠实来说，写作就是他的生命，他把一切献给了他所挚爱、他所信仰的文学。陈忠实是人民的作家。他来自人民，属于人民。他和人民血脉相通、心心相印。陈忠实毕生执著地热爱着他的土地和村庄。他的根深深地扎在乡土中，扎在中国的乡村生活中。也正因为如此，他才会见人所未见，对乡土中国的现代命运做出了振聋发聩、别开天地的表现，他的《白鹿原》才成为来自民族生活深处、凝聚着文化和历史的丰厚经验的“中国故事”。陈忠实的创作道路始终贯彻着强烈的责任感。《白鹿原》的扉页上写着巴尔扎克的一句话：“小说是一个民族的秘史。”这不仅是一种文学观，更是一种责任、一种信念。《白鹿原》是恢弘的史志和史诗，它带领我们进入想象中国的新的思想和艺术境界，同时也把中国新文学以来的现实主义传统带到了一个新的高度。陈忠实一生忠厚为本、质朴为人、真诚待人、坦诚做人。他从未失去做人的“初心”，也从未失去为文的“初心”，他的一生有力地证明了，一个作家的精神境界、思想高度和人格力量决定着他的作品的境界、高度和力量。

钱小芊在主持中谈到，陈忠实是一位将自己的创作与土地、时代和人民紧密联系在一起的作家。他把一生都献给了文学事业。他创作的以长篇小说《白鹿原》为代表的一批优秀作品，深受广大读者喜爱，为中国当代文学的发展作出了不可磨灭的贡献。今天，中国作协邀请作家、评论家共同回顾缅怀陈忠实的创作道路，深入探讨他对中国文学的影响和启示，这不仅是对他本人的纪念，也是为了从他的精神风范和创作成就中汲取宝贵的经验，获得继续前行的力量。陈忠实是来自人民、属于人民的作家，他对土地和人民的热爱和忠诚，他对民族历史与未来的责任承担，他对文学矢志不渝、全神贯注的追求探索，都是他给我们留下的宝贵精神财富。当前，文学界正在深入学习贯彻习近平总书记系列重要讲话特别是在文艺工作座谈会上的重要讲话精神，广大文学工作者都会从陈忠实崇高的人格精神和高远的创作追求中得到深刻的启示，进一步坚定以人民为中心的创作导向，以“十年磨一剑”的恒心和意志，不懈攀登艺术高峰，讲述精彩的中国故事，弘扬壮阔的中国精神，为中国文学的繁荣发展贡献力量。

雷达、何启治、阎纲、李国平、白烨、贺绍俊、梁鸿鹰、张志忠等先后围绕陈忠实的创作道路及为人为文发表了各自看法。周明、白描、王山、王干、郭艳也即席发言。大家回顾了与陈忠实的交往点滴，分析探讨了陈忠实创作的道路、成就与风格，及其带给中国文坛的现实影响和启示。大家认为，《白鹿原》是一部说不完的经典，其中蕴含着深刻意蕴和不朽力量。陈忠实的创作植根于生活和人民的沃土，从中国社会和历史的真相出发，通过丰富的细节塑造了一个个性情复杂、有血有肉的形象，推出了一部部长存人们心间的作品。

《白鹿原》是一部充满启迪的作品，与会者谈到，在书写我们这个民族秘史的同时它也提出了问题——革命尚未成功，路究竟在何方？这是一部在现当代文学史上“承上启下”的小说，它接续了现代以来启蒙、救亡的主题，同时又赋予当代乡土小说现实主义写作的新高度；探究起文化思想资源，中国传统文化无疑搭建了小说的空间维度，而陈忠实对西方文学资源的吸收和借鉴，也让其作品具有不同于以往乡土小说的新面貌。遭遇文学创作危机之时，陈忠实艰难地同自己剥离，同精神和文学上的惯性剥离，从僵化的艺术中走出，获得新的动力。他从来没有停止过思考，相信伟大的作家都应该是思想家，也因此，他曾在路遥的追悼会上有过这样的表达：“一颗璀璨的星从中国文学的天宇陨落了。一颗智慧的头颅终止了异常活跃异常深刻也异常痛苦的思维。”这似乎也是对他自己极为贴切的描述和致敬。大家谈到，举行此次研讨会不仅是对陈忠实的追思与纪念，更在于对其高远的创作追求和人格精神的学习与传承。陈忠实去世后，不计其数的自发前往悼念的人们再次证明，在今天，经典依然是读者常读常新的难舍之作，文学依然有着顽强的、深厚的生命力。

原载 2016 年 6 月 8 日《文艺报》1 版

著名作家陈忠实逝世

龚仕建

本报西安 4 月 29 日电（记者龚仕建）4 月 29 日上午，一条爆炸性的消息传遍了各大网络媒体和陕西人的朋友圈：中国作家协会副主席、陕西省作家协会名誉主席、茅盾文学奖获得者、当代著名作家陈忠实，因病抢救无效，于当日 7 时 45 分在西安逝世，享年七十四岁。

原载 2016 年 4 月 30 日《人民日报》4 版

著名作家陈忠实逝世

“独寻秋景城东去，白鹿原头信马行。”4 月 29 日，当代著名作家、中国作家协会副主席陈忠实在陕西西安逝世。长篇小说《白鹿原》是陈忠实的代表作。这部展现陕西关中农村历史变迁的史诗，获得了我国长篇小说最高奖——茅盾文学奖。

原载 2016 年 4 月 30 日《光明日报》1 版

忠实一路走好，白鹿万载不朽

付小悦　饶　翔　朱蒂尼

“文坛又倒下一棵大树。”著名作家陈忠实病逝的噩耗传来，文学界一片哀恸。

朴实无华、忠厚纯正的品格，扎根土地、厚重坚实的现实主义创作精神——面对记者，多位作家、评论家、编辑深情追忆这位文坛大家。

始终对文学怀有滚烫热情

“《白鹿原》横空出世，给一度沉寂的新时期文学带来了震撼与信心，它告诉世界，我们民族的文学思维并没有停滞，从未放弃对时代精神价值的严肃思考。”人民文学出版社编审、《当代》原副主编汪兆骞，至今仍记得当年发表《白鹿原》的情景。

1992年初春，在文坛沉寂五年的陈忠实突然打来电话，说他有部长篇已经脱稿，希望《当代》派人去取。两位资深编辑向汪兆骞陈述取回《白鹿原》稿件的情景：陈忠实用那双粗壮、暴着青筋的手将一摞盈尺的书稿交给他们，眼神闪着灼人的光亮，似乎在说：“我连同生命一并交给你们了！”两位编辑一上火车就分头阅读，竟再也没放下。1993年《当代》刊出《白鹿原》，陕西轰动，北京轰动，文坛轰动。其后，人民文学出版社推出单行本，此后短短五个月又紧急加印六次。

“陈忠实去世，是中国文学界的巨大损失。”鲁迅文学院常务副院长白描深表痛惜，“陈忠实始终对文学怀有崇高信念和滚烫热情。他厚重坚实的现实主义书写，他介入生活的热情和自觉意识，他为文学梦想忘我献身的精神，感染和影响了周围很多人，新时期文学陕军的精神面貌和风格基调很大程度上是在他的影响下确立起来的。陈忠实不朽，《白鹿原》不朽。”

真正深入生活、扎根人民的作家

关于《白鹿原》的创作，陈忠实有句掷地有声的话：“如果五十岁还写不出一部死了可当枕头的书，这辈子算白活了！”

在说出这句话的 1987 年，陈忠实辞去兼任的行政职务，安排好年迈的母亲和年少的子女，一头扎进了一个农村小院里。在那里，他抄史料、听蛙鸣，与老乡朝夕相处。“在白鹿原下写作，便进入了我生命运动的最佳气场。”他后来谈起这段经历时说，“我体会到，创作是最孤苦伶仃也是最诚实的劳动。”

中国小说学会会长、文学评论家雷达，是较早推崇肯定《白鹿原》的评论家，他的评论《废墟上的精魂——〈白鹿原〉论》被视为研究《白鹿原》的代表性成果。“像陈忠实这样对中国的乡土、中国的农民、中国乡土的儒家文化、中国农民的文化人格理解得这样深刻的作家，在中国文坛很少。”雷达认为，陈忠实继承了柳青的创作精神，是真正深入生活、扎根人民的作家；《白鹿原》是一部长期积累、汇聚毕生心血的作品，是可以代表民族文化与世界文学对话的作品。

辽宁作协原主席刘兆林是《白鹿原》的忠实读者，也是陈忠实的朋友。读完《白鹿原》那个深夜，他“吃惊并羞愧地”写道：“这是一部具有史诗品格的厚重大作。粗壮的骨构加丰满的血肉，大起大落，大悲大哀，大性大情。”“那可真如割破血管从身上放血一样珍贵的经验。”读过陈忠实创作谈《寻找属于自己的句子》的刘兆林感慨，作家们实在应该写得慢点，再慢点。

“忠实的作品一定比他的生命长久”

作为陕西文坛的一棵大树，陈忠实从作文到做人，都给年轻作家以极大的帮助和鼓舞。青年女作家周瑄璞就是其中的一位。“《白鹿原》对一批又一批如我这样的写作者的影响，在陕西文坛后来者心目中的标杆作用，是永恒的。”

周瑄璞历经八年创作的长篇小说《多湾》最近出版，这部以女性目光回望百年中国历史的作品，被论者称为“女版《白鹿原》”。病榻之上，陈忠实仍在关心这位后辈的创作，27日中午委托女儿发来手写的讯息：“二十年前一段文学插曲，你却鼓劲暗下使力，终于获得成功，表示钦佩，更在祝贺！”周瑄璞告诉记者，常被人求字的陈忠实曾叮嘱那些年轻人：“老人住院，孩子上学，需要写字求人帮忙的，来找我。”一位素不相识的青年工人为生计所迫，想办一个书法班，托人求字，陈忠实二话不说就写，让对方深为感动。

陈忠实对年轻人的尊重，人民文学出版社编辑付如初也深有体会。“做《白鹿原》手稿书时，我第一次给陈老师打电话。他当时很高兴，但又担心：一部小说手稿，有出版价值吗？我说了我的想法：《白鹿原》的经典地位决定了它的手稿有版本研究价值和收藏价值；当代作家从未出过手稿，这可以创造一个第一；而且当时适逢《白鹿原》出版二十五周年和改编的电影上映。陈老师欣然同意。之后，我们还出过他的短篇经典《释疑者》。陈老师是仁人君子，颇有古风，他的尊重和郑重让我放松，也让我敬服。”

更多的作家，以文字表达对这位同行的敬意与哀悼。“人生与理想与文学都须忠实忠实一路走好；思绪和艺术和联想皆为白鹿白鹿万载不朽。”远在江南的作家黄亚洲写下挽联。冯骥才则在唁电中写道：“忠实的成就代表着当代文学的高峰，为人纯正令人尊敬。然忠实的作品一定比他的生命长久，这正是所有作家最期待的。忠实自管潇洒而去，沉雄深厚的《白鹿原》必定永放光彩。”

原载 2016 年 4 月 30 日《光明日报》5 版

永远的《白鹿原》

樊 蓉 牛 倩

“老陈是一个很杰出的作家，为中国文学作出了重要的贡献。他的作品会长期存留下去的。对他的去世，我们确实很悲痛。这真的是中国文坛的一个损失。但是人也没办法，病了没办法。他的去世，对‘陕军团’肯定是重大的损失，但是也没办法。唉……”

——贾平凹

笑脸沧桑 不朽的忠实

2015年春节前后，陈忠实发现自己的口腔里频繁长出一个个的口腔溃疡，忙于创作与读书的老人最开始并没有把这个小病当回事。然而，就是这个在常人眼里小小的问题最终惹来了大麻烦，久治不愈之下，陈忠实来到了西京医院，经专家会诊后，确认为舌癌。晴天霹雳，震惊、恐惧之后的老人选择了坚强、乐观，坦然面对、积极治疗。由于患病的位置特殊，无法手术治疗，陈忠实及家人选择了放疗、化疗。忍受着放、化疗的各种不适，老人依然在位于西安石油大学的工作室坚持工作，读书、写字。2016年1月，在陕西省作协主办的“陈忠实当代文学研究中心成立十周年暨陈忠实文学创作研讨会”上，人们见到了久违的陈忠实的身影，严重的口腔疾患影响了他的进食，脸颊深深地凹陷下去，日渐消瘦，形销骨立，但精神矍铄。

经过一年多时间前后七八次的住院治疗，人们似乎看到了他治愈康复的希望。然而，病情再次恶化，3 月 3 日，陈忠实入院治疗。这一次，这位坚强的老人没能挺过去，永远离开了他一生钟爱的土地和文学。陈忠实的女儿这样描述父亲：“患病期间，他一直很坚强，也很独立，直到最后头脑都是清醒的。确实病痛很折磨人，但他确实很坚强。”

4 月 29 日上午，位于西安市复聪路教育公寓陈忠实的二十平方米灵堂，肃穆庄严。遗像选择了陈忠实先生五十岁左右的一幅照片，脸上洋溢着爽朗的笑容。按照中国传统习俗，遗像两边摆放着蜡烛、香，生前好友一百余人，在这里一一上香，鞠躬。王仲生教授失声痛哭，这位第一次陪陈忠实走进西京医院的人，参与了很多治疗意见的好友，抑制不住自己的泪水。陕西师范大学教授朱鸿，在从西京医院赶到灵堂后，泣不成声，他告诉记者：“我写了一篇关于陈忠实的文章，本来打算让他在生前能够看到的，可是现在……”

在位于西安市建国路 83 号的省作协院内，一层层摆放着几百个花圈，已陆续有不少作家前来悼念陈忠实先生。29 日一大早得到消息后，省作协对陈忠实先生去世一事专程召开紧急会议对外发出讣告并布置起陈忠实的灵堂。省作协将正式展开一系列对陈忠实的追思活动，追思活动时间定为 4 月 30 日至 5 月 4 日。

送别大师中国文学界为之哀号

大师离世，中国作协迅速将讣告转发，浙江、重庆、辽宁等各地市也向陕西省作协发来了唁电；一些行业作家协会，如石油、电力作家协会也向省作协发来唁电；此外作家麦家、蒋子龙等以个人的名义发来唁电。据不完全统计，截至29日中午，省作协已收到唁电三十多封。中国作协书记处书记吴义勤告诉记者："得知这一消息，我非常沉痛，陈忠实先生的逝世是中国文学的一个重大损失。他确实是当代难得的伟大的作家，《白鹿原》奠定了他在文学史上的崇高地位。我在西安两年和他建立了深厚的友谊，刚到西安时他常带我去白鹿原上他自己的樱桃园里摘樱桃，在灞河边上给我讲述他创作白鹿原的情景，还去他的文学馆里参观聊天……我们在一起有很多非常好的记忆，我认为陈忠实是一个在人格上没有缺陷的人，在文学上很伟大的作家。"

中国作协副主席、评论家李敬泽表达了深深的哀痛："陈老师是当代文学非常杰出的作家。他真的是一位君子，一位忠厚的长者，品格非常令人尊敬。"

中国作协副主席高洪波说："他为人质朴，像他生活的陕北土地一样厚重。相处起来，你会感觉到他具有浓浓的亲和力。"

著名评论家阎纲在听闻陈忠实离世的消息时只说了一句话："我太难受了，我已经说不出话来。"

中国当代文学研究会会长白烨告诉记者："有人问我他是不是陕西文学领军人物，我说何止陕西，他是全中国文学的领军人物，他在与不在是不一样的，他在的时候像一座山一样，给你一种感召，一种力量，他不在了，这个空白是别人无法弥补的。《白鹿原》写完后已经把他整个人掏空了，他把他的生命鲜血全部献给了创作，献给了社会和人民，从这个意义上讲，他以另外一种方式在继续活着。"

中国散文学会会长王巨才说："忠实不仅是知名作家，也是非常优秀的文学组织工作者和领导人。他在扶持陕西省内外年轻作家上不遗余力，他给那么多年轻作者认真撰写评论、书稿序言，从字里行间看出他对这些尚未成名的作者的竭力扶持。他在文学事业潜心创作中的艰辛，那种突破自我朝着文学的最高的目标奋进所经受的磨砺非常令人敬佩。”

中国报告文学学会常务副会长、文学评论家李炳银说：“他的文学创造对中国来说已经超出他作为一个作家本人的范畴，他对中国文学的贡献是推进了各种文学的发展，对中国文学有一个高峰式的建设作用。他会因《白鹿原》而不朽。作为一个陕西的乡党，他对文学的追求，对人的和善，将使人永远铭记他。”

著名作家贾平凹在受访时表示，他昨天还去医院看望了陈忠实，没想到他这么快就走了。当时陈忠实已不能说话，但意识还是清醒的。贾平凹称：“老陈是一个很杰出的作家，为中国文学作出了重要的贡献。他的作品会长期存留下去的。对他的去世，我们确实很悲痛。这真的是中国文坛的一个损失。但是人也没办法，病了没办法。他的去世，对‘陕军团’肯定是重大的损失，但是也没办法。唉……”

著名作家阿来说：“陈忠实读者很多，读者们并不会随着他的逝去而遗忘他，《白鹿原》在中国文学史上也永远不会被遗忘。”

陕西省作家协会主席团顾问程海说：“陈忠实这个人为人忠厚，在文学上也给了我很多帮助，他真的是热爱文学，他的精神永远长存于世，他的人格魅力也是不会消失的。”

陕西省文艺评论家协会主席、陕西师范大学新闻与传播学院院长李震说：“2016 年 4 月 29 日将成为中国文学史上又一个黑色的日子，又一颗文坛巨星陨落了，天空一片黯淡。我们失去了一位仁厚质朴的长者，一位人生的导师和楷模，中国文坛失去了一个重要的标志。《白鹿原》熔铸了二十世纪中国乡村小说的三大传统：鲁迅传统、沈从文传统和赵树理－柳青传统，同时吸纳了西方现代小说中的拉美传统，可以说是二十世纪中国文学成就最高的领域——乡村小说——的集大成者。这部作品的影响力已经超越了时空限制。”

陕西省作协副主席阎安说：“听到这个消息，觉得泰山倾颓了。陈老师在当代文学史上是孤峰独高的一个作家。在中国当代文学史上很多作家都可以归结为这种风格这种流派，但是我觉得从文学传承和文学生态的角度来说陈忠实他是一个独立的传承，《白鹿原》对现代汉语叙事文学来说是不可复制的、不好模仿的文学现象，他对当代汉语叙事文学的贡献和意义远远没有被开发出来，未来也值得去研究。我们是在陈老师的身边成长起来的，他在为人处世方面的那种温柔、博大与刚健，给人感觉就像秦岭一样。陈老师是党培养的作家，所以他一直尽着培养下一代的职责，无论是作为一个长辈，作为一个先行者，作为一个社会将他培养起来的作家。他是非常厚重非常大气的一个人，从人格上、文学态度上来说都是一个典范。”

西北大学杨乐生教授说：“我们从上世纪八十年代末期认识到现在快三十年了，他是一个外表给人严厉，其实是一个非常宽厚的人。二十多年前，我对他说了这样一句话，《白鹿原》的开头是：白嘉轩后来引以豪壮的是一生里娶过七房女人。我一生引以为豪的是结识了陈忠实这位良师益友。”

斯人已去　白鹿原充满忧伤

1997 年陈忠实以长篇小说《白鹿原》一举成名，获第四届茅盾文学奖。其他代表作有短篇小说集《乡村》《到老白杨树背后去》，文论集《创作感受谈》，中篇小说集《初夏》《四妹子》《陈忠实小说自选集》《陈忠实文集》等。目前，已出版《陈忠实小说自选集》三卷、《陈忠实文集》七卷及散文集《告别白鸽》、散文集《生命之雨》《家之脉》和《原下集》等四十余种作品。《信任》获 1979 年全国短篇小说奖，《渭北高原，关于一个人的记忆》获 1990—1991 年全国报告文学奖。

作为扛起当代文坛大旗的重要人物，2011年11月，陈忠实第三次连任中国作协副主席，自2001年12月在中国作协第五届全国委员会上当选中国作协副主席起，他依次当选第六、七、八届中国作协副主席。2013年，陈忠实出版了他的第一百部作品《白墙无字》。这本书收录陈忠实在2010年—2012年之间创作的散文、论说以及对话，通过真挚朴实的文字与读者分享自己的敏锐观察、独特思考和深沉情感，透露出作家对故土的深深眷恋，释放出陈忠实一贯温暖真诚的人文情怀。

在陈忠实的众多作品之中，众人尤多关注的，仍是最经典的那本《白鹿原》。《白鹿原》被教育部列入“大学生必读”系列，已发行逾二百万册，推出点评版、手稿版等，并以秦腔、连环画、雕塑、话剧、电视连续剧等多种艺术形式进行着演绎与传播。2012年，由王全安指导的改编自陈忠实小说《白鹿原》的同名电影，被搬上了大银幕，并且获得了第六十二届柏林国际电影节最佳摄影银熊奖和金熊奖提名。《白鹿原》是一部渭河平原近现代五十年变迁的雄奇史诗，一轴中国农村斑斓多彩、触目惊心的长卷，集家庭史民族史于一体，以厚重的历史感、丰富的文化意蕴和复杂的人物形象而在同类作品中脱颖而出，成为当代文学中不可多得的杰作之一。著名学者范曾这样评价：“陈忠实先生所著《白鹿原》，一代奇书也。”作为一部公认的优秀长篇小说，《白鹿原》的后续影响仍不断在发酵，它已激活并将继续传承更多艺术门类中的陕西元素。

陈忠实出生在西安东郊白鹿原下的西蒋村，年少时就在这片黄土地上挖野菜、拾柴火。白鹿原的春夏秋冬、草木荣枯，陈忠实都再熟悉不过了。他了解白鹿原的办法，一方面是走访那些上了年纪的老人，从他们的记忆中去找寻家族历史记忆的残片。另一方面，他仔细查阅有关白鹿原的县志。尤其是当他看到二十多卷的县志，竟然有四五个卷本是有关“贞妇烈女”时，感到既惊讶又费解。那些记述着某村某某氏的简短介绍，昭示着贞节的崇高和沉重。县志里往往是某女十五六岁出嫁，隔一二年生子，不幸丧夫，抚养孩子成人，侍奉公婆，守节守志，直到终了，族人亲友感念其高风亮节，送烫金大匾牌悬挂于门首。这些布满了几个卷本密密麻麻的贞节女人们，用她们活泼的生命，坚守着道德规章里专门给她们设置的“志”和“节”的条律，经历过漫长残酷的煎熬，才换取了在县志上几厘米长的位置，这让陈忠实产生了逆反式的怨念。田小娥的形象就是在这种情况下，在陈忠实脑海中浮现出来的。

从 1988 年开始，陈忠实把妻子和长辈安置在城里，只身来到乡下的祖屋，潜心创作。四年的艰苦写作，每天陈忠实都要经受着各种人物在脑海中的较量，纠结的心情让陈忠实额头上的皱纹如同黄土高原上的沟壑一般深刻。1992 年 3 月 25 日，近五十万字的《白鹿原》终于画上了句号。

陈忠实曾经这样回忆过《白鹿原》的出版过程：“当年人民文学出版社两个编辑从北京来拿稿的时候，作为我来说心里面还很不安，不知道他们会是什么看法。按通常的习惯，一篇五十万字的长篇要叫编辑们看完要经过小说组组长还有出版社的领导层层审阅，最后给你一个公开表态，对这个书能出或者不能出，评价如何，估计最少得两个月以上。我想，如果不能出版，我就回家去养鸡。因为闷头写这个长篇写了四年，其间几乎再没有写其他文章，稿费收入基本没有，家里生活一下就会陷入困窘状态。但是我完全没有料想到，在他们从西安拿走书稿以后刚刚过了二十天，我就接到了回信，而且评价很好、很高，这也完全出乎我的意料。他们对这个小说的首肯和甚高的评说，对于一个创作者就觉得自己的全部用心、用意都被理解了，就是完全得到了一种共鸣，这应该是一个作家最幸福的时刻。”

时隔这么多年，小说《白鹿原》依然受到广大读者的追捧和热爱，畅销不衰。

从1993年6月正式出版发行那一年，就印了七十万册。二十年来，几乎每年都印十万册。电影上映后，《白鹿原》一年要印五十万册。人们不禁感慨一部文学经典鲜活而又持久的生命力。谈及《白鹿原》，陈忠实曾说："我写的作品里反响最大、最持久的就是这个长篇小说了。二十年里，这个书还没有被遗忘，能够被几代读者所喜欢，这应该是对作家最好的褒奖，我也感到安慰。我喜欢了一辈子文学。从初中二年级就喜欢文学，一直到五十岁才写完一个长篇，要写这个长篇的时候心里就寄托很重，不说是为国为民，而是自己做了大半生的文学梦。起码这个长篇写成，应该算是我一生喜欢文学的心理安慰，用民间的俗话来说，就是可以垫棺做枕，不留遗憾吧。"

一语成谶。今天，白鹿原上的桃花、杏花已褪去了鲜艳的模样，槐花散发着沁人心脾的香甜，释放在整个乡村的田野和村庄，灌进庄稼院的围墙和窗户。成片的白杨树林，在蒙蒙灰雾里不失其肃然和庄重。陈忠实老屋东西围墙根下的三株枣树上，长出了小小的紫红色的芽苞。然而，斯人已去，这古老的院落充满忧伤。

原载2016年4月30日《陕西日报》6版

一个人，一本书，一座原

李　卫

著名作家陈忠实以白鹿原二十世纪前半叶为背景创作的小说《白鹿原》，获第四届茅盾文学奖，将白鹿原的风土人情、民俗文化推向了世界，勾勒出一幅白鹿原雄奇史诗，描绘出一轴波澜壮阔的白鹿原画卷，奠定了白鹿原民俗风情旅游的基础。如今，依托“白鹿原”这一文化品牌，白鹿原上生态旅游、文化旅游产业正发展得如火如荼——

4 月 30 日，著名作家陈忠实先生去世后第二天，记者驱车登上白鹿原，这座陈忠实生于斯、长于斯、心心念念的白鹿原。四月的天，白鹿原上正是草长莺飞、树木茂盛、鲜花怒放的时节，蓝天白云下，葱茏的绿树掩映着一座座安详的村庄，空气中弥漫着洋槐花和绿草的清香，古老的白鹿原一派生机勃勃、郁郁葱葱的景象。

白鹿原上樱桃红了，然而，那个心系白鹿原，用一生书写白鹿原的人却已永远地离开了我们——

寻找民族的精神和心灵演变的秘史

白鹿原，一个深情而神秘的地方，因陈忠实笔下的《白鹿原》而闻名遐迩。

白鹿原自然环境独特，东南依山，三面环水，风成黄土堆积台塬面积二百六十三平方公里，海拔高于西安三百米，虎视十三代古都，自古是兵家必争之地，历代王朝长治久安的天然屏障：土层厚达百米，土壤肥沃，农业发达；地下水蕴藏丰富，鲸鱼沟水万古长流，水质甘洌甜润；空气清新，天空湛蓝，四季分明。白鹿原历史文化积淀深厚，是古代女服务行业、元、羌等少数民族杂居及其与汉文化融会之所，民风淳厚，传奇色彩浓烈。

陈忠实的一生与白鹿原有着解不开的渊源。他出生在白鹿原下的西蒋村，“我家住在白鹿原北坡根下，出门便上原。”1962 年高中毕业，陈忠实做乡村小学、中学教师和区、乡干部二十年，1982 年才调至陕西作家协会从事专业创作。常年在农村的生活，使他对农村、农民和他生活的这片沃土有着深刻的理解，抱有深情。

1985 年，他花了两三个月时间写了八万字的中篇小说《蓝袍先生》，思考时代变迁下人的生存困境，突然间意识到自己对新中国成立前的中国乡村生活、乡村社会“还有一些鲜活的记忆”。由此，他开始构思长篇巨著《白鹿原》。那时，他对这本小说有自己的野心，他说：“我是为着死时有一本可以垫棺做枕的书进入这部小说创作的。”

陈忠实在《白鹿原》创作手记中写道：“在我之前的两代或三代人，在这个原上以怎样的社会秩序生活着？他们和他们的子孙经历过怎样的生活变化中的喜悦和灾难……以这样的心理和眼光重新阅读这座古原的时候，我发现这沉寂的原坡不单在我心里发生响动，而且弥漫着神秘的诗意。”于是他扑下身子在广大农村中去寻找民族文化之根，寻找这个民族的精神和心灵演变的秘史。

《白鹿原》的时代背景设在清末民初至新中国成立前夕中国最变化多端、复杂多样的年代;同时，作者把故事的空间放在了“京畿之地的关中”大地的白鹿原上。这片土地正如作者自己所描述的那样，“封建文化封建文明与皇族贵妃们的胭脂水洗脚水一起排到宫墙外的土地上，这块土地既接受文明也容纳污浊。在缓慢的历史演进中，封建思想文化封建道德衍化成为乡约、族规和家法、民俗，渗透到每一个乡社每一个村庄和每一个家族，渗透进一代又一代平民的血液，形成这一地域上的人的特有的文化心理结构”。

据友人回忆:“他在乡下老家一个人创作《白鹿原》的过程十分艰辛，没有时间写短篇小说，断了稿费来源，他每隔一段时间要从乡下赶到城里去背妻子擀好的面条和蒸好的馒头。”陈忠实自己回忆说，“我家当时的条件很差，住房逢雨必漏，我的经济收入还无法盖一幢新房子，更不可奢望有一间写作的书房。我在一间临时搭建的小屋里，倚着用麻绳捆绑固定四条腿的祖传的方桌，写我的小说，而且自鸣得意。”其创作生活之艰苦可想而知。

历经六年，陈忠实蛰伏于白鹿原下倾尽全力、呕心沥血写就的鸿篇巨制《白鹿原》终于完成了。作者将白鹿原上以白、鹿两个大家族为轴心的整个乡土社会搬到了我们面前。厚重而又极具表现力的语言，细致而又洗练到让人难以忘怀的细节，一个个命运独特个性突出的人物，整体的浑厚、苍凉而又颇带神秘感的地域文化特色，还有那血泪交流、悲剧交叠的沉重的历史氛围等使其在文学上达到的高度不言而喻，成为中国当代一部杰出的现实主义文学巨著。

《白鹿原》出版发行后，一时洛阳纸贵，在国内外读者中反响强烈，在文学界评价很高。评论家认为，该作是一部渭河平原近现代五十年变迁的雄奇史诗，一轴中国农村斑斓多彩、触目惊心的长幅画卷。著名学者范曾评价说：“陈忠实先生所著白鹿原，一代奇书也。方之欧西，虽巴尔扎克、斯坦达尔，未肯轻让。”

《白鹿原》1997年获第四届茅盾文学奖，并被教育部列入“大学生必读”系列，被改编成秦腔、话剧、舞剧、电影等多种艺术形式。问世二十余年来，《白鹿原》每次被改编大都会在读者间引燃一次《白鹿原》热。据不完全统计，《白鹿原》迄今已发行逾二百万册。一时间，白鹿原这一原已湮灭的地名驰名中外，家喻户晓。

在《白鹿原》书的扉页，印有巴尔扎克的一句话：“小说被认为是一个民族的秘史。”既然是“史”，必存在变迁。今日白鹿原，巨大的面貌改变和发展变迁，我们不能忘记一个人，那就是陈忠实。

因着他的一本书，白鹿原变了。

白鹿原文化品牌成为聚宝盆

“因为一只白鹿的出现，这道原便有了象征着吉祥安泰的白鹿的名称。随后，汉文帝葬在白鹿原西北的原坡上，原坡根下流淌着灞水，文史典籍称为灞陵，这道原也被改名为灞陵原，民间却少有人说。自北宋大将军狄青在原上屯兵驯马，这道原又被改换为狄寨原，一直沿用至今，白鹿原的名字早已淹没以至于消亡了。近年间，因为拙作《白鹿原》的发行，这个富于诗意也象征着吉祥安泰的白鹿原的名字又复活了。”陈忠实在《愿白鹿长驻此原》中如此写道。

由于陈忠实《白鹿原》作品的声名远扬，白鹿原这个名称又重新复活了。这个诗意的名称，带给人们无限的遐想，并且成为一个有着巨大含金量的文化品牌。今日的白鹿原已成为一个集合了大学城、影视城、民俗文化村、樱桃沟、草莓园的旅游文化生态乐园。

过去，这里曾是荒坡和梯田。荒坡上长满枣刺和杂草。大约不过十年前，那种延续了不知多少年的广种薄收乃至无收的景象中止了，退耕还林，便有了这一派让上原和下原的人心旷神怡的绿色。民办大学由二道原扩展到白鹿原上，小麦地变成了校园，挂着种种专业校牌的民办大学已建成十余所，形成了一个颇具规模的民办大学城。陈忠实曾回忆道："在我粗略的印象中，1949 年新中国成立前，这道原上大约只有两三所新式小学；截止到上世纪九十年代，仅有三四所中学，分属三个区县督管；到今天不过十年时间，这里已经形成拥有十余万学子的民办大学城了。"

与文化产业一同发展起来的还有白鹿原上的生态旅游业。据村民回忆，原来原上干旱缺水，只能种点麦子，后来村里打了深井，开始种植樱桃树、草莓。原上原下，形成了万亩樱桃园，草莓园，成为了西安人旅游的后花园，也有不少外地游客慕白鹿原之名专程前来旅游的。每到 5 月樱桃成熟时节，原上原下和原坡的万亩樱桃园里，笑语喧哗。到了秋季，葡萄又熟了。沿着公路走来，一路上路边一座座小帐篷，都是当地农民售卖樱桃、草莓的摊位。村民告诉记者，现在的生活比起以前好多了，吃穿不愁，家家都盖起了平房或二层小楼。

纵目远眺，绿树掩映着的一个个村庄，一幢幢小楼从绿树的空隙间显露出来。原上建成的白鹿原葡萄主题公园风景如画，既栽种着葡萄，又成为新人们婚纱摄影的基地。一群新人正在这里拍摄婚纱，脸上洋溢着幸福的微笑。

今昔白鹿原，印证了时代的变迁和发展。

依托着白鹿原文化品牌，诸多文化旅游项目纷纷落户于此，有白鹿原民俗文化村、"白鹿原 · 白鹿仓"等，其中规模最大的当数陕旅集团投资建设的白鹿原影视城。

陕旅集团不仅拍摄出品了电影《白鹿原》，又基于此，开始建设白鹿原影视城。白鹿原影视城位于白鹿原东部的蓝田县前卫镇。记者日前来到建设基地，看见影视城以两原之间的山谷为轴线，坐落于落差百米的谷底，与原上形成高低两层的空间格局，气势宏大。据项目负责人介绍，白鹿原影视城项目计划总投资六亿元人民币，建设期三年，于 2013 年开工建设。影视城以“白鹿原”为品牌依托，以关中文化为核心价值，以文化体验为主题产品，以现代演绎为创意表达，以生态休闲为服务配套，是一个集影视创作、文化体验、乡村旅游、欢乐休闲、康体运动、度假疗养为一体的主题旅游文化产业基地示范区。影视城分为“文化休闲区、儿童游乐区、农耕景观区、实景影视体验区和关中民俗风貌区”等八大功能区块，同时以具有显著历史特点的“武关、萧关、大散关、金锁关、潼关”形成五关合围，展示大关中理念。

据了解，白鹿原影视城将通过明清关中老县城、村庄等古城古镇古村风貌，展示古朴纯粹、原生态的关中风情和地域民俗文化，打造特色关中休闲旅游目的地、填补我省文化影视基地空白。截至目前，核心区一期“白鹿村”场景复原工程及美术效果做旧工程全面完工，并接待了《毛泽东》《兵出潼关》《老腔》等十余部影视剧组的取景拍摄；二期“滋水县城”的县衙、关中大席、王府等建筑主体施工全部完成；景区即将于今年 7 月对外试运营。

一本书、一部电影带火了一座原。因为陈忠实的《白鹿原》，白鹿原被世界所重新认识。业界不少专家对白鹿原项目的文化与旅游影视功能给予充分肯定。陕西省电影家协会副主席、西北大学博导张阿利教授对此非常看好。他认为，白鹿原影视城依托《白鹿原》文化品牌，有着差异化定位并且高度融合本土文化，是属于陕西的、有关中风情的影视基地，将成为填补陕西影视基地空白，弘扬关中本土文化的新地标。

“一个文化的品牌，必须要有文化产业为支撑，白鹿原由一部小说、一部电影延伸开来，已经开始形成一整套完整的产业体系，应该变成聚宝盆。”陕西师范大学旅游规划设计院副院长宋保平认为，白鹿原文化基地的投建正是对白鹿原这一文化品牌的延伸开发，开启了“电影 + 旅游”的产业发展新模式。

白鹿原影视城项目 2014 年被陕西省政府列入三十个重点文化产业项目之一，预计项目建成后年均旅游综合收入将达到二亿元以上，接待游客二百万人次 / 年以上，将迅速拉动区域经济可持续发展，成为我省文化旅游产业的一大新亮点。

白鹿原上发生着天翻地覆的变化，因着一个人，一本书，一部电影——

如今，白鹿原上的樱桃红了，陈忠实却走了，但他在文学上高山仰止的崇高建树和人格魅力将继续激励和滋养着这片土地上的人们，他带给我们的巨大精神财富和文化财富将永驻人间。

原载 2016 年 5 月 2 日《陕西日报》

秦地留白　忠实永生

柏雨果　胡武功　吴树民　李　晨

上世纪九十年代初，陈忠实先生的小说《白鹿原》问世，当时旅居美国的电影导演吴天明，当即与忠实通了越洋电话，表示想将这一文学巨著搬上大银幕。2011 年 5 月的一天，陈忠实、吴天明、许还山、郑定宇、冯健雪和我等一干朋友相聚，说起《白鹿原》，吴天明激动地说，没有拍成此片是我人生中一大憾事！下大工夫拍摄，影片《白鹿原》将会成为与文学作品一样跻身于世界经典之中。忠实听罢非常赞同，但当时影片《白鹿原》已在拍摄之中，陈忠实说，如果将来影片拍得不尽如人意，老兄可以再拍嘛，国外一部文学作品多次拍成电影也不乏其例。十几年前我国一部小说《许茂和他的女儿们》不也同时由两个大厂（注：北影厂与八一厂）同时拍摄成同名电影了嘛。柏雨果 / 文

知道陈忠实老师病重，想去看看他，可就是没有勇气。不知道是害怕见到我心中那个刚强的关中汉子消瘦形象，还是害怕打扰他静养的心绪。没有想到，这才事隔几天，他就丢下那城砖般的白鹿原，丢下他成千上万忠实的读者，匆匆地走了。我惊呆了，久久缓不过气来。1979 年通过短篇小说《信任》我认识了陈老师，通过给陈老师和胡采等老前辈拍照片，进一步了解了他，特别是后来读了《白鹿原》，陈忠实精神就深

深扎根在我的心中。记得2005年9月的一天，他听说我要给几位朋友放映幻灯片（摄影作品）就高高兴兴赶来观看。“把新与旧的交替留在了心灵的底片上。”这是他的评价。后来我出版图文书，他热情地为我作序。走了白鹿，失去忠实。而我失去了一位最值得敬重的良师益友。胡武功 / 文

陈忠实兄突然就这样走了……我一遍一遍地翻阅着影集，画面一幕幕地映现在我的眼前。2013年7月26日，接到老朋友、作家张敏兄电话，说邀了几个老友，和陈忠实兄小聚顺便祝贺一下生日，问我能不能参加，我自然满口答应。7月26日中午，在西安北郊关中席面饭庄聚会，他安排我和忠实同坐一桌，小声叮咛：“让忠实喝高兴就行了……”同桌的有位老者叫李禾（中），曾任甘肃《飞天》杂志副总编，他是早年在《飞天》杂志编发忠实小说的一位编辑。我给忠实兄敬一次酒，忠实兄必定给我回敬一次。我是喝醪糟都会醉的人，两回下来，满脸通红，哪敢再敬！这一天让我记忆永存。吴树民 / 文

曾经想画《白鹿原》，由于对黄土高原风貌把握不好，迟迟没有动笔。倒是《读者》杂志给了我与陈老师交集的机会，应约为其画了两幅插图，一是陈忠实先生的头像，另一是陈先生在关中农村扶犁耕作。后来《天水日报》的主编找到我说，陈先生看到了《读者》杂志上的插图，希望我能转让这幅画。我表示谈不上转让，能得到陈先生的认可，已很欣慰，希望陈先生能为画室题一幅字，陈先生得知此意非常高兴。后来因为忙，一直耽搁下来，不想却成为遗憾。今日得知噩耗，惊愕半日，翻出此画，先生音容宛在眼前，刀刻斧劈般的脸庞如雕塑一样，凝聚着岁月的印痕，这是任何艺术作品都表达不尽的精神感觉。希望这种精神能给予我创作的灵感与动力，早日把《白鹿原》呈现在画纸上。李晨 / 文

原载2016年4月30日《陕西日报》

陈忠实遗体告别仪式今日举行

李向红　柏　桦

本报讯（记者李向红、柏桦）今日上午 8 时，陈忠实遗体告别仪式在凤栖山西安市殡仪馆举行。

4 月 29 日早晨 7 时 45 分，著名作家、中国作家协会副主席、陕西作家协会名誉主席、第四届茅盾文学奖得主、《白鹿原》作者陈忠实因病在西安逝世，享年七十四岁。

陈忠实逝世后，社会各界人士自发前往位于陕西省作家协会的追思堂和其家中、故居追思悼念陈忠实，全国各大媒体纷纷报道这一消息，手机微信几乎天天刷屏。社会各界自发前往悼念的有白发苍苍的老人，有天真活泼的学生，有陈忠实故乡的乡亲，有农民、工人、知识分子、文学爱好者，还有从海外及外埠赶来的陈忠实的粉丝。截至 5 月 4 日，据统计已有三万多人悼念陈忠实，收到国内外唁电一百六十多份，收到花圈三千多个。

原载 2016 年 5 月 5 日《陕西日报》1 版

陈忠实遗体告别仪式在西安举行

张哲浩　杨永林

本报西安 5 月 5 日电（记者张哲浩、杨永林）“三秦文胆华夏风骨铸忠实人格，笔蕴千钧担天道；终南气象灞原襟怀育白鹿精魂，情含万汇传史音。”5 日上午 8 时许，中国作家协会副主席、陕西省作家协会名誉主席、我国当代著名作家陈忠实遗体告别仪式在陕西省西安市殡仪馆举行。

“一笔对天凝陕西精神千秋垂世四海新歌黄土地；两肩扛鼎铸民族魂魄五岳镌功九州始仰白鹿原”“沉痛悼念陈忠实先生”。咸宁厅外悬挂的许多黑底白字的横幅，表达了人们对陈忠实的无限敬仰和怀念。

“我今天心情很沉重，特地来送老陈一程。”陕西省文联副主席、作家高建群说，“老陈身上有陕西农民的很多优点，他的作品和为人值得我们学习。”

“他是很好的作家，很好的一个人，他的《白鹿原》是现当代中国文学经典，是一部伟大的著作。”陕西文艺评论家协会副主席、陈忠实好友李星谈起陈忠实，失声痛哭，“他有伟大的人格、高尚的品质、宽广的胸怀，是我的好大哥、好朋友、好文友。”

中国戏剧家协会副主席、编剧孟冰因话剧《白鹿原》与陈忠实结缘。得知陈忠实逝世的消息，特地赶来悼念：“陈忠实给我的印象很深刻，他很朴实、直率，有西北农民的典型特征。他能洞察特定社会、文化背景下农民的生活状态和心态，是一个集大成者。”

中国作家协会主席铁凝说，陈忠实把写作视为生命，这几十年来他以不朽的作品捍卫着文学的神圣。以他端严正大、忠厚率真的人格品格，成为一个民族、一块土地上非常耀眼的文化标识。

李敬泽、贾平凹、刘文西、濮存昕等文学艺术家也前来告别。

原载 2016 年 5 月 6 日《光明日报》9 版

陈忠实同志遗体告别仪式在西安举行

万　君

本报讯（记者万君）中国共产党优秀党员，中国当代杰出作家，陕西文化艺术界的领军者，茅盾文学奖获得者，中国作家协会副主席，陕西省作家协会党组成员、名誉主席陈忠实同志遗体告别仪式，5月5日在西安殡仪馆举行。

2016年4月29日，陈忠实同志因病医治无效，于西安逝世，享年七十四岁。陈忠实同志逝世后，党和国家领导人习近平、李克强、刘云山、王岐山、张高丽、刘延东、刘奇葆、李建国、赵乐际、栗战书、胡锦涛、朱镕基、温家宝、曾庆红、李长春、杨晶、陈宗兴等对陈忠实同志的逝世表示沉痛哀悼，向陈忠实同志家属表示亲切慰问，并委托中国作协和中共陕西省委敬送了花圈。

中共陕西省委书记、省人大常委会主任娄勤俭，中共陕西省委副书记、省长胡和平，全国政协外事委员会副主任马中平，省委常委、省委秘书长刘小燕，副省长杜航伟、姜锋等和部分省级老领导到省作协吊唁，对陈忠实同志逝世表示沉痛哀悼，并敬送了花圈。中国作协主席铁凝、副主席李敬泽，专程赶到陈忠实家中吊唁。

赵正永、雒树刚、黄坤明、铁凝、钱小芊、赵实、贾治邦、袁纯清、景俊海、任贤良、何建明等中央和国家有关部门领导同志，韩勇、郭永平、魏民洲、姚引良、毛万春、刘小燕、陈强、高龙福、祝列克、梁桂、徐新荣等陕西省委、省人大、省政府、省政协领导同志，李希、李锦斌等有关省市领导同志，陕西省有关部门、市县、单位的负责人，北京、上海、江苏、浙江、甘肃等四十多家省市作协、行业作协，近千家企事业单位、社会组织，以及新西兰华文作家协会、哈萨克斯坦东干协会等海外团体，国内著名作家、艺术家，都发来唁电、打来电话或敬送花圈，对陈忠实同志逝世表示沉痛哀悼。

铁凝、马中平、韩勇、李敬泽、郭永平、魏民洲、毛万春、陈强、梁桂、胡悦、姜锋、白阿莹、上官吉庆等和部分省级老领导，中组部、中宣部、中国作家协会等中央和国家有关部门领导同志和代表，省作协第六届主席团成员及省作协机关干部，陈忠实同志生前亲友、同事、家乡代表以及社会各界群众代表参加遗体告别仪式。

低沉回荡的哀乐声中，陈忠实同志的遗体面容安详，安然静卧在灵堂中央的鲜花丛中。上万名群众排队肃立默哀，深深鞠躬。

陈忠实同志1942年8月出生于西安市灞桥区西蒋村。1962年毕业于西安市第34中学，1961年加入中国共产主义青年团，1966年加入中国共产党。1962年到1982年在西安市灞桥区先后担任人民教师和从事文化战线领导工作。1982年调入陕西省作家协会任专业作家。陈忠实同志将自己的一生献身于文学事业，他1965年开始文学创作，迄今已出版《陈忠实文集》《陈忠实小说自选集》《白鹿原》《生命之雨》《告别白鸽》《原下的日子》《寻找属于自己的句子——〈白鹿原〉创作手记》等著作一百余种。长篇小说《白鹿原》1998年获第四届茅盾文学奖。2007年陈忠实同志荣获由中共陕西省委、陕西省人民政府颁发的首届陕西文艺大奖艺术成就奖。《白鹿原》已被改编或移植为电影、电视剧、话剧、舞剧、秦腔、绘本、雕塑等多种艺术形式，是当之无愧的文学经典，征服了万千读者。陈忠实同志胸怀坦荡、光明磊落，忠实于自己从广大人民群众、社会生活实践中获得的思考和启迪，坚持真理。他生活朴素，廉洁奉公，实事求是，严于律己，不计个人得失，淡泊功名利禄，毕生坚守中华民族优秀的文化人格，追求人生的大气度高境界。他为人正直、诚朴、谦和、热情，具有宽厚仁爱之心。在工作、创作和生活言行中，充分体现出追求真理的执着和忧国忧民的情怀。他的人格力量和人格风范，堪称中国作家的表率。陈忠实同志的一生，是自觉坚持马克思主义世界观、人生观、价值观的一生，是坚持共产党人理想信念的一生，是全心全意为人民写作的一生，是以文学为神圣、不断攀登艺术高峰的一生。他把自己的创作，与土地、与人民、与民族优秀的文化传统自觉地结合起来，与改革开放、民族图强的道路紧密联系在一起。他始终遵循社会主义的文艺方向，为繁荣和发展当代中国的文艺事业作出了杰出的贡献。陈忠实同志的文学遗产，是中国文学的宝贵财富。

原载 2016 年 5 月 6 日《陕西日报》1 版

高山仰止　精神永驻　艺术家们话别巨匠陈忠实

李向红　曹　瑞　柏　桦

5月5日，中国共产党优秀党员，中国当代杰出作家，陕西文化艺术界的领军者，茅盾文学奖获得者，中国作家协会副主席，陕西省作家协会党组成员、名誉主席陈忠实同志遗体告别仪式在西安殡仪馆举行。在低沉回荡的哀乐声中，陈忠实同志遗容安详，安然静卧在灵堂中央的鲜花丛中。上万名群众排队肃立默哀，深深鞠躬。“先生枕书驾鹤去，白鹿原上顿觉空；长歌当哭神州地，江河呜咽忆忠魂”。来自文化艺术界的众多艺术家们，以不同的方式寄托着共同的哀思，表达了深深的悼念之情，与先生做最后的话别。

铁凝：

“陈忠实老师写出了不朽的经典，值得我们全国作家学习，陈忠实老师是中国全体作家的榜样，期待作家们能够延续陈老的精神力量，写出《白鹿原》这样的高峰作品。”“他把写作视为生命，这几十年来他以不朽的作品捍卫着文学的神圣！以他端严正大、忠厚率真的人格品格，成为了一个民族、一块不屈不挠的土地上一个非常耀眼的文化标识。”

李敬泽：

“陈老师是我们民族历史的重要的杰出的书写者。他是个大作家，在我们面前始终是个宽厚的长者，是个君子。从这个层面讲，无论是他的为人还是为文，都是光辉的楷模！”

白描：

“陈忠实不幸去世，文坛又倒下一棵大树，这是中国文学界的巨大损失。陈忠实始终对文学怀有崇高信念和滚烫的热情，在新时期崛起的文学陕军中，他是一位重要的领军人物。他的厚重坚实的现实主义书写，他介入生活的热情和自觉意识，他为文学梦想忘我献身的精神，感染和影响了周围很多人，新时期文学陕军的精神面貌和风格基调，很大程度上是在他影响下确立起来的。他的系列中短篇小说，早已昭示他走向一位文学大家的可能性，而其代表作《白鹿原》，为他做了确证。我认为，《白鹿原》不只是新时期以来、新中国成立以来，而且是五四新文学运动以来，最具经典品格的一部作品。陈忠实不朽，白鹿原不朽。”

黄道峻：

“陈忠实老师是中国当代作家中真正的人民作家，他和他的作品始终关注着中华民族的命运和老百姓的命运。一个文学艺术家，特别是作家，你的心没有靠近人民，没有贴近人民，你就不可能写出表达人民喜怒哀乐的优秀作品。”

贾平凹：

“人走了，但是他的精神、他的文章长留于世！”

李星：

“人格的重量影响作品的重量，有多伟大的人格，就有多伟大的作品。有多高的境界，就有多高的作品；他的厚重、博大，他的宽度广度都渗透到了他的作品中，他说文学依然神圣，他也用生命在践行着这句话。

陈忠实是一个非常严谨的人，创作上做的总比说的多，自学成才的陈忠实永远介绍自己是‘高中生’，虚荣之心、名利之心他都没有，只有一颗专注人性、专注写作的心。”

肖云儒：

“忠实文如其名，对文学的态度正像他的名字一样忠诚踏实。《白鹿原》是中国长篇小说里，写村社文化、家族文化写到骨子里去的一部小说，是超深度的剖析，不，是透析。因为家族文化、村社文化是几千年历史的积淀，所以《白鹿原》里边有很多发现性的文化现象，我把它叫做中国文学的最后现象。”“我觉着一个人的生命有精神层面，有肉体层面，陈先生的肉体离我们而去，但是他的作品、他的精神、他的音容笑貌，都还在我们心里活着。我看了话剧《白鹿原》，我觉着那就是一个活着的陈忠实，在舞台上依然还点燃着生命。”

濮存昕：

“他真是了不起，他这样的艺术家，能够写出这么伟大的文字，有着了不起的生命。我以前就说过，《白鹿原》是新中国成立以来最高水平的文学作品，真的是非常棒。他是中国近代史的一个发现者、阐述者、表达者，他的名字和《白鹿原》三个字紧紧联系在一起。我很荣幸演了他的《白鹿原》中的主人公，从他身上，我看到了白嘉轩的影子，我感觉我演的就是陈忠实，他也给了我很大的教养和动力，帮我塑造了我一生中很难忘很得意的一个角色。虽然他很低调，但会有很多很多人记住他。”“陈忠实脸上的皱纹会让你目瞪口呆。你会联想到闻一多的木雕，脸颊上的皱纹像刀刻的一样，有一点狠，但是一点也不横。只要他一说话，你觉得他就是一好老头，一个好老哥。”

吴京安：

“去年的一月六号学院版话剧《白鹿原》首演的时候，陈老师的女儿陈琳琳，偕家人看了这出戏。陈琳琳给了极高的肯定，说导演读懂原著，传递了正能量。我想她把这个信息告诉了先生，所以先生永远长眠在白鹿原下，我们把学院版话剧《白鹿原》献给陈老师，也愿大师一路走好，在原上安详地、好好地、平平静静地歇息、长眠。”

高建群：

“29日早上，接到忠实先生去世的噩耗，一瞬间，我很是震惊和痛苦，有一种中国文坛的天空塌了一个角的感觉。尽管我知道他得的是不能回头的病，对于他的走，我是有思想准备的，但我仍然陷入一种痛苦中，直到今天已经第三天了，仍恍恍惚惚不能自拔。”

贠恩凤：

“在我心中，他的确是我们文学艺术界的一面旗帜。写《白鹿原》的时候，他就是一间小房子、一张桌子，趴到那儿写作，一天谁知道能吃点啥，就这样熬了十年呀！所以他从过去一直扎根于群众，我想只有我们扎根于群众，才有不朽的作品诞生，他的著作也是这样。他的精神、他创作的过程、他生活的各方面都值得我们学习，我们会永远记住他，陈老师一路走好！”

王西京：

“他一直是扎根基层中间，对三秦大地，对他热爱的故土，有一种非常深厚的情感。所以他的很多作品都是在写他身边的事情，非常真诚，把陕西人、长安人，包括家乡人的这种情感，真实地反映出来，关注民生、关注社会，关注国家的命运，处处表现了一个文化人的使命意识。”

惠敏莉：

“西安秦腔一团当年排练秦腔《白鹿原》时，陈忠实老师多次到排练场现场指导，给演员讲创作小说人物时的初衷，认真、朴实得让大家特别感动。陈老师很热爱秦腔，易俗社百年庆典前，我给陈老师打电话，希望他能给易俗社题字，尽管我们并不熟，但他在电话里爽快地答应下来，纯正的西安话听起来是那样的亲切和蔼，我要去取，他坚决不让，随后就让人把题好的‘百年美韵唱响中华’的条幅送来了。陈老师厚道、朴实，做人做事的大家风范，让我们非常感动，是我们学习的榜样。他走了，我们来演一段秦腔，就是想表达对陈忠实老师的思念，为他送行。”

张喜民：

“一大早我们就从村里往西安赶，就希望能给陈老师再演上一场。我们和陈老师感情深啊，是10多年的老朋友了，可以说没有陈老师的推荐扶持，我们老腔不会有今天这个样子。陈老师没有架子，他可以说吃的穿的和我们农民一个样，让人特别亲切。他去世后，村里人都说，这么好的人咋说走就走了呢！陈忠实老师到我家去，说蒸的馍比他家的馍还好吃呢，我就硬送给他咱自己磨的面粉，自家蒸的馍。现在唱的时候，我就难过得几乎唱不下去了，想想以后，再想送他面粉都不能了！”

原载2016年5月6日《陕西日报》13版

陈忠实：永不熄灭的火炬

——陈忠实遗体告别仪式侧记

李向红　高　山　柏　桦　曹　瑞　郭　青　王戈华

还是到了告别的时刻，尽管心里千般万般的不舍。

5 月 5 日上午，中国共产党优秀党员，中国当代杰出的作家，茅盾文学奖获得者，中国作家协会副主席，陕西省作家协会党组成员、名誉主席陈忠实同志的遗体告别仪式在西安市殡仪馆咸宁厅举行。来自社会各界的上万名干部群众，自发地从四面八方赶来，只为能再看陈忠实一眼，再送陈忠实最后一程。陈忠实的逝世，是中国文学的重大损失，是陕西文学艺术的重大损失。

万水千山阻不断　九州长空咸哀声

4 月 29 日 7 时 45 分，陈忠实因病医治无效，在西安逝世。噩耗传开，一时间，全国各大媒体纷纷报道这一消息。无数陈忠实“沉默的读者”集体出现在网络上，以各种方式留言表示哀悼。在此后的日子里，社会各界人士自发前往位于陕西省作家协会的追思堂和其家中、故居追思悼念陈忠实。来自北京、上海、黑龙江、四川、甘肃等地的文艺界代表和刘文西、何启治、白烨、濮存昕、郭达、孟冰、张嘉译等文艺名家，陈忠实先生的好友们纷纷赶来，来送这位德艺双馨的文学巨匠。直到5月4日，已有三万多人悼念陈忠实，收到国内外唁电一百六十多份。

5月4日，中国作家协会主席铁凝、副主席李敬泽，人民文学出版社社长管士光、副总编辑周绚隆，《白鹿原》首版责编何启治等前抵达西安，并去家中悼念。铁凝说："陈忠实把写作视为生命，这几十年来他以不朽的作品捍卫着文学的神圣！以他端严正大、忠厚率真的人格品格，成为了一个民族、一块不屈不挠的土地上一个非常耀眼的文化标识。"李敬泽说："陈老师是我们民族历史的重要的杰出的书写者。他是个大作家，在我们面前始终是个宽厚的长者，是个君子。从这个层面讲，无论是他的为人还是为文，都是光辉的楷模！"

与之相交三十多年的著名学者肖云儒说："忠实文如其名，对文学的态度正像他的名字一样忠诚踏实。他的肉体离我们而去，但是他的作品，他的精神，他的音容笑貌，都还在我们心里活着！"

省文艺评论家协会副主席柏峰说："陈忠实的文学意义，将会在现在与将来的文化与文学史上矗立起一座丰碑，因为他的笔触深入到一个民族心灵最隐秘最核心的地方，这是轻易不能超越与否定的思想品格和艺术质地。《白鹿原》是任何奖项不足以标志的小说，陈忠实不朽！"

"这么好的书，这么好的人，怎么能不来呢？"台湾学者蔡金安特意千里迢迢从台湾赶来，他在台湾出版了陈忠实的作品《白鹿原》和其他一些散文集。说起为什么选择出版陈忠实的书，蔡金安说《白鹿原》是他看过的"最好看的小说，最有历史意义，也最气势磅礴的一部小说，所以在出版这本书时也格外用心，力求以最好的装帧来表示对这本书的尊重"。而对陈忠实这个人，蔡金安说："他很有古人之风，长者之风，还曾特意带我去白鹿原上看了真实的白鹿原。"

来自上海的姚岚女士，捧着先生为她题字的书，回忆起曾经先生鼓励的话语："他用方言对我说，文章要写好就要勤奋，多写、多看、多练。"2015 年 10 月，她的新书刊印前，托人找到先生，希望能得到先生的题字。此时陈老师已经生病了，本以为仅有一面之缘，自己的希望会落空，没想到先生拖着病体为她题了字。曾经以为还有机会当面道谢，这一别却是生死之隔。

长安四野悲音起　绵绵哀思诉真情

5 日清晨，凤栖山上的苍松翠柏迎风昂首，在晨风中瑟瑟作响，似悲声如呜咽。西安市殡仪馆广场上的水池中，白色的睡莲含苞沐水，卓然而立，如陈忠实的品格高洁出尘，美玉无瑕。万余人佩戴白花，排成长队，来为陈忠实送行。其中有陕西省党政领导、文化艺术界代表，也有来自陈忠实家乡、母校的群众。为了陪陈忠实走完最后一程，外地的朋友们提前就赶到了西安。

7 时许，虽然距离陈忠实遗体告别仪式尚有一个小时，但咸宁厅前已经聚满了前来悼念的人群。有被搀扶着的耄耋老人，有被扛在肩头的孩童，有整齐列队的学校师生，还有挂着军功章的抗日老兵……人们相扶相伴，素衣默言，热泪低垂。

在告别现场，陈忠实先生的老朋友，《白鹿原》的第一位读者，著名评论家、茅盾文学奖评委李星，无法抑制自己的感情放声痛哭，那样的悲痛看得人心痛。李星曾这样评说他的这位老朋友："人格的重量影响作品的重量，有多伟大的人格，就有多伟大的作品。有多高的境界，就有多高的作品。"

来自陈忠实家乡西安市灞桥区的七十四岁老人王吉仲在儿子王三喜的搀扶下来为陈忠实送行，王三喜说：上世纪六十年代，陈老师到我们村做驻队干部的时候，我父亲是大队长，两人共事多年，即使后来陈老师离开村子，也一直来往。“诚实、热情、肯干，艰苦奋斗的精神强。”王吉仲老人边说边流泪，“他为人质朴诚恳，心里总是装着百姓。那个时候，他边下乡边写作，大家都觉得这个年轻人将来必成大器。”

在涌动的人潮中，一位父亲将儿子高高架起，骑在肩头。这位来自咸阳的文学爱好者马先生在得知陈忠实追悼会将举行的消息后，当天一大早便带着五岁的儿子，从咸阳专程赶来参加追悼会。看着这一大一小，周围的人纷纷掏出手机拍照，不全是为了这父子俩，而是为了所有崇敬陈忠实的人们的那份心意。

离愁弥漫凤栖山　万古文章留英名

7 点半时，一队身穿蓝白色校服的学生们在老师的带领下，来到咸宁厅前，整齐列队送别先生最后一程。来自陈忠实母校——西安市第 34 中学的五十余位师生代表，静静伫立在广场上，默默注视着那扇铜铸的大门。“因为陈爷爷在我们学校读过书，所以我们以母校为荣，爷爷的作品我们都认真地读过，《白鹿原》写得那样好，那是因为他太爱自己的故乡……”白雪的话代表了同学们的心声。

上午 8 时，陈忠实遗体告别仪式正式开始。悼念厅、广场上，嘤嘤泣泣。伴随哀乐低回，大家向遗像默哀，共同追忆这位用作品与人格征服万千读者的文学巨匠。

咸宁厅内，陈忠实遗像笑容灿烂，目光坚毅。两旁，悬挂着巨幅挽联，上联是“三秦文胆，华夏风骨，铸忠实人格，笔蕴千钧担天道”，下联是“终南气象，灞原襟怀，育白鹿精魂，情含万汇传史音”，赞扬了陈忠实一生为人为文的成就和气度。

在介绍完陈忠实生平后，全体人员向陈忠实先生遗体三鞠躬，并做最后告别。

送别陈忠实的人把告别大厅围得水泄不通，“让我再看您一眼……”男女老少，泣不成声。

灞柳低垂白鹿原　文学高峰陈忠实

“一缕青烟携忠魂，归故去，万古文章留英名，传世间。”陈忠实将自己的一生置身于那片灿若流金的黄土地中，用生命书写着这片他深爱的土地，描绘着一个厚重久远的黄土高原的记忆。如陈忠实所说，他一生最幸福的时刻，就是在白鹿原下那十年。

1965 年，他开始了他的文学创作道路，迄今已出版《陈忠实文集》《陈忠实小说自选集》《白鹿原》《生命之雨》《告别白鸽》《原下的日子》《寻找属于自己的句子——〈白鹿原〉创作手记》等著作一百余种。他的短篇小说《信任》获 1979 年全国优秀短篇小说奖，报告文学《渭北高原，关于一个人的记忆》获 1990 到 1991 年全国报告文学奖。长篇小说《白鹿原》1998 年获第四届茅盾文学奖。2007 年荣获由陕西省委、省政府颁发的首届陕西文艺大奖艺术成就奖。《白鹿原》等多部（篇）作品被翻译成英、法、俄、日、韩等语种文字出版。

其垫棺之作——长篇小说《白鹿原》，在历史和人的结合中塑造了一系列真实而又有独创意义的中国农民形象，展示了民族的精神和灵魂，被国家教育部列入“大学生必读”系列，被评为“改革开放三十年影响中国人的三十本书”，在权威的“改革开放三十年十部长篇小说”评选中名列第一。《白鹿原》已被改编或移植为电影、话剧、舞剧、秦腔、绘本、雕塑等多种艺术形式，是当之无愧的文学经典。

在告别仪式上，陕西省委常委、宣传部部长梁桂这样介绍陈忠实先生：陈忠实，胸怀坦荡、光明磊落，忠实于自己从广大人民群众、社会生活实践中获得的思考和启迪，坚持真理。他生活朴素，廉洁奉公，实事求是，严于律己，不计个人得失，淡泊功名利禄，毕生坚守中华民族优秀的文化人格，追求人生的大气度高境界。他为人正直、诚朴、谦和、热情，具有宽厚仁爱之心。在工作、创作和生活言行中，充分体现出追求真理的执着和忧国忧民的情怀。言为士则，行为世范，忠实同志在广大作家和广大人民群众中享有很高的声望和影响，他的人格力量和人格风范，堪称中国作家的表率。

二十多年中，《白鹿原》经受住了历史的检验、艺术的考量和读者的筛选，成为中国当代文学的经典作品，具有无可争辩的经典意义。这正是源于他与时代同步，与人民同心。“为天地立心，为生民立命”，他的作品反映社会生活，记录时代风云，始终将自己的人生和创作融入时代主流和人民事业的伟大实践之中。他以文学为神圣，几十年如一日，坚忍不拔、精益求精，毕生献身文学，勇攀艺术高峰。他的创作紧扣民族历史命运和奋斗前进的方向，呼应改革开放、科学发展道路，展示了人民群众追求幸福生活的美好理想，在实现中华民族伟大复兴的征途中始终发挥正能量。

悼念陈忠实的最好方式，不应只是重读他的代表作，还应缅怀与汲取他值得人们敬重的精神。

斯人已逝，风范长存，陈忠实用不朽的作品和高洁的人格挺起了陕西文化的脊梁。这位内心装满民族命运和百姓命运的人民作家，无论是站起，或是倒下，都是永恒的陕西文化标志，他的文学贡献和文化精神都将在历史长河中，显现出不息的光芒。

原载2016年5月6日《陕西日报》15版

勿忘更多坐冷板凳的“陈忠实”

刘巽达

对民族文化的积累、保存与贡献而言，很多情况下，成就与光环是不成正比的——镁光灯不停闪烁的地方，未必是文化高地；而远离光耀的僻静之处，却屹立着文化高峰。

近期，著名作家陈忠实的逝世引来如潮纪念，这位当代最优秀的小说家代表，配得上各种礼赞。在《白鹿原》的题记里，陈忠实引用巴尔扎克的话“小说被认为是一个民族的秘史”，道出他的文学追求，而他也确实用作品努力攀爬这样的高度。有人形容陈忠实的离世堪比“中国文坛的天空塌了一个角”，此言并不夸张。

只是此时此刻，笔者却不能不想起另一个“史学界的陈忠实”。他的名气远没有陈忠实大，但是他的离去同样令人扼腕，他的成就同样足以载入史册，他就是前不久英年早逝的北大历史系教授刘浦江。

这位 1961 年生于上海的年轻学者，仅仅活了五十四岁，在淋巴癌晚期的时刻，他用最后的生命冲刺，带领团队完成了《辽史》的修订。这整整一百一十六卷的《辽史》，跟《白鹿原》的“文学丰碑”一样，成为一座“史学丰碑”。

支撑这两座丰碑的，是背后令人赞叹不已的那种“坐冷板凳的功夫”。

陈忠实写《白鹿原》，从构思到写成，差不多用了近十年时间，其中很长一段时间，他把自己关在农村的陋室里，远离尘嚣，全情投入。写完后的某一天，他忐忑不安地等待评论家李星的评点，得到的是一声惊呼："哎呀！咋叫咱把事弄成了！"正是这句关中民间最常用的口头语，给陈忠实铸下了永久的记忆。他明白，所有的艰辛有了回报。而后来的回报如此丰厚，他自己也始料未及。陈忠实的"冷板凳"，给他带来了热腾腾的文学春天。

相比之下，刘浦江教授的"冷板凳"，或将是永无止境的。即便"弄成"了卷帙浩繁的皇皇《辽史》，也只算在相关领域"弄出点声音"，无论大众还是媒体，对于它的价值认定，难免存在隔膜和生疏。辽宋夏金元属于多民族竞争时期，这些政权分别由不同的民族所建立。史学界对于辽史的研究，不说是偏门，也至少是冷门，有学者曾经做过一个统计，全部"二十四史"点校本，印数最少的就是《辽史》，可见《辽史》和辽史研究的寂寞。

但再寂寞，也得有人做这件事，相伴而来的，就是长期的"坐冷板凳"。对很多学者而言，这就是一个"终身姿势"，无论你"弄成"什么，可能安慰你的，只是一份"完成心愿"的踏实，而见不到烁烁闪耀的光环。但是对民族文化的积累、保存与贡献而言，很多情况下，成就与光环是不成正比的——镁光灯不停闪烁的地方，未必是文化高地；而远离光耀的僻静之处，却屹立着文化高峰。

我们不要忽视和忘却蛰伏在僻静处的"坐冷板凳者"。他们足够伟岸，但也足够寂寞。文学界的陈忠实轰轰烈烈地走了，史学界的刘浦江冷冷清清地走了。冷清没有关系，甘坐冷板凳的刘浦江教授不会计较身后的哀荣。但是作为我们，面对两种"坐冷板凳"的身形，不妨稍稍"分神”，将目光聚焦一下刘浦江和他的《辽史》，陈忠实勾勒了一个民族的“秘史”，而刘浦江们描绘了一个民族的“正史”，他们都值得人们永久祭奠和纪念。

原载 2016 年 5 月 9 日《光明日报》2 版

编后记

中国作家协会副主席陈忠实同志去世后，文学界及社会各界人士撰写了大量纪念和悼念文章。为表达我们的深切哀思，更好彰显陈忠实文学成就及对当代文学的启示作用，根据作协党组和钱小芊同志的要求，我们从纪念文章中精选了一部分，编为此书。

选文注重点面结合和代表性，尤重文章的思想深度和艺术表达，力图较为全面地反映各界深切缅怀之情，彰显陈忠实的文学成就、人格魅力和精神追求。同时我们还选编了各大媒体的一些相关新闻报道、侧记、通讯等，以便多角度呈现缅怀之情和社会反响。

在本书编辑出版过程中，《文艺报》得到了作家出版社的大力支持帮助，我们对黄宾堂总编、田一秀责编和封面设计曹全弘同志表示感谢；得到各地作家以及《当代》、《延河》等文学刊物的大力支持，在此对孔令燕、阎安等表示诚挚的谢意！

本报李云雷承担了选目、协调、落实等大量具体细致的工作，胡文杰为编好此书付出了不少辛劳，在此一并致谢。

《文艺报》社

2016年10月

图书在版编目（CIP）数据

写作就是他的生命：陈忠实纪念文集 / 文艺报编. --
北京：作家出版社，2016. 10
ISBN 978-7-5063-9226-6

Ⅰ. ①写… Ⅱ. ①文… Ⅲ. ①陈忠实（1942–2016）– 纪念文集 Ⅳ. ①K825. 6-53

中国版本图书馆CIP数据核字（2016）第262150号

写作就是他的生命：陈忠实纪念文集

编　　者： 文艺报
责任编辑： 田一秀
装帧设计： 曹全弘
版式设计： 原　田
封面插图： 罗雪村
出版发行： 作家出版社
社　　址： 北京农展馆南里10号　　**邮　　编：** 100125
电话传真： 86-10-65930756（出版发行部）
86-10-65004079（总编室）
86-10-65015116（邮购部）
E-mail:zuojia@zuojia.net.cn
http://www.haozuojia.com（作家在线）
印　　刷： 三河市紫恒印装有限公司
成品尺寸： 152×230
字　　数： 260千
印　　张： 20. 5
版　　次： 2016年11月第1版
印　　次： 2016年11月第1次印刷
ISBN 978-7-5063-9226-6
定　　价： 39. 00元
